Thomas Althoff

Komm, wir schießen Kusselkopp

HENSELOWSKY BOSCHMANN

Für Elisabeth

1. Kapitel

Von Helden auf dem grünen Sofa und der Marlies mit den Schneckenzöpfen, von seltsamen Schlagern, leckeren Zuckerklümpchen und der erstaunlichen Heilkraft von Erbsensuppe

»Die hat sich aber auch so was von veräppeln lassen, die Kriemhild. Geht hin und näht ihrem Siegfried schön brav den Flicken auf den Rücken, damit der Grimmige Hagen ihn dann in aller Seelenruhe abmurksen kann.« Der Hans-Hermann schüttelte verächtlich den Kopf.

Es war ein regnerischer Herbstnachmittag, und wir hockten ganz gemütlich in unserer Bude im Wohnzimmer, der Hans-Hermann und ich. Die Bude hatten wir aus den Polstern unseres grünen Sofas gebaut. Die konnte man nämlich rausnehmen. Drei große Polster waren die Wände, eins war das Dach, das kleine Rückenpolster die Tür.

Der Hans-Hermann wohnte ganz oben in unserem Haus, unter dem Dachboden, und war viel älter als ich. Er ging schon zur Schule und konnte mir immer alles ganz genau erklären. Vor vier Jahren hatte der Hans-Hermann noch am Ende der Welt gewohnt. Da war er nämlich mit seiner Mutter »evakuiert«. Weil hier bei uns Bomben fielen. Vor vier Jahren war nämlich noch Krieg gewesen. An den Krieg konnte ich mich aber nicht mehr erinnern. Interessiert hätte es mich allerdings schon, wie es da hinten, am Ende der Welt, ausgesehen hatte. Jetzt aber lagen wir hier in unserer Bude, und ich erlebte mit dem Hans-Hermann und den »Deutschen Heldensagen« meine allerersten Abenteuer.

In den »Deutschen Heldensagen« liefen die Recken alle in Röcken herum. Auch der Volker mit seinem riesigen Schwert, und sogar der schwarzhaarige wilde Menschenfresser. Der Zwerg Alarich allerdings, der mit dem langen Bart, der war etwas blöde. Den konnte man ja noch erkennen, auch unter seiner Tarnkappe. Da war der ja gar nicht so richtig unsichtbar.

Der Hans-Hermann tippte sich an die Stirn. »Klar, daß man den noch sieht. Der hat die Tarnkappe nicht richtig über die Ohren gezogen, der Paiaskopp.«

Deshalb hatte der Siegfried nämlich den Alarich erkennen können. Klar, daß er ihm dann ganz gemütlich seine Tarnkappe klauen konnte.

Überhaupt, der Siegfried. Den fand ich schon ganz außergewöhnlich. Der war der stärkste und mutigste von all den vielen starken Recken. Er war größer als unsere Türfassung und hatte schon viele Drachen und Ungeheuer getötet. Und das Schwert vom Siegfried war tausendmal schärfer als unser Brotmesser. »Wenn man da nur mal ganz vorsichtig mit dem Finger an die Schneide titscht, ist der Finger ab«, hatte mir der Hans-Hermann erklärt. Hätte der Siegfried sich doch nur nicht vom Grimmigen Hagen mit seinem langen Speer erstechen lassen. Genau durch den Flicken, den die Kriemhild ihm auf den Rücken genäht hatte. Da, wo damals ein Blatt hingeflattert war, als der Siegfried sich in dem Drachenblut gebadet hatte. Dadurch ist er natürlich unverwundbar geworden. Bis eben auf die Stelle mit dem Flicken.

»Wie man nur so bekloppt sein kann wie die Kriemhild. Wenn Doofheit Krümel gäbe, hätte die 'n Gesicht wie son Streuselkuchen.« Der Hans-Hermann rollte mit den Augen.

Ich fühlte mein Gesicht. Da war Gott sei Dank von Krümeln nichts zu fühlen.

Der Hans-Hermann klappte die »Deutschen Heldensagen« zu und drückte sie mir verärgert in die Hand. Der war ja richtig sauer auf die Kriemhild. Die mit ihrem Streuselkuchen-Gesicht.

Irgendwie mußte ich den Hans-Hermann wieder beruhigen. Ich schlug also die erste Seite auf. Da hockte ein Uhu auf einem Stapel Bücher. Der hatte das eine Auge weit aufgerissen, das andere fest zugekniffen.

Sofort fing der Hans-Herrmann laut an zu singen. Wie immer, wenn er den Uhu sah:

»Der Uhuhu, der Uhuhu,
der kneift das Auge auf und zu,
widerallala, widerallala
widerallalalala.«

Manchmal, wenn meine Eltern nicht mit im Wohnzimmer waren, hatte der Hans-Hermann den Uhu allerdings auch schon mal etwas anderes auf- und zukneifen lassen!

Um ein Uhr kam mein Vater zu seiner Mittagspause nach Hause. Er war Ingenieur auf der Zeche Dahlbusch, »Übertage«. »Untertage« war er aber auch schon oft. Unten, in den Stollen, wo es duster und staubig und heiß war. Und wo die Bergleute nur mit freiem Oberkörper die Kohle aus dem Berg holten.

»Schön gemütlich habt ihr es da in eurer Bude.« Mein Vater faltete die Hände hinter dem Kopf zusammen, stellte sich auf Zehenspitzen, lehnte seinen Oberkörper so weit wie möglich nach hinten und stöhnte dabei ganz genußvoll: »Uuooaa! Einmal recken ist besser als sieben Stunden schlafen.«

»Warum heißt das ›recken‹, Papa, weil die Recken sich auch recken?«

»Nee, heißt nun mal so, Uuooaa.« Und mein Vater reckte sich noch einmal.

»Papa, die Kriemhild ist doof und hat 'n Gesicht wie son Streuselkuchen. Und wenn man das Schwert vom Siegfried antitscht, ist der Finger ab.«

Mein Vater war beeindruckt. Er verzog das Gesicht, als hätte er sich in den Finger geschnitten.

»Und jetzt weiß ich auch, warum der Siegfried dem Alarich die Tarnkappe klauen konnte, Papa.« Ich hielt meinem Vater das Bild mit Alarich ganz nah vor die Augen. »Die Tarnkappe muß man doch ganz über den Kopf ziehen, bis über die Ohren. Weiß doch jedes Kind.«

»Stimmt! Seh ich jetzt auch. Und ich hab mich immer wieder gefragt, wieso man den Alarich noch sehen kann.«

Prima, daß mein Vater das jetzt verstanden hatte.

Nachdem mein Vater zu meiner Mutter in die Küche gegangen war, blätterte ich weiter in den »Deutschen Heldensagen«, bis ich ziemlich am Ende das Bild mit der Gudrun fand. Die war dick, hatte ihre Zöpfe um die Ohren gewickelt und sah am Meer einem Schiff in der Ferne nach.

»Die sieht vielleicht doof aus, die Gudrun.«

»Jau.« Der Hans-Hermann pustete seine Backen auf und versuchte, sich seine Haare wie Schnecken um die Ohren zu wikkeln.

»Genauso blöde wie die Marlies.«

Die Marlies wohnte unter uns und war noch älter als der Hans-Hermann. Sie war auch dick, hatte auch ihre Zöpfe wie Schnecken um die Ohren gewickelt, genau wie die Gudrun.

Überhaupt, ihre Haare. Die konnte ich nicht ausstehen, die rochen immer nach Zwiebeln. Das Schlimmste an ihr aber war, daß sie mich dauernd rumschubsen und rumkommandieren wollte, nur weil sie älter war als ich.

Erst am letzten Sonntag war sie mit ihrem Holländer auf unserem Hof gefahren. Der Holländer war fast ein richtiges Auto mit vier Rädern, knallrot, mit aufgemalten Lampen und einem schwarzen Nummernschild. Wenn man den Griff vor dem Sitz wie einen Pumpenschwengel rauf- und runterschwenkte, fuhr der Holländer ganz automatisch.

»Na, Thomas, willst du auch mal mit meinem Holländer fahren?«

Ich rannte selig auf den Holländer zu. »Au ja.«

»Kannst du doch noch gar nicht, du kleiner Thomas, bist du doch noch viel zu klein für. Und viel zu doof.«

»Kann ich doch. Und du bist ja selber doof, du ... du ... klitzekleine Marlies.«

Da grinste sie hämisch und stellte sich neben mich. »Ist der doch noch dumm, der kleine Thomas, geht mir gerade bis zum Bauch, der kleine, dumme Thomas.« Sie schlug sich mit der Hand gegen die Stirn. »Und gleich fängt er auch noch an zu heulen, der kleine Thomas.«

»Ich heul ja überhaupt nicht«, schluchzte ich hilflos.

Wenn ich doch bloß so eine Tarnkappe gehabt hätte! Dann hätte ich der in den Hintern getreten, ihre Schneckenzöpfe abgerissen und ganz unheimlich »Uuhiiiiiiuuaaa« gebrüllt. Dann wäre die kreischend weggerannt, hätte vor lauter Angst »Hilfe! Hilfe! Hilfe!« gerufen und überhaupt nicht gewußt, was los war.

Aber ich hatte nun mal keine Tarnkappe. Und so blieb mir nichts anderes übrig, als sie immer wieder in ohnmächtiger Wut anzuschreien: »Du blöde Marlies, du! Du blöde Ziege!«

Erst viel später, am Abend, als ich schon im Bett lag, fiel mir ein, wie ich die Marlies mal so richtig schön ärgern könnte. Mit dem Spruch vom Hans-Hermann nämlich:

Die Marlies hat ins Bett geschissen,
gerade aufs Paradekissen.
Die Mutter hat's gesehn
und du kannst gehn.

Mein Lieblingsplatz war das grüne Sofa. Hier konnte ich in all den Büchern aus unserem Bücherschrank stöbern. Oder Radio hören. Rechts neben dem grünen Sofa stand nämlich unser Loewe-Opta. Allerdings mußte ich auf dem grünen Sofa auch jeden Tag meinen Mittagsschlaf halten. Früher war das immer unheimlich langweilig gewesen. Den braunen Vitrinenschrank mit seinen vielen Verzierungen und Schnörkeln kannte ich ja schon in- und auswendig. Und auch die Porzellantänzerinnen und die bunten Tassen hinter der Glastür. »Sammeltassen« sagte meine Mutter dazu. Mit den Tänzerinnen und den Tassen durfte ich nie spielen, der Schrank war immer abgeschlossen. Er war der ganze Stolz meiner Mutter. »Wie gut, daß die schönen Sachen den Krieg so heil überstanden haben«, sagte sie oft.

Mittlerweile hatte ich mir aber einen Trick ausgedacht, und seitdem war der Mittagsschlaf überhaupt nicht mehr langweilig. Der Trick: In Meyers Universallexikon blättern oder das Radio anstellen. Ganz leise, so daß meine Mutter, die in der Küche mit dem Geschirr schepperte, nichts davon verstehen konnte.

Das Loewe-Opta-Radio war ein großer, brauner Holzkasten mit schwarzen Knöpfen. Der viereckige Ausschnitt war auf der Vorderseite mit Stoff überzogen, unten war eine schwarze Scheibe mit vielen Punkten und Ortsnamen dahinter. Wenn ich das Radio anschaltete, leuchteten alle Punkte gelb.

Der Hans-Hermann konnte die Ortsnamen schon lesen. »Mährisch-Ostrau, aha. Liegt in Amerika.«

Da kannte sich der Hans-Hermann ganz genau aus. Er hatte nämlich früher im Wilden Westen gelebt. Bei den Indianern. In der Nähe von Mährisch-Ostrau.

Wie allerdings die kleinen Menschen so schnell von Amerika in unser Radio kamen, um Musik zu machen, Märchen zu erzählen oder irgend etwas von der amerikanischen Zone zu berichten, das konnte mir der Hans-Hermann auch nicht erklären.

Zum Glück sangen die kleinen Menschen mittags nicht. Denn an ihren Schlagern konnte ich überhaupt nichts finden. Gut, mit manchen Liedern konnte man ja noch was anfangen. Wie mit dem Lied »Oh, mein Papa«.

»Oh, mein Popo,
paßt grade noch auf unser Klo.«

Das hatte mir der Hans-Hermann beigebracht, und ich konnte mich bei jedem »Popo« nur so kaputtlachen.

Oder mit dem;

»Und so geht er still und leise
immer an der Wand lang.«

Da konnte man sogar noch mitmachen. Wir schabten beim Singen immer so ganz eng an den Mauerwänden entlang.

Doch dann gab es da noch so ein Lied, das ein Rudi Schurikke immer sang:

»Wenn bei Capri die rote Sonne
im Meer versinkt.«

Wo dann irgendwelche Fischer ihre Netze ins Meer geworfen haben. Also, erstens fand ich Männer mit Haarnetzen von vornherein blöd. Und daß die Fischer sie dann auch noch ins Meer geworfen haben, das grenzte schon an Oberdoofheit.

Tausendmal interessanter war da für mich das Lied mit den Beinen von einem Herrn Caruso:

»Bravo, bravo, Beine wie Caruso
er will nach Milano, trallala-rallala-la.«

Was an den Beinen von dem Caruso nur so interessant sein sollte? Vielleicht waren die schön dick und fett? Weil der Caruso immer Speck und Sanella von seiner Mutter aufs Brot bekam?

»Ei, ei ei Sanella, Sanella, ja die feine,
schmierße auf dat Butterbrot,
dann krisse Fußballbeine.«

Trotzdem, die Melodie fand ich schon ganz in Ordnung und trällerte sie immer munter vor mich hin.

Erst Jahre später hat mir meine Mutter erklärt, warum sie bei meinem Gesang immer so lachen mußte. Weil ich eine Kleinigkeit in dem Lied falsch verstanden hatte. Aus »Bravo, bravo, beinah wie Caruso« hatte ich »Beine wie Caruso« gemacht.

Manchmal haben die kleinen Menschen im Radio richtig spannende Geschichten erzählt. Wenn sie allerdings von der amerikanischen Zone oder von dem Adenauer redeten, machte ich das Radio schnell wieder aus und holte heimlich Meyers Universallexikon, Band 12, aus dem Bücherschrank.

Meyers Universallexikon, Band 12, das war das dickste von den zwölf Bänden, die in unserem Bücherschrank in einer Reihe nebeneinander standen. Auf dem Einband war ein Tintenfleck, der schwarze Lederrücken hatte oben und unten zwei Wulste und glänzte nicht mehr ganz so schön schwarz und rot und golden wie die anderen Bände. Den Band 12 holte ich nämlich am liebsten aus dem Schrank. Denn da waren unter »U« Uniformen zu sehen. Ich brauchte nur mit dem Daumennagel in die Stelle zu stechen, wo die Seiten am schmutzigsten waren. Und da waren sie dann: Österreicher unter Maria Theresia, Franzosen, Schweden, Russen und die langen Preußenkerle. Die bewunderte ich am allermeisten.

»Die waren unsere Freunde«, hatte mir mein Vater erklärt.

Na, Gott sei Dank.

»Und die Schweden?«

»Tja, eigentlich unsere Feinde. Damals haben die Katholischen gegen die Evangelischen gekämpft. Dreißig Jahre lang.«

»Boh! Und wer hat gewonnen?«

»Unentschieden.«

Die Soldaten in den »Weltkrieg-Uniformen« auf den weiteren Seiten waren nicht so interessant. Ihre Uniformen waren auch nur grün und grau und blau, gar nicht so bunt. Bis auf die Marokkaner. Die waren richtige Neger und hatten rote Hosen an. Knallrote Hosen.

Ein Riesengeheimnis blieb für mich das Bild vom Mond. Darüber konnte man ein durchsichtiges Pergamentblatt legen, und dort standen die Namen sämtlicher Krater. Ich habe nie verstehen können, wie irgend jemand überhaupt die Kraternamen herausbekommen hatte. Bisher war nämlich noch kein Mensch auf dem Mond gewesen, um da nach den Namen zu fragen.

Wenn ich beim Mittagsschlaf im Lexikon blätterte, mußte ich allerdings die ganze Zeit höllisch aufpassen. Denn sobald das

Klappern in der Küche aufhörte, wurde es brenzlig. Dann mußte ich ganz schnell Meyers Universallexikon, Band 12, unter das Sofa schieben und meine Augen zumachen. Denn dann kam meine Mutter ins Wohnzimmer und stellte die Teller in den Schrank. Und wenn sie an mir vorbeiging, murmelte sie leise: »Wie schön unser Thomas doch schläft.«

Unsere Küche hatte überhaupt keine Tapete wie die anderen Räume. Das grün-rote Rosenmuster war direkt auf den weißen Putz gerollt. Mitten im Zimmer stand der große Küchentisch mit den weißen Beinen und der rot-weiß karierten Wachsdecke. Wenn die zurückgeschlagen war, kam die braune Linoleum-Tischplatte zum Vorschein. Die war an manchen Stellen ganz wellig und hatte einige schwarzbraune blasige Bügeleisen-Abdrücke. An einer Stelle hatte ich das Linoleum von der Tischplatte abgeknibbelt, und es kam ein Geflecht zum Vorschein, das aussah wie die Kartoffelsäcke in unserem Keller.

Jedesmal nach der Arbeit setzte sich mein Vater zuallererst an den Küchentisch. Wenn er in die Wohnung kam, hatte ich mich schon hinter der Wohnzimmertür versteckt und schlich mich auf Zehenspitzen durch unseren langen Flur. Hier war es dunkel und unheimlich. Nur von der Küche fiel etwas Licht herein und bildete helle Vierecke auf dem Linoleum-Boden. Und ganz plötzlich gellte mein schauriges »Uuuuuhiiiiii« durch die Küche.

Vor Schreck fiel mein Vater jedesmal vom Stuhl. Und jedesmal war er platt, wie leise ich mich doch anschleichen konnte. Noch viel leiser als ein Indianer. Und jedesmal nahm er sich vor, sich am nächsten Tag von mir nicht mehr so erschrecken zu lassen. Und dann meinte mein Vater oft: »Da bin ich doch tatsächlich heute schon zum zweiten Mal überrascht worden. Gerade durch dein ›Uuuuuhiiiiii‹, und davor ..., na, rate mal, von wem, Thomas.«

»Vom ..., vom Osterhasen?«

»Jau.«

Wenn mein Vater nämlich gemütlich in unsere Straße bog, hörte er ab und zu so ein »Hallo, Alwis« hinter sich. Mein Vater drehte sich dann um, und was sah er: nichts. Er glaubte dann, sich verhört zu haben, aber dann wieder: »Hallo, Alwis. Hier hab ich was ganz Leckeres. Hasenbrot. Für den Thomas.«

Mein Vater war jedesmal ganz verdattert, wenn der Osterhase ihm das Hasenbrot in die Hand drückte und dabei vor Freude mit den Ohren wackelte.

Zu Hause öffnete mein Vater dann seine Butterbrotsdose aus glänzendem Aluminium. Das Hasenbrot war viel welliger als das Brot von uns Menschen, die Oberfläche ganz rauh.

Und sobald ich das Hasenbrot erblickte, spürte ich einen Bärenhunger.

»Alles für dich«, nickte mein Vater, pfiff »Häschen in der Grube« und gab mir die erste Schnitte.

Ich aß immer alle vier Scheiben, die der Osterhase meinem Vater mitgegeben hatte, obwohl nach der zweiten Scheibe schon fast gar nichts mehr reinpaßte in meinen Bauch.

Denn das Hasenbrot, das der Osterhase meinem Vater für mich mitgegeben hatte, schmeckte hart und alt und knusprig und ganz himmlisch.

Am allerschönsten aber waren die Geschichten, die mein Vater mir nach dem Abendbrot erzählte. »Aber deine Geschichten, Papa, keine Märchen?« bat ich ihn jedesmal.

Wenn mein Vater nickte, rannte ich schon mal ins Wohnzimmer. Hier roch es immer herrlich nach den Zigarren, die mein Vater rauchte. »Deutsche Einheit«.

Ich kletterte auf das grüne Sofa, ließ meine Beine runterbaumeln, strich meine Hose glatt und wartete ungeduldig.

Wenn mein Vater dann endlich im Wohnzimmer erschien, setzte er sich gemächlich neben mich und kramte in aller Seelenruhe eine Zigarre aus der Zigarrendose. Er zog die bunte Banderole ab und schob sie mir als Ring über den Finger. Dann fummelte er in seiner Hosentasche herum, murmelte etwas von »Jetzt hab ich doch die Streichhölzer vergessen«, wollte schon wieder aufstehen, meinte schließlich: »Ach nee, doch nicht« und steckte sich umständlich seine Zigarre an. Ich rückte etwas näher an ihn heran und sah ihn erwartungsvoll an. Er blies den Rauch in die Luft und meinte dann: »So, Thomas, kann es losgehen?«

»Moment, ich sitz noch nicht richtig.«

»Gut. Es war einmal vor langer, langer Zeit ...«

»Moment mal.«

Besser, ich schob mich ganz nach hinten auf das Sofa, dann brauchten meine Beine nicht so unbequem runterbaumeln. Und ich brauchte mich während der ganzen Geschichte nicht ein einziges Mal zu bewegen.

»Also: Es war einmal ...«

»Warte, mein Bein ist noch krumm.«

»Kann ich jetzt anfangen?«

»Öh, eben noch, warte, die Buxe klemmt.«

»Es war einmal ...«

»Warte mal.«

Ich rutschte noch näher an meinen Vater heran, so daß ich ihn ganz genau spüren konnte. Denn wer weiß, was in seiner Erzählung so alles passieren würde! Die Geschichten, die mein Vater erzählte, waren nämlich unheimlich spannend. Kaum zum Aushalten.

Jetzt konnte mein Vater endlich anfangen.

Und er erzählte von den kleinen, zappeligen Berggeistern, die unten in den Bergwerksstollen herumhuschten. Die sah man nie, die hörte man aber immerzu wispern und kichern. Und am liebsten klauten sie den Bergleuten die Butterbrote. Ganz besonders laut wurde das Tuscheln und Flüstern und Kichern, wenn die Männer ganz am Ende von einem Stollen arbeiteten, wo es eng und schmal war und wo sie nur noch knien oder liegen konnten. Wenn aber die Bergleute im Schein ihrer Grubenlampen auf einmal viele kleine Schatten ganz aufgeregt davonhuschen sahen und es plötzlich totenstill wurde im Stollen, grabesstill, dann wußten sie: Jetzt ist es allerhöchste Eisenbahn. Jetzt nichts wie weg. Denn gleich stürzt der Berg ein.

Und wenn sie nicht bemerkt hätten, wie die Berggeister Reißaus genommen hatten! Wer weiß ...?

Und mein Vater erzählte mit seiner tiefen, bedächtigen Stimme von finsteren Urwäldern, in denen wilde, grauenhafte Ungeheuer herumschlichen, von der ekelhaften Hexe Wackelzahn mit ihrer kreischenden Stimme, aber auch von dem starken Helden, der eigentlich ganz genauso aussah wie ich, und von der wunder-wunderschönen Prinzessin.

Er erzählte, wie die wunderschöne Prinzessin von dem entsetzlichen Räuberhauptmann gefangen genommen und in seiner modrigen Räuberhöhle in eiserne, rostige Ketten gelegt wurde. Die Prinzessin war vier Jahre alt, genau wie ich, und sie weinte mit heller Stimme bitterlich:

»Oh Gott, oh Gott, laßt mich doch endlich raus aus diesem gräßlichen Verließ!«

»Verließ?« Ich atmete tief durch.

»Gefängnis.«

»Ach so, erzähl weiter.«

Die Prinzessin bekam überhaupt nichts zu essen, sie wurde immer dünner und immer verzweifelter. Und morgen, um Punkt fünf Uhr, würde sie vor Hunger sterben. Das hatte der Räuberhauptmann ganz genau ausgerechnet.

Endlich ritt ein starker Prinz, der genauso mutig war wie ich, in den Wald, um die Prinzessin zu retten. Wurde ja auch allerhöchste Zeit! Er fand auch die Spuren vom Räuberhauptmann. Doch plötzlich fing es an zu schneien, und der Schnee deckte alle Spuren zu. Der Prinz sah auf seine Armbanduhr. Schon halb fünf! Verzweifelt suchte er den Höhleneingang, rief ununterbrochen: »Wunder-wunderschöne Prinzessin, wo bist du?« Die hörte ihn zwar, und ihr Herz schlug vor Freude bis zum Halse. Sie war aber vor lauter Hunger schon so geschwächt, daß sie nur noch piepsen konnte: »Hier, hier.« Der Prinz war schon ganz heiser. Er sah wieder auf seine Armbanduhr. Fünf Uhr! In diesem Moment würde die Prinzessin sterben! Entmutigt wollte er schon umkehren, da entdeckte er plötzlich den Höhleneingang. Er stürmte hinein. Und da lag die Prinzessin reglos in ihrem Verließ. Jetzt war der Prinz doch noch zu spät gekommen! Er begann bitterlich zu weinen.

Ich riß meine Augen weit auf und preßte die Lippen fest aufeinander.

Doch da fiel dem Prinzen ein, daß er neben der Armbanduhr noch eine Taschenuhr hatte. Die zog er hervor: Fünf Minuten vor Fünf war es auf der! Dann war seine Armbanduhr ja falsch gegangen! Also kochte er der Prinzessin schnell eine Erbsensuppe mit Mettwurst und Speckschwarten. Und tatsächlich, auf einmal schlug die Prinzessin verwundert die Augen auf, flüsterte: »Oh, du mein Retter!« und küßte den Prinzen auf die Backe.

Durch die Tränen hindurch sah ich meine Knie nur ganz verschwommen und war glücklich.

Die Geschichten, die mein Vater erzählte, waren tausendmal schöner und spannender als die Märchen, bei denen man ja schon vorher wußte, wie sie ausgingen. Alle seine Geschichten gingen zum Glück aber gut aus.

Nachts träumte ich dann von der wunderschönen Prinzessin in dem finsteren Verließ, in dem es von überallher tuschelte und wisperte und kicherte.

Unsere Waschküche konnte man über den Hausflur betreten und durch die Tür zum Hof wieder verlassen. Und wenn große Wäsche war, schnappte sich meine Mutter die Zinkbadewanne, in der ich immer gebadet wurde und die nun voller Wäsche war, und ging mit mir hinunter. Schon bald war die Luft voller gutriechender, warmer Schwaden, die aus einem großen steinernen Waschbottich aufstiegen. Mit einem riesigen Holzknüppel rührte meine Mutter in dem Bottich die Wäsche durcheinander. Mit ihrem nach vorne verknoteten Kopftuch sah sie dann aus wie die Frauen der »Europäischen Volksgruppen« aus Meyers Lexikon, Band 12.

Später durfte ich die Wäsche mit dem Holzknüppel wieder herausfischen. Und manchmal durfte ich sie auch mangeln. Neben dem Bottich stand nämlich die Wäschemangel.

Ich drehte an dem großen Kurbelrad, und die Wäsche kam fast trocken zwischen den beiden Mangelwalzen hervor. Allerdings etwas verknitterter als bei meiner Mutter.

»Klappt ja schon ganz prima«, meinte meine Mutter dann.

Und auch die Wäscheklammern aus dem Wäschebeutel meiner Mutter, die ich an das Waschküchenfenster gelehnt hatte, sahen mir bei meiner Arbeit interessiert zu. Mit ihren runden Köpfen und ihren zwei Beinen sahen sie aus wie die Menschen in der Fibel vom Hans-Hermann.

Wenn die Wäsche mittags schließlich an der Leine auf unserem Hof flatterte, hatte ich ganz saubere Hände, viel sauberer als sonst. Waschen mußte ich sie mir aber trotzdem noch mal, weil noch Waschpulver dran war.

Zum Mittag gab es an jedem Waschtag so etwas ähnliches wie Hasenbrot, nur noch leckerer. Dann brutzelte meine Mutter nämlich Brotscheiben in Margarine, bis die schön gelb und braun waren. Die knusprigen Scheiben knackten und knirschten, wenn ich auf sie biß, und schmeckten köstlich.

Und nachmittags holte meine Mutter unsere Pfanne ein zweites Mal hervor. »Jetzt kommt die Belohnung. Weil du mir so schön bei der großen Wäsche geholfen hast.« Da wußte ich schon, was jetzt folgen würde. Da hatte ich mich ja schon den ganzen Tag drauf gefreut.

»Heute back ich wieder Zuckerklümpchen, Thomas.«

Und ich stand am Herd und sah jedesmal ganz genau zu, wie die Zuckerklümpchen entstanden. Meine Mutter machte das Feuer im Herd an, bis die vier eisernen runden Herdplatten nicht mehr schwarz und scheckig waren, sondern ganz rot wurden. Dann stellte sie unsere schwarze rauhe Bratpfanne auf eine der roten Platten. Wenn die Sanella in der Pfanne geschmolzen war, häufte sie kleine weiße Zuckerberge hinein. Die Zuckerberge schmurgelten und verliefen etwas, Blasen stiegen auf wie aus dem feuerspeienden Berg aus Meyers Universallexikon. Ab und zu schwenkte meine Mutter die Pfanne, dann kippten einige Zuckerberge um, die Zuckerkörner aber klebten ganz fest aneinander. Und die Zuckerberge waren nun voller Zacken und Kanten. Schließlich wurden sie schön braun, und fertig waren die Zuckerklümpchen. Das leckerste, was es gab.

2. Kapitel

Von einem Räuber, der nicht so will wie wir, einem Schneemann, der spazieren geht und einem Nikolaus, der nicht hören kann

Als ich heute meinen Vater erschrecken wollte, blieb mir das »Uhiii« im Halse stecken. Ich hörte nämlich, wie meine Mutter am Küchentisch erzählte: »Nee, Alwis, da kam heute son Mann aus dem Gebüsch. Son Wildfremder, der kam mir sofort verdächtig vor. Der sah schon so komisch aus, irgendwie ganz strubbelig.«

Ich rannte auf meine Mutter zu und rubbelte mir mit meinen Händen durch die Haare. »So strubbelig? So, Mama?«

»Ja, ungefähr so.«

Das Gebüsch, das den Hof hinter unserem Haus abgrenzte, war für mich so riesig wie ein Wald, voller undurchdringlicher Dornenbüsche, voller Bäume und Sträucher. Vor dem Gebüsch klapperte eine Vogelscheuche herum, mit Strohkopf, Strohhänden und mit einem ganz zerrissenen Anzug. Irgendwie tat die mir immer leid. Ganz hinten in der Ecke aber stand ein großer Baum. Wenn man erst den unteren Teil erklommen hatte, indem man den Baumstamm umarmt und sich dann mit angezogenen Beinen wie ein Affe Stück für Stück bis zum ersten Ast hochgeschoben hatte, konnte man sich anschließend ganz leicht bis hinauf in den Baumwipfel hochhangeln. Da saß man dann ganz gemütlich in einer Astgabel und konnte sich in aller Ruhe die Gegend von oben ansehen und alle Leute, die vorbeikamen, beobachten. Und die merkten nie etwas.

In dem Gebüsch konnten wir zwar herrlich spielen, der Hans-Hermann und ich, aber so ganz geheuer war es mir dort nie. Besonders, wenn es abends dunkel wurde. Dann waren die düsteren, unheimlichen Büsche in der Dunkelheit grauslich-gruselig. Wer weiß, welche Gespenster sich da rumtrieben? Nur wenn ich abends an der Hand meines Vaters an den Büschen vorbeiging, konnte keiner meine Tollkühnheit bremsen: »Kommt doch raus, ihr alten Geister und Verbrecher.«

Und jetzt, jetzt war wirklich ein Verbrecher aus dem Gebüsch aufgetaucht. Ob der Verbrecher allerdings ein Mörder oder nur ein einfacher Räuber war, das konnte meine Mutter mir nicht sagen.

Ich rannte schnurstracks zum Hans-Hermann rauf. »Da war 'n Räuber im Gebüsch. Son ganz strubbeliger. Oder 'n Mörder.«

Der Hans-Hermann schloß die Augen und nickte wissend. »Klar, fangen wir den. Wir machen den Indianertrick. Kenn ich aus dem Wilden Westen. Mensch, haben wir damals viele Indianer damit gefangen.« Der Hans-Hermann lächelte versonnen.

Und genau den Trick, mit dem er im Wilden Westen so berühmt geworden war, genau den Trick wandten wir nun in unserem Gebüsch auch an. Wir banden einen dicken Stein an ein Band, schleuderten ihn mit dem Band über den mannshohen Ast einer Birke und zogen ihn hoch bis weit über unsere Köpfe. An das andere Ende des Bandes knoteten wir einen Stock. Den steckten wir in die Erde. Und der Stock hielt den Stein über unserem Kopf in der Schwebe.

»Trampel mal gegen den Stock, Thomas. Aber renn bloß schnell weg.«

Etwas mulmig war mir schon, als ich gegen den Stock stieß. Im Wegrennen sah ich, wie sich der Stock aus der Erde löste. Und der Stein am anderen Ende des Bandes, der jetzt überhaupt keinen Halt mehr hatte, fiel von oben krachend auf den Boden. Genau auf meinen Kopf wäre der gefallen, wenn ich nicht weggerannt wäre.

Ich sah den Hans-Hermann bewundernd an. Wenn jetzt der Verbrecher durch das Gebüsch schleicht, tritt er gegen den Stock, rennt natürlich nicht so schnell weg wie ich, der Stein löst sich und donnert ihm mitten auf den Kopf. Der Verbrecher sieht Sterne und fällt in Ohnmacht. Am nächsten Tag fesseln wir ihn und schleppen ihn zur Polizei.

Der Trick hat aber nicht geklappt. Weder am nächsten noch an einem der folgenden Tage lag der besinnungslose Verbrecher zum Fesseln im Gebüsch.

»Der arme Schneemann. Merkst du denn gar nicht, wie der friert? Den muß man doch vor den Ofen stellen, damit er schön warm wird.«

Manchmal war sie ja doch gar nicht so doof, die blöde Marlies. Jetzt hatte sie mir doch mal einen richtig guten Rat gegeben.

Ich sah voller Stolz auf meinen Schneemann, den ich in unserem Hof gebaut hatte. Er war fast so groß wie ich und sah richtig aus wie ein Mensch. Ich hatte nämlich alle Unebenheiten und Zwischenräume fein säuberlich mit Schnee verspachtelt, ihm einen runden Kopf gemacht und sogar schwarze Augen aus Kohle. In seinen Armen hielt er einen Ast, ein Stück von unserer Wiese war seine Mütze. Noch nie in meinem Leben hatte ich einen so schönen Schneemann gesehen. Aber die Marlies hatte schon recht: Der mußte unheimlich frieren. Mir selbst taten ja schon die Hände weh von dem kalten Schnee. Also rief ich aus Leibeskräften »Moomoo« zu unserer Wohnung rauf. Meine Mutter erschien am Küchenfenster, dann drückte sie mir die Haustür auf.

Ich schleppte den Schneemann zur Tür, und die Marlies hielt sie mir sogar ganz fürsorglich auf. In der Küche wuchtete ich den Schneemann direkt vor den Herd. »Damit er nicht so friert.«

Meine Mutter wischte sich die Hände an ihrer Schürze ab. »Der schmilzt doch hier oben am Ofen.«

»Nee, nee, der friert draußen.«

»Bring ihn besser wieder runter, der fühlt sich im Schnee doch viel wohler.«

»Nee, nee, der friert draußen.«

»Schneemänner sollen ja überglücklich sein, wenn sie in der Badewanne stehen«, fiel meiner Mutter jetzt ein.

»Frieren die da nicht?«

»Nee, da frieren die nicht.«

So schleppte ich also meinen schönen Schneemann in unsere Zinkbadewanne, denn wohlfühlen sollte er sich schon bei mir, mein Schneemann.

Heute war mein Mittagsschlaf schon nach kurzer Zeit beendet. Meine Mutter hatte in der Küche noch gar nicht zu Ende geklappert, da kam sie schon ins Wohnzimmer. Ich hatte kaum Zeit, die »Deutschen Heldensagen« unter das grüne Sofa zu schieben.

»Dein Schneemann ist geschmolzen, Thomas.«

Ich rannte ins Badezimmer. Von meinem Schneemann war nicht mehr viel zu sehen. In der Badewanne schwammen nur noch ein kleiner Schneeklumpen und ein Ast in einer Wasserlache, auf dem Wannenboden lagen zwei Kohlen.

Ich heulte los, heulte Rotz und Wasser, und auch meine Mutter konnte mich nicht trösten.

Mein Vater kam ins Badezimmer und murmelte: »Laß mich mal überlegen.« Dabei paffte er bedächtig eine Rauchwolke in die Luft. »Ob der Schneemann vielleicht wieder nach draußen gegangen ist? Hier war es ihm vielleicht viel zu heiß.«

»Klar, Alwis, könnte sein«, stimmte meine Mutter zu. »Geh doch mal nachsehen. Vielleicht steht er ja im Hof.«

Ich hatte aufgehört zu heulen. »Komm schnell runter, Papa.«

»Also, ich weiß nicht, Thomas. Nee, nee, laß mich erst mal vorsichtig nachsehen, vielleicht hat er sich ja vor der Marlies versteckt. Ich geh schon mal vor, und wenn ich ihn gefunden habe, dann ruf ich dich.«

Als mein Vater die Stufen im Hausflur hinunterging, hörte ich ihn mit sich selbst reden: »Jau, jau, sieht ganz so aus, als wenn der Schneemann hier heruntergelaufen ist. Sind ja noch überall Wassertropfen von ihm zu sehen. Im ganzen Hausflur. Na, Gott sei Dank.«

Ich schleppte einen Stuhl vor das Küchenfenster. »Dann kann ich den Papa sehen, im Hof.«

Meine Mutter sog geräuschvoll die Luft ein. »Nee, Thomas, würde ich nicht machen, aus dem Fenster gucken. Wenn der Schneemann merkt, daß er beobachtet wird, nimmt er doch Reißaus. So schnell, wie der dann die Beine in die Hand nimmt, können wir gar nicht gucken.«

Das sah ich ein. Ich setzte mich an den Küchentisch und wartete ungeduldig.

Mein Vater suchte wohl lange, lange Zeit, doch auf einmal hörte ich ihn ganz erstaunt rufen: »Thomas! Thomas! Komm schnell runter, Thomas, ich glaub, ich hab deinen Schneemann entdeckt.«

Ich schwang mich auf das Geländer im Hausflur und rutschte daran herunter. Das ging viel schneller, als über die Stufen zu rennen. Und dann sah ich ihn. Ganz in der Ecke auf unserem Hof hatte er sich versteckt, mein Schneemann. Seine Mütze hatte er verloren, sonst war aber alles an ihm dran. Er war in der Zwischenzeit sogar noch etwas gewachsen.

In diesem Moment kam die Marlies aus der Haustür. Sie kam aufgeregt auf uns zugerannt und wippte auf und ab, daß ihre Schneckenzöpfe nur so wackelten. »Na, was macht denn dein Schneemann, Thomas?«

»Da steht er«, lachte ich stolz.

Da sah die Marlies uns ungläubig an. Zuerst den Schneemann, dann mich, dann meinen Vater.

Der faltete seine Hände und wackelte mit den Daumen. »Dem war es oben zu warm, darum ist er wieder runtergegangen.«

Die Marlies lächelte schief, machte »Pfffff«, drehte sich schnurstracks um und ging auf die Straße.

Und ich war froh, meinen Schneemann wiederzuhaben.

Den ganzen Tag über hatte ich schon dem Abend entgegengefiebert. Heute war der 5. Dezember, heute würde der Nikolaus kommen. Ich saß auf dem grünen Sofa und knibbelte an meinem Daumennagel.

Der Hans-Hermann hatte es gut, der hatte überhaupt keine Angst vor dem Nikolaus. Der hatte ihn sogar schon oft »Knikkelimbauch« gerufen. Dann hatte der Nikolaus seine Rute geschwungen. Und der Hans-Hermann war anschließend immer um den Tisch gerannt, bis der Nikolaus aus der Puste kam und schnaufend stehen bleiben mußte.

Schade nur, daß mein Vater heute zum Kegeln war. Ohne meinen Vater war mir die Sache überhaupt nicht geheuer.

Schließlich erklang eine Glocke in unserem Flur. Ich hielt den Atem an. Und dann stand der Nikolaus in der Wohnzimmertür. Mit rotem Mantel, roter Kapuze und langem weißen Bart. Da blieb er zunächst stehen, stapfte den Schnee von seinen Stiefeln und rang nach Luft. »Nee, habe ich heute aber wieder weit, weit laufen müssen.«

Er sah sich im Wohnzimmer um, und schließlich entdeckte er mich. »Ach, da ist ja der kleine Thomas.«

Der Nikolaus schien sich richtig zu freuen, daß er mich sah. Ich aber bekam kein einziges Wort raus.

Dann schaute er meine Mutter an. »Und du, du bist sicher die Alwine, die Mama vom Thomas, nicht wahr?«

»Ja, Nikolaus«, antwortete meine Mutter.

Der Nikolaus fuhr mit ernster, strenger Stimme fort, ihm sei zu Ohren gekommen, daß die Alwine nicht immer gar so nett gewesen sei zu ihrem Mann, dem Alwis, nicht immer so, wie es sich für eine liebe Frau gehörte. Und er drohte mit seinem Zeigefinger. Hoffentlich würde der Nikolaus meine Mutter jetzt nicht in den Sack stecken!

»Nun setz dich doch erst mal hin, Nikolaus«, meinte meine Mutter.

Der Nikolaus stellte stöhnend seinen großen Sack auf den Teppich und ließ sich in den Sessel fallen. Das heißt, er wollte sich in den Sessel fallen lassen. Statt dessen fiel er mit lautem Krach daneben, auf den Boden.

»Hach, mit meinen Augen klappt es auch nicht mehr so richtig«, krächzte er in seinen langen weißen Bart und rappelte sich wieder auf.

»Du bist ja auch schon über tausend Jahre alt, Nikolaus«, meinte meine Mutter verständnisvoll und lachte mich aufmunternd an. Ich brachte jedoch nur ein verzagtes Grinsen zustande.

Als der Nikolaus dann endlich saß, schlug er umständlich sein goldenes Buch auf. Der wußte alles über mich. Alles! Der wußte, daß ich beim Mittagsschlaf manchmal in den »Heldensagen« und in Meyers Universallexikon gelesen hatte, der wußte, daß ich »Du blöde Marlies« zur blöden Marlies gesagt hatte, daß ich ihr »Die Marlies hat ins Bett geschissen, gerade aufs Paradekissen« hinterhergerufen hatte. Alles wußte der. Der konnte mich ja auch aus dem Himmel ganz gemütlich beobachten.

»Dann wollen wir mal sehen, was meine Engelchen denn so alles für den Thomas eingepackt haben.« Der Kopf vom Nikolaus verschwand schnaufend im Sack. Als er wieder zum Vorschein kam, hielt er in seinen Händen dicke, rote Äpfel, Nüsse und echte Klümpchen. Manche waren sogar in goldenem und silbernem Papier eingewickelt. Solche Klümpchen hatte ich noch nie gesehen. Da würde ich ja in Saus und Braus leben können.

»So, der Sack ist leer, jetzt muß ich weiter. Warten ja noch so viele andere Kinder auf mich.« Der Nikolaus warf sich seinen Sack über die Schulter und stapfte zur Wohnzimmertür.

Ich sah ihm nach. Im Sack klapperte es noch! »Der ist doch gar nicht leer!« krächzte ich verzweifelt.

Der Nikolaus blieb mitten im Wohnzimmer stehen, drehte sich langsam um und nickte. »Ja, sicher, Thomas, übers Meer muß ich auch noch.«

Der konnte auch schon nicht mehr gut hören, der Nikolaus. Weil er ja schon tausend Jahre alt war.

»Der Sack ist doch gar nicht leer«, platzte ich raus.

Endlich hatte der Nikolaus verstanden. Er kniete sich umständlich nieder und kramte noch einmal in seinem Sack herum.

»Ja, was hab ich denn hier noch?«

Er schüttelte den Sack aus, und viele, viele bunte hölzerne Bausteine kullerten über unseren Teppich.

Ich traute meinen Augen nicht. Das waren ja so viele, da konnte ich richtige Häuser bauen. Oder ganze Straßenzüge, durch die ich die Nüsse rollen konnte.

Erst nachdem der Nikolaus schon lange weg war, entdeckte ich etwas Merkwürdiges. Wenn man die Bausteine in der richtigen Reihenfolge übereinanderstellte, sah der Turm genauso aus wie das Bein von unserem alten Küchenstuhl, den meine Mutter vor kurzem ausrangiert hatte. Nur ganz bunt.

Den Nikolaus sah ich ja jedes Jahr, aber nur ein einziges Mal in meinem Leben habe ich das Christkind zu sehen bekommen. Danach nie mehr.

Es war der erste Weihnachtsmorgen, meine Eltern schliefen noch tief in ihrem Bett. Ich war schon lange wach und sah immer mal zu ihnen rüber, rief auch schon mal vorsichtig »Mama«. Meine Mutter aber rührte sich nicht. Schließlich krabbelte ich aus meinem Kinderbett und legte mich heimlich in die Besucherritze zwischen meine Eltern.

»Mama?«

Jetzt endlich bewegte sich meine Mutter. »Frohe Weihnachten, Thomas«, murmelte sie verschlafen.

»War das Christkind wohl schon da, Mama?«

»Weiß ich auch nicht, hab ja geschlafen.«

Mittlerweile regte sich auch mein Vater.

»Kannst du denn mal gucken gehen, Papa?«

Mein Vater ging ins Wohnzimmer, ganz leise und auf Zehenspitzen, um das Christkind ja nicht zu erschrecken. Doch kurze Zeit später kam er enttäuscht zurück. Von einem Christkindchen war weit und breit nichts zu sehen.

Mein Vater ging noch mehrere Male vergeblich, und wir bekamen es schließlich mit der Angst zu tun. Ob es uns vielleicht vergessen hatte? Bei den vielen Kindern, die es zu beschenken hatte, konnte so was schon mal vorkommen.

Ich fing fast an zu heulen. »Geh doch noch mal gucken, Papa. Noch einmal.«

Da unternahm mein Vater einen letzten Versuch. Kaum aber hatte er die Tür zum Wohnzimmer geöffnet, hörte ich ihn auch schon ganz verblüfft ausrufen: »Ach, Gott sei Dank, das Christkindchen.«

Das Christkindchen antwortete meinem Vater so leise, daß ich es nicht verstehen konnte. Aber vorstellen, was es so antwortete, vorstellen konnte ich es mir ganz genau.

Die Stimme meines Vaters war jetzt noch tiefer als sonst:

»Möönsch, Christkindchen, da bist du ja doch noch gekommen. – Klar, ist ja wirklich viel Arbeit heute. – Mehr als tausend Kinder? Mann-o-Mann. – Wie schöön du heute wieder aussiehst, so goldene Haare und so ein schönes Kleidchen. – Jau, jau, kann ich mir vorstellen, daß der Christbaum schwer war. – Ja, richtig, die Nadeln pieksen wie verrückt. – Doch, ganz bestimmt, Christkindchen, der war schon artig, der Thomas. – Ooch, na ja, ist schon mal vorgekommen, daß er zu spät vom Spielen raufgekommen ist. Etwas zu spät. – Jo, jo sonst ist er schon ein liebes Kind, der Thomas. – Du, Christkindchen, ich glaub, er möchte dich auch mal sehen. – Du ihn auch? Schön. Dann komm doch mal eben ins Schlafzimmer. – Oh, das ist aber schade, daß du keine Zeit mehr hast. – Klar, tausend Kinder noch, stimmt ja auch. – Och, ich meine, am besten durch das Klofenster. – Ja, ja, das ist offen, da bist du ja auch reingeflogen. – Na dann, auf Wiedersehen Christkindchen. Bis zum nächsten Jahr.«

Während des ganzen Gespräches stand mein Vater in der geöffneten Wohnzimmertür mit dem Rücken zu mir. Das Christkind war zwar durch ihn fast verdeckt, ich konnte aber den feinen, durchsichtigen Kleidersaum vom Christkindchen hinter meinem Vater schweben sehen. Engelgleich und leicht wie unsere Gardinen.

Das Christkindchen war durch das Klofenster verschwunden. Ich rannte, so schnell ich konnte, hinterher und rief aus Leibeskräften durch das geöffnete Fenster in den dunklen, frühen Morgen hinein: »Christkindchöön! Christkindchöön!«

Das Christkindchen aber war schon weitergeflogen, war sicher schon bei einem anderen Kind.

3. Kapitel

Von einer heimtückischen Lichtmaschine und einem Gummi, mit dem man kein zahnloser Opa wird, von zahmen Kaninchen im Wilden Westen, einem Kamel aus Gelsenkirchen und einer Augenbraue mit ungeahnter Wirkung

»Spielen wir wieder mit der Lichtmaschine, Papa?« Ich kroch aus meiner grünen Sofa-Bude und sah meinen Vater erwartungsvoll an.

»Na, meinetwegen, bis die Munkas hier auftauchen.«

Wir sollten nämlich heute Besuch von den Munkas bekommen, unseren Nachbarn. Die wohnten direkt über uns, und man konnte fast jedes Wort von ihnen bei uns in der Wohnung verstehen.

Ich hörte meinen Vater noch rufen: »Dann hol sie mal, die Lichtmaschine«, da war ich schon in der Küche.

Die Lichtmaschine war unsere Taschenlampe. Ich langte also hinter den weißen, abgerundeten Brotkasten auf unserem Küchenschrank und kramte die Stablampe hervor.

Und dann zeigte mein Vater mir, was man so alles anstellen konnte mit der Lichtmaschine. Wie sich zum Beispiel der Schatten seiner Hand in alle möglichen Tiere und Geister und Hexen und Ungeheuer verwandelte.

Am einfachsten war der Hund, der richtig drohend sein Maul auf- und zumachen konnte. Das hatte ich ruck, zuck raus. Die rechte Hand war wie beim Beten ausgestreckt, nur der Zeigefinger war abgeknickt, und der Daumen ragte nach oben. Wenn man dann den kleinen Finger rauf- und runterbewegte, schnappte der Schattenhund ganz fürchterlich zu. Die anderen Schattenfiguren, die Katze, den Osterhasen, die Hexe Wackelzahn mit den leuchtenden Glimmaugen, die sich windende Schlange oder den Elefanten, die bekam ich nicht so gut hin wie mein Vater.

Noch spannender aber war das Spiel, das mein Vater selbst erfunden hatte. Das Spiel hieß »Lichteinfangen« und war ganz einfach: Mein Vater knipste die Taschenlampe an, ich rannte zu dem Lichtpunkt an der Wand, und bevor er wieder verschwunden war, versuchte ich, ihn abzuklatschen. Mit steigendem Jagdeifer und so feste, wie ich eben konnte. Wenn ich ihn traf, gab es einen Punkt für mich, wenn nicht, einen für den Lichtstrahl. Und wer zuerst zehn Punkte hatte, der hatte gewonnen. Der Lichtstrahl oder ich.

Das Spiel stand gerade fünf zu vier für den Lichtstrahl, da schellte es Sturm. Die Munkas, der Heinz und die Frieda, standen vor der Tür. Herr Munka hatte wieder einen ganz geraden Scheitel, und seine Frau trug ihr enges hellblaues Kleid, aus dem ihr Bauch so ringförmig herausquoll.

»'n Abend, Alwis. Spät kommt Ihr, doch Ihr kommt, der lange Weg entschuldigt Euer Säumen, was Alwis?« Herr Munka lachte laut. »Ist der Munka erst zur Stelle, wird das trübe Leben helle.« Sein Lachen wurde zum donnernden Brüllen.

Mein Vater setzte eine bewundernde Miene auf. »Nee, Heinz, du bist ein Dichter unter den Dichtern, wie son Dingsbums unter den Gesichtern.«

Herr Munka lachte zwar noch, aber nicht mehr donnernd. Und ich verstand nicht ganz, was mein Vater mit »Dingsbums« meinte.

Die Munkas setzten sich auf das grüne Sofa. Ich hoffte, daß die Frau Munka noch mal aufstehen würde. Ob dann das Polster an ihrem Hintern kleben würde? In der letzten Woche hatte ich nämlich die Stimme des Herrn Munka in den ruhigen, friedlichen Sonntagnachmittag hineinschallen hören: »Getz setzt die sich doch mit ihrem Hintern auf die eingekleisterte Tapete.« Da hatte ich mich richtig kaputtlachen müssen.

Den Munkas wollte ich natürlich zeigen, wie schnell ich doch beim Lichteinfangen war. »Steht gerade fünf zu vier. Geht weiter, Papa?«

»Geht weiter.«

Der Lichtstrahl erschien.

»Es werde Licht, und es ward Licht«, freute sich Herr Munka.

Ich traf den Lichtstrahl.

»Gut getroffen, fünf zu fünf«, feuerte mich der Munka an.

Ich wartete gespannt.

Der Lichtstrahl erschien an der Wand hinter dem grünen Sofa.

Ich rannte los, klatschte mit aller Kraft auf die Wand.

Der Lichtstrahl war schon weg.

»Nix getroffen, Schnaps gesoffen. Sechs zu fünf für den Lichtstrahl.« Herr Munka knackte mit den Fingern.

So ging das Spiel weiter. Es stand erst sieben zu sieben, dann acht zu neun für den Lichtstrahl.

Mich hatte der Ehrgeiz gepackt, und auch der Herr Munka wurde immer aufgeregter. Er war aufgesprungen. »Gut getroffen«, schrie er immer lauter, wenn ich den Lichtstrahl erwischt hatte. »Nix getroffen, Schnaps gesoffen«, rief er, wenn der Lichtstrahl schon vorher weg war.

Bei neun zu neun stand auch die Frau Munka auf, ohne Polster am Hintern.

Ich wischte mir meine Hände an meinem Hemd ab und wartete gespannt.

»Jetzt gilt es, Rittersmann oder Knapp«, trieb mich der Munka an. »Thomas, Thomas, Thomas!«

Der Lichtpunkt erschien, ich stürmte drauf los, schlug mit aller Kraft zu. Und ich traf.

Das »Thomas, Thomas, Thomas!« erstarb ganz plötzlich. Der Munka verzog sein Gesicht zu einer schmerzhaften Grimasse und schrie dann los: »Mensch Alwis, laß doch den Scheiß!«

Ich hatte getroffen. Mit aller Wucht. Den Hosenstall vom Herrn Munka.

Immer, wenn die Munkas später bei uns zu Besuch waren, fragte mein Vater mich, ob wir denn wieder Lichteinfangen spielen sollten. Und jedesmal winkte der Herr Munka mit schmerzverzerrtem Gesicht entsetzt ab: »Laß bloß den Quatsch sein, Alwis.« Jedesmal.

Der Sohn von Munkas, der Franz, war viel, viel älter als ich, sogar noch älter als der Hans-Hermann. Er war schon erwachsen. Und der Franz war mein zweitbester Freund.

Vom Hans-Hermann wußte ich, daß der Franz im Krieg mit der Flak die »Arschgeigen von Tommys« vom Himmel geholt hatte, die hier alles kurz und klein gebombt hatten.

Ich war Feuer und Flamme. Da hätte ich auch gerne mitgemacht, da hätten die aber was erleben können. Einfach alles kaputtzubomben.

Und wie die Flak vom Franz funktionierte, wußte ich auch schon. Aus Meyers Universallexikon. Da war nämlich unter »Feuerwaffen« seine Flak abgebildet. Das Raffinierte an dem Bild war, daß das Flakgehäuse aufgebrochen war. Da konnte man alles, was dahinter war, ganz genau erkennen. Wurde der Abzug gedrückt, konnte sich ein Hebel lösen und mit seinem Bolzen die Kugel wegschubsen. Und dann donnerte die Flak los.

Der Franz erzählte aber nie von seiner Flak. Der Franz war sowieso ganz still und sprach kaum ein Wort. Nur mit mir manchmal.

Beim Franz war ich unheimlich gerne. Er hatte ein Holzbein, und immer, wenn ich bei ihm schellte, war er zu Hause. Er hielt sich nämlich meistens in der Wohnung auf. Unten auf der Straße würden sie ihn nur alle ärgern, wegen seiner Humpelei, meinte er.

Einmal saß ich neben dem Franz und sah zu, wie er mit seinen Wasserfarben malte. Eine Landschaft mit Bergen und Wäldern und Flüssen und obendrüber die Sonne. Seine Sonne hatte gar keinen lachenden Mund, auch keine dicken Sonnenstrahlen. Trotzdem, das Bild vom Franz war richtig meisterhaft, so wie die Sonne und die Felder und Wälder auch wirklich aussahen. Das Bild bewunderte ich unheimlich.

Beim Malen kaute der Franz die ganze Zeit.

»Was kaust du eigentlich immer?«

»Kaugummi. Ist gesund für die Zähne, meint der Ami.«

»Wieso?«

»Die fallen dann nicht aus, die Zähne.«

»Warum nicht?«

»Die Muskeln darum werden immer stärker und halten die Zähne ganz fest. Wenn ich die Kaugummis nicht gehabt hätte, da in der Gefangenschaft, dann wäre ich jetzt ganz sicher ein zahnloser Opa.«

Der Franz war nämlich in amerikanischer Kriegsgefangenschaft gewesen.

Er zog seine Lippen über seine Zähne und sah mich an. Ich konnte mir jetzt gut vorstellen, wie er ohne Zähne ausgesehen hätte.

Ja, und dann erzählte der Franz, daß sie in dem Gefangenenlager überhaupt keine Häuser oder Zelte gehabt hätten. Daß sie bei Regen und Wind und Sturm draußen essen und schlafen und Appell machen mußten. »Alles in den matschigen, kletschnassen Wiesen. Da am Rhein. Zum Glück hatte ich ja noch meine Stiefel. Aber trotzdem, da hab ich mir meine verdammte Lungenentzündung eingefangen.«

»Konntet ihr nicht einfach abhauen?«

»Nee, da war jedem von uns son großes PW auf den Rücken genäht worden. Damit wir nicht ausreißen konnten.«

»Und wenn du das ... äh ... das PW einfach abgerissen hättest? Dann hättest du doch einfach abhauen können.«

»Dann wäre ich bei lebendigem Leib verschmort.«

»Warum denn?«

»Um unser Gefangenenlager, da war so ein Elektrozaun drum, mit über tausend Volt. Und wenn du den berührt hättest, hättest du einen Schlag gekriegt, daß du tot umgefallen wärst.«

So ganz genau vorstellen konnte ich mir das ja nicht, das mit dem Drahtzaun und den tausend Volt. Vielleicht war das so ähnlich wie in der Hölle, wenn der Teufel einen schmorte, weil man sonntags nicht in der Messe war. Oder wie im Kochtopf bei den Kannibalen, wo noch Salz gefehlt hat an dem Forscher. Das kannte ich von der Witzzeichnung aus der »Hör Zu«.

»Konntet ihr nicht einfach einen Tunnel graben? Unter den Zaun durch?«

»Haben wir ja auch versucht, da sind wir aber dabei erwischt worden.«

»Ist da dein Bein abgegangen?«

»Nee, da nicht.«

Und dann wollte der Franz auf einmal nicht mehr weitererzählen von seiner Kriegsgefangenschaft.

In einem Jahr war ich in der Adventszeit fast jeden Nachmittag beim Franz. Da bastelte er nämlich mit mir eine Weihnachtskrippe. Wenn die fertig war, wollte er sie auf die Fensterbank stellen, dann würde das Christkindchen sie abholen und Weihnachten unter den Tannenbaum stellen.

Die Krippe war riesig groß, höher als der Sitz vom Küchenstuhl. Die Wände waren aus Brettern genagelt, zwei Nägel hatte ich selbst eingehämmert. Daß sie ganz krumm wurden, lag an dem Ast, auf den sie getroffen waren. »Da kriegt kein Mensch einen Nagel gerade rein«, erklärte mir der Franz.

Ob das Holzbein vom Franz wohl aus dem gleichen Holz war wie die Krippe? Ich klopfte heimlich dagegen.

Das bekam der Franz aber sofort mit. »Herein, wenn es kein Schneider ist. Wer klopft denn da nur gegen mein Holzbein?«

Auf die Holzwände klebten wir echte Birkenrinde, auf das Dach und auf den Boden Moos und richtige kleine Kieselsteine.

Das Schönste an der Krippe war, daß ich ganz kräftig mithelfen durfte. Ich hatte dem Franz all das Moos und die Birkenrinde und die Steine unten von unserem Hof besorgt. In dem Moos durften natürlich keine Grashalme sein, die wären dann ja größer als die Maria geworden. Ich hatte ihm sogar ein großes Stück Putz von unserer Mauer hochgeschleppt als richtige steinerne Wand für die Krippe.

»Ja, ist eigentlich ne klasse Idee, laß mal überlegen. Nee, geht gar nicht, Thomas. Das kannten die damals noch gar nicht, gemauerte Häuser und Ställe.«

Zum Schluß kam noch eine kleine Glühbirne unter das Dach, die er mit zwei dünnen Drähten an einen Schalter anschloß und anschließend mit einer Batterie verband.

»Jetzt paß mal auf, wie der Stall gleich hell wird.«

Der Franz fummelte an dem Schalter herum.

Der Stall blieb dunkel.

»Vielleicht sind die Drähte falsch angeschlossen«, meinte der Franz. Er tauschte sie aus und knipste wieder den Schalter an.

Der Stall blieb immer noch dunkel.

»Vielleicht ist die Batterie leer, Franz?« Das kannte ich nämlich von unserer Lichtmaschine.

Der Franz sah mich zweifelnd an, humpelte dann aber doch in das Bad und kam mit einer neuen Batterie zurück.

Er klemmte die Drähte an, drehte den Schalter.

Und tatsächlich, plötzlich erstrahlte der Stall in hellem Licht. Die Birne erleuchtete das Jesuskind in der Krippe, den Josef und die Maria, den Esel und den Ochsen und die Heiligen Drei Könige. Und der Franz stand auf, humpelte auf mich zu und schlug mir auf die Schultern. »Also, Thomas, eins ist klar, wenn du nicht so schön mitgeholfen hättest, also, so ganz alleine hätte ich die Krippe nie fertig gekriegt.«

Da merkte ich, daß ich vor lauter Stolz ganz rote Ohren bekommen hatte. Zum Glück hat der Franz das aber gar nicht bemerkt.

Am liebsten spielte ich mit dem Hans-Hermann. Er war der einzige, den ich kannte, der mit der Zunge sein ganzes Kinn ablekken konnte. Ich selbst bekam meine Zunge noch nicht mal bis zum Kinn, auch wenn ich an ihr zog.

Und der Hans-Hermann war der Häuptling unserer Zorro-Bande. Die Zorro-Bande bestand aus dem Hans-Hermann und mir.

Der Hans-Hermann war schon damals, als er noch im Wilden Westen gelebt hatte, der Häuptling der Zorro-Bande gewesen. Damals hatte er dann auch mit allen Strauchdieben des Wilden Westens aufgeräumt. Die meisten brauchte er nur mal so kurz in den Schwitzkasten zu nehmen, dann waren die schon zahm wie ein Kaninchen.

Ganz klar, daß unsere Bande einen Schlachtruf brauchte. Und auch den hatte mir der Hans-Hermann beigebracht:

»Tschip-tscherip Tschiralla-pip, tschibeu, tschibeu tschibeu.«

Das war Amerikanisch, genau wie »Salemaleikum, wennsevorbeikumm, könnsemalreinkumm«. Oder »DeBeDeDeHaKaPeUKaEm«. Das hieß »Doof bleibt doof, da helfen keine Pillen und keine Medizin«. Und das verstand jeder Indianer ganz genau. Damals, im Wilden Westen, hatte er nämlich nur Amerikanisch mit den Indianern gesprochen.

Natürlich brachte der Hans-Hermann mir bei, wie man bei den Indianern seinen Skalp behalten konnte. Das waren die Haare. Die schnitten die Indianer allen Gefangenen einfach ab.

Schon nach kurzer Zeit konnte ich mich nämlich so leise anschleichen, daß auch nicht das geringste Knacken oder Rascheln oder Knistern zu hören war. Bevor ich die Hände auf den Boden setzte, hatten ihn meine Finger bereits nach jedem noch so kleinen Ast abgetastet. Kein Indianer hätte mich je bemerkt. Dabei hatten die schon Ohren wie ein Luchs.

Vom Hans-Hermann konnte man überhaupt eine Unmenge lernen. Die Witze von Tünnes und »Schädel« zum Beispiel. Da bekam ich jedesmal einen Lachanfall.

Am Sonntagmorgen treffen sich Tünnes und Schädel:

»Wohin gehst du, Tünnes?«

»Na, in die Kirche.«

»Mit ner Speckschwarte unterm Arm?«

»Au Mann, jetzt hab ich das Gebetbuch in die Erbsensuppe geschmissen.«

Noch viel raffinierter aber war der Spruch mit dem Mehl, mit dem mich der Hans-Hermann einmal richtig reingelegt hat:

»Thomas, sag mal: Ich kam mit Mehl aus Gelsenkirchen. Und laß das ›mit‹ weg.«

»Ich kam Mehl aus Gelsenkirchen.«

Da fing der Hans-Hermann schallend an zu lachen.

Ich lachte mit, wußte nur nicht so richtig, warum.

»Hallo, du Kamel aus Gelsenkirchen.«

Jetzt endlich fiel der Groschen auch bei mir, und ich mußte mich wieder kaputtlachen.

Am nächsten Tag spielten der Hans-Hermann und ich in unserm Hof das Bommelmützenspiel. Der Hans-Hermann hatte meine kratzige Bommelmütze über sein Gesicht abgerollt, breitete seine Arme weit aus und tapste unbeholfen über den Hof. »Ich seh nichts mehr, ich seh nichts mehr.« Das war aber nur gespielt. Durch die Maschen konnte man nämlich noch alles ganz genau sehen.

Da kam die blöde Marlies an und schüttelte den Kopf, daß ihre Schneckenzöpfe nur so schaukelten. »Doofer als kleine Babys, ihr beiden.«

»Du bist ja noch viel doofer«, lachte der Hans-Hermann.

Jetzt fiel mir der Spruch von gestern wieder ein. »Sag mal:

Ich kam mit Mehl aus Gelsenkirchen. Und laß das ›mit‹ weg. Kannst du gar nicht, Marlies.«

»Pfff, besser als der kleine Thomas.«

»Kannst du nicht.«

»Der kleine Thomas will mir vorschreiben, was ich kann und was ich nicht kann. Da lachen ja alle Hühner.«

»Kann die doch gar nicht«, grinste nun auch der Hans-Hermann.

Die Marlies lächelte mit spitzem Mund. »Son Quatsch. Ist doch ganz einfach: Ich kam Mehl aus Gelsenkirchen.«

Da tanzte der Hans-Hermann auf einmal wie wild auf der Wiese herum und brüllte: »Die Marlies ist das Kamel aus Gelsenkirchen.« Und ich tanzte und brüllte mit.

Die Marlies schrie noch: »Was seid ihr doch doof« und rannte dann beleidigt weg. Der Hans-Hermann und ich aber, wir tanzten und brüllten noch, als die Marlies schon lange nicht mehr zu sehen war.

Am beeindruckendsten aber war es, wenn der Hans-Hermann schielte. Dann guckte er genauso wie der Olle Hahn. Und beim Schielen gackerte er immer wie ein Huhn. »Tuck, tuck, tuck, tuck, tuck.« Er wußte allerdings ganz genau, daß er sein Schielen auf keinen Fall übertreiben durfte, weil sonst seine Augenbänder ausleiern konnten und er dann sein ganzes Leben so rumrennen müßte wie der Olle Hahn.

Der Olle Hahn wohnte im Nebenhaus und war ein netter, freundlicher älterer Mann, der meinem Opa sehr ähnlich sah. Und ich hatte ihn darum richtig gern. Er trug immer eine blaue Arbeitsjacke und eine Schirmmütze wie der Hans-Hermann, nur war seine Mütze runder und ausgebeulter. Und der Olle Hahn konnte genauso schielen wie der Hans-Hermann. Der schielte allerdings immer, der Olle Hahn.

Wenn er schweigend seinen Hof fegte, sah ich ihm bei der Arbeit zu. Ganz fasziniert beobachtete ich seine Augen. Da wollte ich einmal nett und freundlich und höflich zu dem netten Ollen Hahn sein und fragte: »Olle Hahn, kannst du mit einem Auge in den Himmel und mit dem anderen in die Westentasche gucken?«

Daß der Olle Hahn so was Raffiniertes konnte, hatte mir der Hans-Hermann verraten.

Da schwang der Olle Hahn seinen Besen. »Ich werd dir geben! Mach bloß, daß du wegkommst.«

Im Haus vom Ollen Hahn wohnte auch die Heidi. Sie war etwas jünger als ich, und wenn sie mich sah, strahlte sie mich an. Die Heidi war das einzige Mädchen, mit dem ich gerne spielte, manchmal sogar lieber als mit dem Hans-Hermann.

Kurz nach Ostern, an einem sonnigen, aber noch kühlen Morgen, stützte ich mich auf den Spaten, den mir der Franz geliehen hatte. »Komm, wir bauen 'n Geheimgang, Heidi.«

Die Heidi zupfte vor Aufregung an den Schleifen ihrer Puffärmel. »Geheimgang? Was ist das?«

»Ein Tunnel. Wenn wir am Anfang reinkriechen, kommen wir am Ende wieder raus. Und keiner kann uns sehen. Hat der Franz in seiner Gefangenschaft versucht, hat aber nicht geklappt.«

Unser Geheimgang sollte vor unserem Hauseingang beginnen und bis zum Trümmerfeld im Johann-Strauß-Weg gehen, dem Spiel- und Tummelplatz aller Kinder aus der Nachbarschaft.

Schon nach kurzer Zeit hatte ich ein schönes, tiefes Loch gegraben, und die Heidi hatte die lose Erde zu einer Burg geformt.

»Darf ich auch mal?« fragte sie.

Ich nickte und überreichte der Heidi den Spaten.

Sie wischte sich die Hände an ihrer Schürze mit den vielen kleinen Punkten ab, und dann holte sie aus. Sie wollte mit der spitzen Seite des Spatens Kerben in den Boden schlagen. Und dabei traf sie mich mit der Spatenspitze genau an der Augenbraue.

Am Anfang wußte ich überhaupt nicht, was los war. Als ich aber Blut auf den Boden tropfen sah, schrie ich auf wie am Spieß: »Mooomoo, Mooomoo!«

Meine Mutter öffnete das Küchenfenster, sah mein blutendes Auge, stürmte runter in den Hof und schleppte mich zum Doktor Sträter in die Robert-Schmidt-Straße.

Der Doktor besah sich die Wunde und lächelte mich beruhigend an. »Halb so schlimm, spätestens bis zur Hochzeit ist alles wieder in Ordnung.«

Dann stocherte er mit einer Pinzette etwas an der Augenbraue herum, klebte ein großes Pflaster darauf, und ich war entlassen.

Meine Mutter meinte, ich hätte einen unheimlichen Schutzengel gehabt, die Schüppe hätte um ein Haar ins Auge gehen können.

Daß mein Schutzengel so auf mich aufgepaßt hatte, hat mich schon ungemein beruhigt. Und so ein Schutzengel, der paßte schon genau auf einen auf. Da konnte man ruhig über einen ganz morschen, schmalen Brückenbalken gehen, runterfallen konnte man da nicht.

Ich fragte meine Mutter, ob wir nicht durch den Johann-Strauß-Weg gehen könnten.

»Warum? Ist doch ein Umweg.«

»Der Weg ist aber schöner.«

»Meinst du?«

»Ja, bestimmt. Viel schöner.«

Auf dem ganzen Weg durch den Johann-Strauß-Weg fummelte ich unentwegt an meinem großen Pflaster. Ich drückte dagegen, kratzte daran, klopfte mit den Fingerspitzen dagegen.

Endlich, als ich schon fast alle Hoffnung aufgegeben hatte, entdeckten die anderen Kinder mich doch noch. Sie ließen Spielen Spielen sein und stürmten auf mich los. »Was ist denn mit dir passiert, Thomas?«

»Nix passiert, nur die Heidi hat mich mit der Schüppe vom Franz getroffen«, erklärte ich mit einer wegwerfenden Handbewegung.

»Mensch, du armer Thomas, sone schlimme Verletzung. Mann-o-mann, Thomas, das muß ja unheimlich weh tun!«

»Ach, Quatsch, Blödsinn, die kleine Wunde«, grinste ich.

Als wir an unserem Haus ankamen, hoffte ich inständig, daß auch die Heidi mich sehen würde. Sie war aber nicht mehr da.

Am nächsten Tag aber, als ich mit ihr auf unserer Hoftreppe saß, musterte sie mein Pflaster ganz genau. »Ist da noch Blut hinter?«

»Ne ganze Menge.«

»Tut das noch weh?«

»Ach Quatsch, nur 'n bißchen. Halte ich aber schon aus.«

Da verzog sie schmerzhaft das Gesicht, als hätte sie selbst die Schüppe mitgekriegt, und sah mich mitleidig an.

Und dann, ja, dann küßte sie mich einfach auf die Backe.

Ich war ganz erschrocken. Der Kuß war viel angenehmer und weicher und wärmer als die Küsse der Erwachsenen.

Es kribbelte bis in meinen Rücken, und mein Kopf wurde ganz heiß. Aber irgendwie war es auch unheimlich schön.

Das sagte ich ihr aber nicht und drehte meinen Kopf schnell nach hinten, zur Wiese. Die Heidi sollte bloß nicht mitkriegen, daß ich einen knallroten Kopf bekommen hatte.

4. Kapitel

Von den freundlichen Bopps und einem Kinderschützenfest, bei dem sich ein komischer Zwergenbart als Peinlichkeit und ein erster Preis als Wunderwaffe entpuppt

Gegenüber von uns wohnten die Bopps. Die Bopps waren Milchbauern und Kartoffelhändler. Wenn wir gegenüber spielten, spielten wir bei den Bopps, wenn wir gegenüber Schützenfest feierten, feierten wir bei Bopps, wenn gegenüber Hochzeit war, heirateten die Bopps. Und wenn jemand von gegenüber mit uns meckerte, meckerten die Bopps. Die Bopps müssen unheimlich viele Familien gewesen sein. Vielleicht waren für mich alle Nachbarn von gegenüber die Bopps.

Der Hof der Bopps war mit kaputten roten Ziegelsteinen gepflastert, manche etwas größer, manche nur kleine Steinkrümel, alle aber ganz glatt in den Boden gestampft. Und auf dem Hof standen zwei schöne alte, verfallene Schuppen: vorne, an der Straße, der kleine, weiter hinten, fast an den Gewächshäusern der Gärtnerei, der große. Und das Schönste war, daß man einfach da reingehen durfte. Da meckerte keiner.

Unter dem Dach des kleineren Schuppens klebten überall Schwalbennester, mit kleinen Löchern, durch die die Schwalben immer ein- und ausflogen. Und in diesem Schuppen, rechts an der Wand, war auch das Karbüffchen, wo die Oma Bopp ihre Milch ausschenkte. Die Oma Bopp war die netteste von allen. Die war immer freundlich zu uns Kindern, anders als die anderen Erwachsenen. Die meckerte nie. Nur dann, wenn man mal »Karbüffchen« zu ihrem Karbüffchen sagte.

»Das ist kein Karbüffchen, das ist ein Laden.«

Dabei sagten alle Erwachsenen auch Karbüffchen.

Sogar meine Mutter hatte »Karbüffchen« gesagt, als sie mir achtzig Pfennig in die Hand drückte und meinte: »Geh mal ins Karbüffchen und hol zwei Liter Milch, Thomas. Für die Stampfkartoffeln.«

Ich schnappte mir unsere Milchkanne und rannte los. Unterwegs traf ich den Willi. Er war so alt wie ich, zwar lange nicht so schlau wie der Hans-Hermann, aber er war immer lustig und hatte die allerbesten Ideen. Und mit ihm konnte ich richtig gut spielen. Er konnte nur dann fuchtig werden, wenn wir ihm sagten, er müsse jetzt auf jeden Fall rechts rum gehen. Rechts an seinem Kopf stand nämlich ein Haarbüschel immer ganz weit ab, wie ein Autowinker.

Der Willi hatte auch eine Kanne in der Hand. Seine Kanne sah ganz anders aus als unsere. Seine war weiß und verbeult und hatte einen blauen Rand. Unsere war auch verbeult, aber aus mattem Aluminium mit braunen Stippen. Die Kannen schleuderten wir um unsere Köpfe wie damals der Hans-Hermann im Wilden Westen sein Lasso. In der Kanne vom Willi klimperte es beim Schleudern.

Wir gingen in das Karbüffchen. Hier bei der alten Oma Bopp roch es immer irgendwie heimelig nach Milch und Kartoffeln.

»Gut, Thomas, dann reich mal deine Kanne rüber.« Das runde, rosarote Gesicht von Oma Bopp strahlte. Sie wischte sich ihre Hände an der weißen Rüschenschürze ab, strich sich durch ihr weißes Haar und nahm meine Milchkanne entgegen. Dann bückte sie sich über einen großen Eimer und füllte mit einem Schöpfkännchen die Milch in die Kanne. Mit jedem Schöpfen einen halben Liter. Nach dem vierten Schütten waren zwei Liter in der Kanne, und die Kanne war fast voll. Soweit konnte ich schon rechnen, obwohl ich erst im nächsten Jahr zur Schule kommen sollte.

Ich nahm die Kanne in Empfang.

Die Milchoberfläche schäumte.

»Ist das Schmand?«

»Nee, nee, nur Schaum, hat sich gleich gesetzt.«

Na, Gott sei Dank, Schmand mochte ich nämlich nicht.

»Schmand kommt nur auf die Milch, wenn sie gekocht wird«, lachte die Oma Bopp.

Da war ich ja beruhigt.

Jetzt reichte der Willi seine Kanne über die Theke. »Auch zwei Liter.«

Die Oma Bopp füllte die Milchkanne, in vier Fuhren.

»Macht 80 Pfennig.«

Der Willi vor mir rührte sich nicht.

»80 Pfennig.«

Der Willi rührte sich immer noch nicht.

»Macht 80 Pfennig.«

»Das Geld ist noch in der Kanne.«

Die Oma Bopp verstand kein Wort und sah den Willi entgeistert an. »Wie, in der Kanne?«

»Das Geld ist noch in der Kanne.«

Da hob die Oma Bopp die Augenbrauen wie zu einem Stoßgebet, flüsterte »Jesses-Maria« und schüttelte den Kopf. Dann langte sie mit ihrem rosaroten Arm tief in die Kanne, tastete suchend auf dem Kannenboden herum und zog schließlich den Arm wieder hervor, in der Hand acht tropfende Groschen.

Ich mußte mich kaputtlachen. Der Willi und die Oma Bopp nicht.

Als wir draußen waren, bekam auch der Willi einen seiner Lachanfälle. »Der Arm von der Oma Bopp hat gerade so ausgesehen wie der von der jungen Frau Bopp. Bei der Hochzeit.«

»Wieso?«

»Die Oma Bopp hatte auf einmal auch so lange, weiße Handschuhe an. Wie damals die junge Frau Bopp. Nur, die Handschuhe von der Oma Bopp haben getropft.«

»Kannst du deine Kanne um den Kopf schleudern, wenn da Milch drin ist?«, fragte ich den Willi, als wir uns ausgelacht hatten.

»Geht doch gar nicht!«

»Doch. Kann ich nämlich. Ist der Überschlagtrick, wo keine Milch rausfällt.«

Der Willi sah mich neugierig an. »Dann mach mal.«

Ich pendelte zunächst meine Milchkanne hin und her, immer höher, bis sie genug Schwung hatte. Dann ließ ich sie wie ein Rad senkrecht kreisen, über meinen Kopf hinweg. Und kein einziger Tropfen Milch lief aus. Ein Kunststück, das schon fast an Zauberei grenzte.

Der Willi bekam Stielaugen. »Mensch, Thomas, damit kannst du ja im Zirkus auftreten. Da sind alle Vorstellungen ausgebucht.«

»Geht noch viel schneller.« Und ich wirbelte die Kanne nun in einem Affenzahn durch die Luft.

Der Willi staunte nur noch Bauklötze.

Und dann passierte es: Ich hatte wohl den Birkenast übersehen, der vor unserem Haus auf den Bürgersteig ragte. Ausgerechnet als die Kanne ganz oben war, stieß sie dagegen. Ihr Schwung war dahin. Die Milch pladderte zuerst auf meinen Ärmel und dann ganz gemütlich und hinterhältig auf den Boden und bildete da einen weißen, immer größer werdenden Fleck.

Der Willi meinte, da sollte ich mir mal keine Sorgen machen. Im Zirkus würde mir son Mist nie passieren, da wüchsen ja keine Bäume.

»Komm doch mit in den Schuppen, Thomas, da kannst du die Emma streicheln«, meinte der Opa Bopp.

In den Schuppen zur Emma? Zu dem riesengroßen Pferd vom Opa Bopp? Damit die mich in aller Seelenruhe verspeisen konnte mit ihrem Gebiß? Ich schüttelte den Kopf.

Der Opa Bopp hob die Schultern und verschwand in dem großen Schuppen.

Der war mutig, der Opa Bopp. Und ich? Wenigstens von außen in den Schuppen hineingucken, das konnte ich ja wagen. So ganz kurz.

Also wuchtete ich das grüne Scheunentor auf. Aber nur so weit, daß die dicke Emma da nicht durchkommen konnte. Etwas mulmig war mir allerdings schon, als ich hineinsah in die Dunkelheit.

Im Schuppen roch es nach Öl und Rauch und Wagenschmiere. Der Boden war uneben, mit vielen Löchern. Darin hatten sich Heu und Strohhalme gefangen, an vielen Stellen schwammen auch schillernde Öllachen, in allen Farben.

Ganz hinten in der Ecke, hinter dem Holzzaun, striegelte der Opa Bopp die Emma.

Ich lehnte mich gegen das Tor und starrte die gewaltige, braune Emma an. Wie stark sie doch war. Und wie riesengroß. Ich kannte kein Tier, das so groß war wie die Emma. Allein ihre Beine waren schon größer als ich.

»Kannst ruhig näher kommen«, rief der Opa Bopp mir zu. »Ich glaube, die Emma möchte mal von dir gestreichelt werden. Die ist lieb, die tut dir nichts.«

Ich sah erst den Opa Bopp an, dann die Emma. Hätte ich ja liebend gern gemacht, die Emma gestreichelt. Wenn die nur nicht so ein großes Gebiß gehabt hätte, mit riesigen gelben, kauenden Zähnen.

»Und wenn die in meine Hand beißt? Ist die dann ab?«

»Die Emma beißt nicht. Wie die dich anguckt, ich glaub, die hat dich richtig gerne.«

Die Emma sah jetzt tatsächlich zu mir rüber.

Da faßte ich mir ein Herz und ging auf sie zu, ohne einmal stehenzubleiben. Dann titschte ich zaghaft mit den Fingerspitzen an ihren Kopf. Die Emma sah mich mit ihren riesigen Pferdeaugen in aller Seelenruhe an. Da wurde ich noch mutiger. Ich streichelte sie vorsichtig über den Kopf. Und die Emma hatte das tatsächlich gerne. Die biß wirklich nicht.

Die Emma stand mit dem Pferdewagen vor unserem Haus. Der Opa Bopp verkaufte gerade den Frauen aus unserer Nachbarschaft seine Milch. Ich schlenderte um den staubigen Pferdewagen. Die großen Räder hatten rote Speichen, die Radnabe in der Mitte war dick voll Fett. Das konnte man mit dem Finger abstreichen, aber man mußte aufpassen, daß man es nicht anschließend an der Hose abwischte. Das Fett ging nämlich gar nicht mehr raus.

Mittlerweile waren alle Frauen mit ihren Milchkannen gegangen, und der Opa Bopp kletterte auf den Kutschbock. Auf einmal grinste er zu mir herunter. »Warum kommst du denn nicht rauf auf den Kutschbock, Thomas?«

Ich verstand gar nicht, was er meinte.

»Ja nun, ich mein ja nur. Wenn du mitfahren willst?«

»Ich ... ich darf ... mitfahren?«

»Klar, Thomas.«

Sofort saß ich auf dem Kutschbock, auf der linken Seite, neben dem Opa Bopp. Der schnalzte mit der Zunge, und die Emma setzte sich in Bewegung.

Der Opa Bopp kratzte sich die Haare unter seiner Schirmmütze. »Anstrengend, die Emma zu lenken.«

»Anstrengend? Ist doch schön.«

»Kannst du ja mal lenken, die Emma, Thomas.«

»Ich ... ich weiß nicht.«

Doch da hatte ich schon die Zügel in der Hand.

»Wenn du links ziehst, geht die Emma links rum, wenn du rechts ziehst, rechts rum.«

Ich zog links am Zügel, und tatsächlich, die Emma trottete nach links Ich zog rechts am Zügel, die Emma trottete nach rechts.

Wenn mich jetzt doch nur die Heidi sehen könnte. Die würde ihren Augen nicht trauen und sich überhaupt nicht mehr einkriegen vor Bewunderung. Die würde denken: Was der Thomas doch schon alles so kann; der kann sogar schon die riesige, dicke Emma lenken. Und Angst hat der kein bißchen mehr. War aber nirgendwo zu sehen, die Heidi. Eigentlich schade.

Am Volkshaus nahm der Opa Bopp die Zügel wieder in die Hand, zog daran und machte »Brrr«. Sofort blieb die Emma stehen.

Der Opa Bopp drehte die Wagenbremse fest, läutete mit seiner Glocke, und alle Frauen kamen mit ihren Milchkannen aus den Häusern.

»Na, Thomas, dann paß mal gut auf hier oben.«

Er sprang vom Kutschbock und ging hinter den Pferdewagen. Ich hörte ihn die Milch in die Kannen gießen.

Wie gut ich die Emma doch bis zum Volkshaus geführt hatte. Die hatte alles ganz genau verstanden.

Vor mir war der dicke Hintern von der Emma, rechts neben mir die Pferdewagenbremse, ein eisernes, schwarzes Kurbelrad, ölverschmiert. Wenn man daran drehte, lösten sich die Bremsklötze von den Wagenrädern, und die Emma setzte sich in Bewegung.

Zaghaft berührte ich das Rad. Das durfte ich ja wohl, das Rad berühren. Nur drehen durfte ich nicht daran. Ob die Emma loslaufen würde, wenn ich das Kurbelrad etwas aufdrehte? Quatsch, die rannte ja erst los, wenn man laut schnalzte. Und einer, der ganz alleine die riesige Emma durch die Stadt lenken konnte, der konnte ja wohl auch so eine Bremse lösen und wieder anziehen. Konnte der bestimmt.

»Was darf es denn sein, Frau Müseler?« fragte hinter mir der Opa Bopp.

Vielleicht konnte ich die Bremse nur so ein klitzekleines Stück lösen und dann sofort wieder andrehen. Ich atmete tief durch.

»Zwei Liter. Trinkt der Jüngste so gerne«, antwortete die Frau Müseler.

Und dann drehte ich etwas an dem Rad. Das war überhaupt nicht schwer. Und tatsächlich, die Emma rührte sich nicht vom Fleck.

»Macht achtzig Pfennig. Und grüßen Sie Ihren Jüngsten«, verabschiedete sich der Opa Bopp.

Ich drehte das Rad noch weiter auf, jetzt schon mehr als eine Umdrehung.

Plötzlich senkte die Emma den Kopf, ihr Zaumzeug straffte sich, sie wackelte leicht mit dem Hintern und schabte mit den Hinterbeinen. Die Räder knirschten. Dann bewegte sich der Pferdewagen kaum merklich.

»Übermorgen gegen elf stehen wir wieder hier«, rief der Opa Bopp einer der Frauen nach.

Der Wagen aber rumpelte jetzt ganz langsam den Grünen Weg hinunter.

Ganz langsam? Die Emma zockelte los, sie hatte allmählich schon richtig Tempo drauf. Die Fahrt wurde ja immer schneller! Vor Schreck ließ ich die Zügel los und krallte mich an dem Sitz fest. Die Emma wieherte, die Zügel schleiften über die Straße. Der Wagen eierte, ich schlingerte auf dem Kutschbock hin und her. Hinter mir hörte ich die schrillen Schreie der Frauen.

Mittlerweile waren wir schon den halben Berg hinuntergefahren. Die Emma galoppierte fast. So schnell war die noch nie gerannt.

Erst jetzt entdeckte ich die scharfe Kurve vor uns. Sie kam immer näher. Ich schloß die Augen, öffnete sie wieder. Wie sollte die Emma denn da noch abbiegen können? Bei dem Tempo konnte ganz leicht der riesengroße Wagen umkippen. Der würde dann bestimmt auf meine Arme oder Beine fallen, und die wären dann gebrochen. Mindestens, vielleicht sogar ab.

Plötzlich tauchte der Opa Bopp neben dem rumpelnden Wagen auf. Er rannte keuchend neben uns her und schwenkte die Arme. Dabei sah er aus wie eine große Marionette, deren Arme im Takt einfach immer rauf- und runtergingen, rauf und runter. Er schrie aus Leibeskräften »Brrr, Brrrr!«, dann etwas leiser »Ruhig, Emma, ruhig«. Im Laufen versuchte er, die Zügel vom Boden aufzuheben.

Die Kurve war jetzt schon ganz nah.

Da endlich erwischte der Opa Bopp die Zügel. Er zog daran. »Brrr, Brrrr!« Die Emma wurde langsamer, schließlich blieb sie zitternd stehen.

Der Opa Bopp tätschelte noch mal die Emma »Ruhig, Emma, ruhig!« und kletterte schnaubend auf den Kutschbock. Er drehte die Bremse fest, atmetet tief durch und meinte dann: »Na, noch mal Glück gehabt. Hab ich wohl die Bremse nicht richtig festgezogen.«

Auf der ganzen weiteren Fahrt traute ich mich nicht, auch nur ein einziges Wort zu sprechen.

Und dem Opa Bopp habe ich nie verraten, daß ich es ja eigentlich war, der die Bremse gelöst hatte.

»Willst du wieder als Indianer gehen, Thomas?« fragte mich meine Mutter.

Ich kletterte auf den Küchenstuhl. »Nee, die Verkleidung kratzt so.«

Meine Indianerverkleidung hatte beim letzten Bopp-Schützenfest nämlich unheimlich gepiekt und gekitzelt. Meine Mutter hatte sie mir aus einem Kartoffelsack genäht.

»Dann wirst du ein schöner Zwerg.« Sie hob das rote Kreppapier hoch.

»Aber nicht Zwerg Alarich.«

»Nee, nee, einer von den sieben Zwergen.«

Meine Mutter machte mir aus dem Kreppapier ein schönes Zwergen-Kostüm, mit rotem Umhang und roter, spitzer Kapuze.

»Und der Bart?«

Meine Mutter suchte im Schrank nach. »Ich hab keine Watte mehr für den Bart.«

»Zwerge haben aber alle einen Bart, Mama.«

»Dann frag mal die Bopps.«

Die Bopps waren nicht zu Hause, nur die Gerda, ihre Tochter. Sie war in der gleichen Klasse wie die blöde Marlies und tauschte mit ihr immer Glanzbilder. Die Gerda war aber überhaupt nicht so affig wie die Marlies. Die Gerda, die war richtig in Ordnung. Sie stand in der Küche, hatte einen langen weißen Umhang um und klammerte sich gerade ihre goldene Krone ins Haar. Sie war nämlich heute die Königin.

Im Küchenschrank fand sie auch einen schönen Bart für mich, klebte ihn mir ins Gesicht, zupfte ihn noch etwas zurecht, und schon sah ich aus wie ein echter Zwerg.

Und ich machte mich voller Stolz auf den Weg zum Schützenfest.

Auf dem Hof von Bopp lagen schon lange Bretter auf Stelzen, unsere Tische. Da würden wir nach dem Umzug unser Selters und unser Lakritzwasser trinken. Es wimmelte von Kindern aus der ganzen Nachbarschaft. Alle waren verkleidet. Der Hans-Hermann hatte einen Cowboyhut auf. Und mit Schuhwichse hatte er sich sogar einen richtigen schwarzen Schnurrbart ins Gesicht gemalt. Der Willi hatte eine Mütze auf wie der Koch in Schneewittchen. Den König mit seinem roten Umhang kannte ich nicht so genau.

Die blöde Marlies war auch da. Als Rotkäppchen. Das rote Käppchen beulte sich über ihren Schneckenzöpfen. Die sah noch viel blöder aus als sonst.

Als wenn sie nur auf mich gewartet hätte, kam sie auf mich zugerannt, hüpfte um mich herum und kicherte: »Ach, der kleine Thomas. Was für ein schöner Indianer.«

»Ich bin kein Indianer, ich bin ein Zwerg.«

»Ach so, ein Zwerg. Hätte ich nie erkannt.« Sie kicherte wieder. »Und so einen schönen Papierumhang hat der kleine Thomas um. Und so eine schöne Papiermütze.«

»Das ist kein Papier, das ist Krepp.«

»Ach so, Krepp. Stimmt ja auch, Krepp ist ja gar kein Papier. Wenn der kleine Thomas das sagt.«

Ich drehte ihr den Rücken zu.

Die Marlies aber hüpfte weiter um mich herum. »Und der Bart vom kleinen Thomas. So ein schöner Zwergenbart.« Sie kriegte sich jetzt überhaupt nicht mehr ein, hielt sich den Bauch vor Lachen und kicherte und gluckste und gickelte: »Hihih hihi. Hihihi hihi. Der schönste Zwergenbart der ...« Den Satz konnte sie vor lauter Kichern nicht zu Ende sprechen.

Zum Glück kamen jetzt die Frau Bopp und die Oma Bopp auf uns zu. Beide waren ganz außer Atem, richtig aufgeregt waren sie.

»Von wem hast du denn den ... äh ... den Bart, Thomas?«

»Hat die Gerda mir angeklebt.«

»So, so. Hmm, die Gerda. Hmm, so, so.« Die beiden Frauen sahen sich an und sprachen dann leise miteinander.

Ich verstand nicht alles, was sie sagten, nur so etwas wie »Kann son Kind wie die Gerda ja auch nicht wissen« und »Stell dir vor, der Thomas wäre damit durch die Straßen gelaufen« und irgendwas von »Damenbinden gehören ja auch nicht in den Küchenschrank«.

Dann wandte sich die Oma Bopp wieder an mich. »Dann komm mal mit, Thomas, wir machen dir jetzt einen viel schöneren Bart.«

Wir gingen in die Küche, die Frau Bopp riß mir den Bart ab und ließ ihn blitzschnell im Abfalleimer verschwinden.

Und dann klebte sie mir einen viel flauschigeren Bart an. Der sah wirklich viel echter aus. Als wenn er aus meinem Gesicht gewachsen wäre.

Auf dem Hof stellte die Frau Bopp uns Kinder in Zweierreihe auf, und unser Schützenfestzug setzte sich in Bewegung.

Ich durfte mit dem Willi direkt hinter dem König und der Königin gehen. Die beiden liefen unter einem Bogen, der mit bunten Papierstreifen und Sträußen aus Papierblumen umwickelt war. Der Hans-Hermann und die anderen Kinder, die schon fahrradfahren konnten, umkreisten unseren Zug mit ihren Rädern.

Sie hatten bunte Kreppapierstreifen in ihre Räder gebunden. Wenn sich die Räder drehten, sah es so aus, als würden die farbigen Kreppstreifen in die Fahrradnabe hineingezogen, genauso wie beim Schwungrad vom ollen Bastian, dem Scherenschleifer, der ab und zu durch unsere Straße zog.

Wir sangen:

»Mit dem Pfeil, dem Bogen, durch Gebirg' und Tal
kommt der Schütz gezogen, früh im Sonnenstrahl.
Trallala, trallala trallalala trallala-lalala-la.«

Und überall öffneten sich die Fenster, alle Erwachsenen sahen zu uns herunter, auf den Bürgersteigen blieben die Menschen stehen und lachten uns zu.

Auf dem Rückweg kamen wir an unserem Haus vorbei. Meine Mutter stand an der Haustür und winkte mir schon von weitem zu. Ich winkte zurück, und als ich an ihr vorbeikam, sang ich noch viel lauter.

Da nickte meine Mutter aufmunternd. Sie dachte bestimmt, wie schön laut der Thomas doch singen kann und wie schön er doch aussieht als Zwerg, jetzt, wo ich doch so einen schönen Bart anhatte.

Nach dem Umzug setzten wir uns alle an die langen Tische auf dem Hof von Bopp. Ich setzte mich schnell neben den Willi und den Hans-Hermann, die blöde Marlies saß zum Glück in einer ganz anderen Tischreihe.

Und für jeden gab es tatsächlich Selters und Lakritzwasser.

Der Herr Bopp trat aus seinem Schuppen. Er war jünger als die alte Oma Bopp. Meine Mutter hatte mir erklärt, daß er der Sohn von der Oma Bopp war. Der hatte die junge Frau Bopp geheiratet.

Herr Bopp kletterte auf den Amboß neben dem Scheunentor und hielt seine Hände wie einen Trichter vor seinen Mund. »Alle mal herhören! Nun folgt der spannendste Wettkampf aller Zeiten. Das Kartoffelwiegen. Und in meiner Tasche habe ich den ersten Preis: eine Riesenüberraschung!«

Er schlug gegen seine Kitteltasche. »Kommt mal alle zu der Kartoffelwaage.«

Die Kartoffelwaage war das Prunkstück des Schuppens. Und jetzt zeigte uns der Herr Bopp, wie man die Kartoffeln wog. Das war ungeheuer raffiniert. Er ließ eine Kartoffel nach der anderen in den Eimer auf der Waage kullern, bis die Stange mit dem verschiebbaren Gewicht im Gleichgewicht schwebte.

»Nur so kann man gewinnen.«

Der Herr Bopp lachte und zeigte uns, wie wir nicht gewinnen konnten. Er schüttete die Kartoffeln wild in den Eimer, die Stange klackte gegen den oberen Anschlag, er nahm einige Kartoffeln wieder raus, die Stange klackte gegen den unteren Anschlag. »Richtig hingekriegt hat das bisher noch kein einziges Kind.«

Ich stieß den Hans-Hermann neben mir an. »Du auch nicht?«

»Ich? Immer! Kinderspiel.«

Wir mußten uns in einer langen Schlange anstellen, und ein Kind nach dem anderen wog die Kartoffeln. Bei allen klackte die Waagenstange gegen den Anschlag.

Vor mir war der Hans-Hermann dran. Er rollte vorsichtig eine Kartoffel nach der anderen auf die Waage, die Stange hob sich langsam und ... klackte gegen den oberen Anschlag.

Jetzt war ich an der Reihe.

Sorgfältig verschob ich das Gewicht auf der Waagenstange und ließ Kartoffel um Kartoffel auf die Waage gleiten, ganz vorsichtig.

»Immer schön langsam und mit Gefühl«, ermahnte mich der Herr Bopp.

Gebannt sah ich, wie sich die Stange an der einen Seite langsam hob. Hoffentlich klackerte sie nicht beim nächsten Mal gegen den anderen Anschlag.

Ich legte ganz behutsam eine weitere Kartoffel in den Eimer, und dann geschah es. Die Stange hob sich langsam noch etwas höher und schwebte im Gleichgewicht. Wie von Zauberhand. Anders als bei allen anderen. Ich strahlte. Ich konnte mehr als alle anderen Kinder. Sogar mehr als der Hans-Hermann.

Der Herr Bopp hob mich auf die Kartoffelkiste. »Unser Sieger beim Kartoffelwiegen ist in diesem Jahr der ...« Herr Bopp machte eine Pause, schlug mit seinen Klotschen dreimal auf den

Steinboden, hob beide Arme zu mir hoch und beendete den Satz mit dröhnender Stimme: »... der Thomas.«

Alle Kinder klatschten, der Hans-Hermann vollführte seinen Indianertanz. Ich aber konnte gar nicht sprechen, so stolz war ich.

Der Herr Bopp kramte in der Tasche seines Kittels. »Und hier ist er. Der erste Preis. Für den Weltmeister im Kartoffelwiegen.«

Und der erste Preis war wirklich eine Kostbarkeit, um die mich selbst der Hans-Hermann beneiden würde: ein echter, abgehackter Hahnenfuß. Wenn man hinten an den Sehnen zog, konnten vorne die Hahnenkrallen richtig greifen, wie bei einem lebenden Hahn.

Das mit den Sehnen hatte ich sofort raus. Und alle Kinder, denen ich den Trick vorführte, machten »Boh« und »Klasse« und »Boh, Klasse«.

Die blöde Marlies hüpfte schon wieder auf mich zu. »Da hast du ja Glück gehabt, daß du gewonnen hast. Son Kinderspiel hab ich ja gar nicht mitgemacht.«

»Ich aber.«

»Das mit dem blöden Hahnenfuß kannst du doch noch gar nicht alleine.«

»Kann ich aber doch!«

Die Marlies kicherte wieder ungläubig.

Ich kramte den Hahnenfuß aus meiner Hosentasche, hielt ihn vor ihr Gesicht und zog an den Sehnen. Die Krallen grabschten nach ihrer Nase.

Da hörte die Marlies auf zu kichern und fing an zu quäken: »Iiih, Iiih!« Sie drehte sich um und rannte weg.

Hatte die etwa Angst vor mir? Oder vor der Hahnenkralle?

Ich rannte ihr verdutzt hinterher. Schneller rennen als sie konnte ich schon lange. Ich holte sie ein, meine Hahnenkralle krabbelte an ihrem Nacken, an ihren Armen, dann an den Schneckenzöpfen, die unter dem roten Käppchen hervorragten.

»Iiih! Hör auf! Iiih, Iiih!«

Mein Hahnenfuß wollte gerade ihre Nase kraulen, da sah ich, daß die Marlies die Augen zugepreßt hatte und richtig heulte. Laut und schrill.

Was hatte ich denn da für eine neue, wunderbare Entdeckung gemacht? Die Marlies hatte Angst vor uns! Vor der Hahnenkralle und vor mir! Die hatte sogar geheult und geschrien! Die Hahnenkralle war ja noch besser als eine Tarnkappe. Jetzt würde sie vor mir schneller Reißaus nehmen als alle Feinde vom Siegfried zusammen.

5. Kapitel

Von Bratkartoffeln am Lagerfeuer, von einer »Bärengeschichte« und einer Lederhose, die viel zu schön ist

Im Johann-Strauß-Weg lag unser Trümmergrundstück. Es war riesengroß, voller Steinberge und Bretter und verkohlter Holzbohlen. Zwischen den Steinhügeln wuchsen Disteln und Sträucher, ja sogar schon kleine Birken. Und überall breiteten sich Löwenzahn, Butter- und Gänseblümchen aus. Und auch Kamille, die so schön roch, wenn wir sie zwischen den Fingern zerrieben. An manchen Stellen hatten sich Tümpel gebildet, die auch bei Sonnenschein nicht austrockneten. Nur vor den Scherben mußten wir uns in acht nehmen, daß wir da mit unseren nackten Füßen nicht reintraten. Und in diesem Sommer flogen ganze Schwärme von Marienkäfern über die Trümmer, die meisten so in meinem Alter, wie man an ihren fünf schwarzen Punkten sehen konnte.

Der Hans-Hermann, der Willi und ich saßen auf den warmen Steinbrocken unseres Trümmergrundstücks, und wir hatten wieder unsere Schuhe ausgezogen.

Heute morgen war der Willi endlich in unsere Zorro-Bande aufgenommen worden. Dafür hatte er auch jeden Tag mit mir geübt. Lautloses Anschleichen, unser Amerikanisch und unseren Schlachtruf »Tschip-tscherip Tschiralla-pip, tschibeu, tschibeu tschibeu«. Das alles konnte er mittlerweile fast so gut wie ich.

Und jetzt war der Hans-Hermann unser Indianer-Häuptling, ich der Indianer-Unterhäuptling und der Willi der Indianer.

»Kennt ihr indianische Schleudermaschinen?« fragte der Hans-Hermann.

»Nee.«

»Dann guckt mal beide weg.«

Der Hans-Hermann stand auf und kletterte hinter eine umgestürzte Mauer zu seinem Versteck.

Alle Kinder hatten in den geheimen Höhlen und Löchern des Trümmerfelds ihr ganz eigenes Versteck, das kein anderer kannte. Ich hatte in meinem Versteck ein glänzendes schwarzes Stück

Kohle, auf dem ganz genau der Abdruck eines Grashalmes zu sehen war. Das hatte ich unten am Bahndamm gefunden, hinter den Feldern vom Johannis-Bauer. Und meinen allerkostbarsten Schatz verwahrte ich auch in meinem Versteck. Den echten, abgehackten Hahnenfuß vom Schützenfest.

Der Hans-Hermann kam zurück von seinem Versteck und schwenkte seine Schleuderbüchse.

Die Schleuderbüchse war eine zerdötsche Konservendose, die der Hans-Hermann vor einiger Zeit bearbeitet hatte. Er hatte einen Nagel mit einem Ziegelstein in die Konservendose geschlagen, bis sie von oben bis unten durchlöchert war. Durch zwei Löcher oben am Rand hatte er einen Draht gezogen. Damit konnte er die Schleuderbüchse so tragen wie die Frau Busse ihre Handtasche. Oder, weil er noch eine zweite Schleuderbüchse hatte, konnte er sie auch als Stelzen benutzen.

Der Hans-Hermann machte ein kleines Feuerchen. Die Glut füllte er in die Schleuderbüchse. »Achtung, Achtung, alle an die Seite!«

Der Willi und ich machten ehrfürchtig Platz, und der Hans-Hermann schwenkte die Büchse. Er schleuderte sie genauso um den Kopf wie ich unsere Milchkanne. Wir johlten unseren Schlachtruf. »Tschip-tscherip Tschiralla-pip, tschibeu, tschibeu tschibeu.« Und plötzlich züngelten wie durch Zauberei Flammen aus der Glut.

»Der Indianer-Unterhäuptling darf weiterschleudern«, grinste der Hans-Hermann.

Ich schleuderte die Schleuderbüchse jetzt noch schneller als unsere Milchkanne, und tatsächlich, das Feuer brannte lichterloh. Fast noch stärker als beim Hans-Hermann. Beim Willi allerdings wäre die Glut dann um ein Haar ausgegangen. Der Hans-Hermann war aber gar nicht sauer. »Na ja, du bist ja auch erst Indianer.«

Er fachte die Glut noch mal richtig an und schüttete sie auf einen Haufen. »Na, dann sammelt mal.«

Jetzt war klar: Der Hans-Hermann wollte wieder unser Lagerfeuer machen. Das durfte nur er. »Ist für euch noch viel zu gefährlich.«

So ein Feuerchen war mit das Schönste auf unserem Trümmerfeld.

»Das Holz muß aber furztrocken sein!« ermahnte er den Willi. Ich wußte das ja schon längst. Es war ja nicht das erste Feuerchen, das wir machten.

Papier und Pappe kamen ganz nach unten, zum Anstecken. Darauf stapelte der Hans-Hermann unsere Holzbretter, schön ordentlich, spitz wie ein Zelt. Das konnte nur er. »Wenn ihr die Bretter stapelt, geht das Feuer nie im Leben an. Ist schon ne verdammte Kunst für sich.«

Schon nach kurzer Zeit brannte unser Feuer lichterloh. Jetzt konnten wir auch frische Birkenzweige abknicken und auf die Flammen werfen.

Wir setzten uns um das Feuer und starrten in die Glut. Es qualmte jetzt wie die Pest, und der Rauch stieg uns beißend in die Augen.

»Augen so weit auf wie unsere, Willi. Dann brauchst du überhaupt nicht zu zwinkern. Machen alle Indianer so. Die müssen ja am Lagerfeuer ganz besonders aufpassen«, meinte der Hans-Hermann. Ich hatte meine Augen natürlich schon längst weit aufgerissen. Klar, der Willi mußte das erst noch lernen.

Und der Willi erkannte sofort, daß wir kein einziges Mal zwinkerten, so weit konnten wir die Augen aufreißen, der Hans-Hermann und ich.

Als das Lagerfeuer so richtig behaglich flackerte, erzählte der Hans-Hermann wieder von seinen Abenteuern, damals im Wilden Westen. Von seinen Kämpfen, die er mit den Indianern und den Strauchdieben ausfechten mußte, und von dem ehrfürchtigen Raunen ringsherum, wenn er irgendwo auftauchte.

»Am schlimmsten war der Kampf mit dem Bären«, flüsterte er fast unhörbar für uns. »Der war riesig. Der war so groß ...«, der Hans-Hermann überlegte, »... so groß wie das Karbüffchen von der Oma Bopp.«

Er war damals ganz gemütlich durch die Prärie geritten, als der Bär schnaubend auf ihn zugerannt kam. Dummerweise hatte der Hans-Hermann ausgerechnet an dem Tag auch noch sein Gewehr und sein Messer zu Hause vergessen.

Der Hans-Hermann sprang vom Feuer auf. Und jetzt führte er uns vor, wie er seinen Kampf auf Leben und Tod ausgefochten hatte. Mit weit ausgebreiteten Armen erwartete er den wild anstürmenden Bären. Als der mit ihm zusammenprallte, wäre er fast umgefallen, fing sich aber in allerletzter Sekunde. Dann packte er den riesigen Bären mit bloßen Händen am Hals, schleuderte dessen Kopf hin und her und drückte mit eisernem Willen fester und fester zu.

Der Kampf wogte hin und her. Man sah dem Hans-Hermann ganz deutlich an, welch unmenschliche Anstrengung dieser Kampf kostete. Manchmal dachte ich schon, er wäre verloren. Wenn ihm der Bär seine spitzen Zähne in den Hals schlagen wollte. Vorher konnte der Hans-Hermann aber zum Glück noch jedesmal blitzschnell seinen Kopf zurückreißen.

Endlich, nach fürchterlichem Kampf, wurde der Bär schwächer und schwächer. Den Hans-Hermann überkam noch einmal sein ganzer wilder, amerikanischer Zorn: »Salemaleikum, hmm, hmm wennsevorbeikumm, hmmm, hmmm, könnsemalreinkumm.« Dann endlich fiel der Bär besinnungslos auf die Erde. Und ganz allmählich wich die Anstrengung aus unseren Gesichtern.

Der Hans-Hermann setzte sich wieder neben uns. Noch immer atmete er wild, konnte kaum sprechen. »Jau, so war dat im Wilden Westen.« Er atmete einige Male tief aus und meinte dann: »Einmal Bratkartoffeln.«

Brüderlich verteilten wir die Kartoffeln, die uns der Herr Bopp geschenkt hatte. Natürlich brauchte der Hans-Hermann nach dem anstrengenden Bärenkampf ein paar Kartoffeln mehr als wir, um wieder Kräfte zu sammeln. Der Hans-Hermann bekam acht, der Willi und ich, wir bekamen jeder vier Kartoffeln. Als wir sie ins Feuer warfen, stoben die Funken gefährlich auf uns zu.

Mittlerweile tränten unsere Augen, und wir wischten uns ununterbrochen mit unseren schwarzen Händen durchs Gesicht. Der Hans-Hermann und der Willi hatten nach kurzer Zeit ganz schwarze Streifen unter ihren Augen. Genau wie Indianer und Bergleute.

Ab und zu wendeten wir unsere Kartoffeln, und als sie rundherum schwarz waren, fischten wir sie mit einem Stock heraus. Wir jonglierten sie von einer Hand in die andere, bis sie etwas abgekühlt waren, brachen die Schalen auseinander und konnten dann endlich hineinbeißen in die schwarzen Köstlichkeiten. Danach waren auch unsere Münder und Lippen schwarz.

»Die Hose vom Willi sieht aber ... anders aus, Mama. Schöner.«

»Warum?«

»Die hat keinen Reißverschluß.«

»Ist doch viel praktischer. Mit so Knöpfen ist das doch immer son Gefummel.«

Meine Mutter hielt mir die Lederhose an. Die hatte sie im WEKA, dem größten Kaufhaus in Gelsenkirchen, für mich gekauft.

Eine Lederhose wollte ich schon immer haben. Nur, die Hose, die meine Mutter gekauft hatte, war eigentlich gar keine richtige Lederhose.

Der Willi, der hatte eine echte Lederhose. Die hatte richtige Knöpfe von einem Hirschgeweih am Hosenlatz und nicht so einen komischen Reißverschluß wie meine. Die hatte auch vorne auf der Brust zwischen den Hosenträgern einen wild röhrenden Hirsch aus Elfenbein, nicht nur so einen gewöhnlichen Adler, der einfach in den Steg gestanzt war. Vor allem aber, die Hose vom Willi war ganz dreckig und speckig und glänzend. Meine dagegen war neu und blitzeblank.

Mit meiner neuen, sauberen Reißverschlußlederhose marschierte ich zum Trümmerfeld.

Der Willi kniete auf der Erde und schichtete Steine zu einer Mauer auf. Der Purchel half ihm dabei. Der Purchel war jünger als ich und hatte immer eine Rotznase, die er mit seiner Zunge säuberte.

Als der Willi mich über die Steine klettern sah, unterbrach er seine Arbeit und fing laut an zu lachen. »Was hast du denn da an?« Er kriegte sich gar nicht mehr ein. »Sone komische Lederhose. Laß mal sehen, dreh dich mal um.«

»Dreh dich mal um«, schnatterte der Purchel hinterher.

Da konnten die beiden lange warten, daß ich mich jetzt auch noch umdrehen würde. »Dreht euch doch selber um.«

»Kann deine Mutter nicht zwei Knöpfe am Buchsenstall annähen?« lachte der Willi.

»Warum, ist doch schön so«, verteidigte ich meine neue Hose.

»Ist doch schön so«, wiederholte der Purchel wie ein Papagei.

Der Willi schüttelte entschieden den Kopf. »Mit nem Reißverschluß ist das keine richtige Lederhose.«

Irgendwie hatte er ja recht, der Willi. Wie eine richtige Lederhose sah meine Hose nicht aus. Meine Lederhose mußte auch so schön schmutzig werden wie seine. Dann wäre das mit dem Reißverschluß fast egal. Also setzte ich mich in eine Mulde und rieb meinen Hintern auf dem Schutt hin und her.

Dann zeigte ich dem Willi meine Hose. »Ist die schon drekkig?«

»Nee, ganz sauber. Kein Fitzchen Dreck ist da dran.«

»Ganz sauber«, plapperte der Purchel nach.

Nun, ich mußte wohl noch viel mehr Geduld aufbringen. Ich setzte mich also oben auf den Rand der Mulde und rutschte auf dem Hosenboden hinunter. Immer und immer wieder. Und wenn ich unten war, fuhr ich mit meiner Hand durch den Staub und rieb sie an der Hose ab.

Alles vergeblich, die Lederhose blieb neu und blitzeblank.

»Setz dich doch mal in die Pfütze«, riet mir der Willi.

»Ich bin doch nicht doof. Setz dich doch selber rein.«

Trotzdem, versuchen konnte ich das mit der Pfütze ja mal. Ich schöpfte also mit meinen Händen Wasser aus der Wasserlache und ließ es über meine Hose rinnen. Die Hose zeigte sofort herrliche dunkle Flecken, genau wie die Hose vom Willi.

»Boh, klasse, richtig dunkel ist deine Hose jetzt.«

Ich strahlte.

Wir balancierten dann eine Zeitlang auf einem Rohr, doch plötzlich stieß mich der Willi entsetzt an. »Die ist ja gar nicht mehr dreckig, deine Hose. Die war nur vom Wasser so dunkel. Die war naß.«

Ich sah an meiner Hose runter und erschrak. Er hatte recht. Die Hose war tatsächlich wieder sauber.

»Aber vielleicht wird die ja bald ganz automatisch dreckig«, überlegte der Willi.

Als meine Mutter an diesem Abend die Lederhose sah, kräuselte sie die Stirn: »Na, ist ja schon ganz schön vermispelt, deine Hose, Thomas.«

»Ist die schon dreckig, Mama?«

»Na ja, wie neu sieht sie auf jeden Fall nicht mehr aus.«

Meine Lederhose sah nicht mehr neu aus! Dann war meine Mühe heute auf den Trümmern ja doch nicht vergeblich gewesen!

Und von dem Tag an rutschte ich noch oft auf dem Hosenboden hin und her, und mit der Zeit wurden meine Bemühungen belohnt. Auf der Hose erschienen schon bald hier und da dunkle Flecken. Wie bei einer echten Lederhose. Auch an den Reißverschluß hatte ich mich schnell gewöhnt. Und selbst der Willi mußte später zugeben, daß so Reißverschlüsse ja vielleicht doch ganz praktisch wären. Und ich zog die Lederhose nun richtig gerne an. Jeden Tag. Auch wenn sie keinen Hirsch aus Elfenbein hatte.

6. Kapitel

Vom »Nö-Trick« und von einem stillen Örtchen, das einen Kinderschreck das Fürchten lehrt

Es war Herbst, und seit einer Woche mußte ich meine langen Strümpfe anziehen. Die Wollstrümpfe, die mich immer ganz verrückt machten, weil sie so hundserbärmlich juckten und kratzten. Und die ich immer schleunigst nach unten schob, sobald meine Mutter mich nicht mehr sah. Dann kratzten sie zwar immer noch an meinen Füßen, aber nicht mehr an meinen Beinen. Als der Hans-Hermann die zum ersten Mal sah, verzog er wild sein Gesicht und meinte, das seien richtige Kratz-Folter-Werkzeuge. Die könne er keine zwei Sekunden anhaben. Indianer am Marterpfahl hätten nie und nimmer solche Folterqualen erleiden müssen. Da lobe er sich doch seine schönen, weichen karierten Kniestrümpfe. Als er dann einige Tage später auch mit so langen braunen Strümpfen rumrannte, klärte er mich auf, daß die eigentlich gar nicht so kratzten. Im Gegenteil, das leichte Jucken sei in Wirklichkeit doch gar nicht so schlimm.

Mit meinen nach unten gerollten Strümpfen machte ich mich auf den Weg zum Willi.

Der Willi wohnte direkt an der Ecke, wo der Johann-Strauß-Weg und die Schemannstraße zusammenkamen. Die Wohnung vom Willi war viel dunkler als unsere. Auf dem Wohnzimmerschrank stand das vergilbte Foto eines Soldaten, mit einem schwarzen Trauerflor um die obere rechte Ecke des Bilderrahmens. Der Soldat auf dem Bild war der Vater vom Willi. Der war im Krieg gefallen.

Der Hof hinter Willis Haus war ganz uneben und staubig und, wenn es geregnet hatte, voller Pfützen, in denen man herrlich hätte spielen können. Wenn nur die Olle Pohle nicht gewesen wäre. Die wohnte in der ersten Etage, rechts neben der Haustür, und die hatte den ganzen Tag nichts anderes zu tun, als mit ihren Lockenwicklern aus dem Fenster zu gucken und mit uns zu meckern.

Die Olle Pohle bestand immer mit Nachdruck darauf, daß das

»e« in ihrem Namen gebührend betont würde. »Unsere Familie entstammt ja einem uralten Hugenottengeschlecht.«

Da waren sich natürlich alle Kinder aus der Nachbarschaft sofort einig: »Die Olle Pohleeeee stammt von den Hottentotten ab.«

»Sollen wir Schleuderball spielen?« Der Willi sah mich erwartungsvoll an.

Das Fenster der Ollen Pohle war zu.

Ich nickte. Dann zog ich meine Halbschuhe und die Kratzstrümpfe schnell aus, stopfte den einen Strumpf ganz fest in den anderen, knotete den äußeren zu, und fertig war unser Schleuderball. Den warfen wir uns gegenseitig zu. Er flog durch die Luft wie der Stern von Bethlehem. Mit einem langen Schweif.

Schon bald ertönte aus dem Fenster rechts über der Haustür die altbekannte, gefürchtete Stimme: »Kannst du nicht mal woanders spielen als unter meinem Fenster, Thomas?«

Ich wendete sofort den Trick an, den ich extra für die Olle Pohle erfunden hatte. Den Nö-Trick. Den Olle-Pohle-Nö-Trick.

»Nö.«

»Da hinten auf der Wiese.«

»Nö«

»Oder bei Bopp.«

»Nö.«

»Oder bei dir zu Hause.«

»Nö.«

»Da würde dir deine Mutter auch wohl ganz was anderes sagen.«

»Nö.«

»Also, Thomas, wirst du wohl?«

»Nö.«

Und jetzt kam endlich wieder das Schauspiel, auf das wir immer so sehnsüchtig warteten. Die Olle Pohle wackelte mit dem Kopf und drehte mit den Fäusten an ihren Schläfen herum. Wie der Teufel, der sich gerade seine Hörner runterklappte. Und voller Widerwillen murmelte sie ihren Lieblingsspruch:

»Armutszeugnis.«

»Mpffff ..., mpffff ..., mpffff ..., mpffff!« Der Willi stöhnte wie eine Lokomotive, tapste die Treppe von der Wiese zum Hof herunter, verdrehte die Augen und lachte mich dann an.

Ich wußte sofort Bescheid: die Olle-Pohle-Lokomotive. Genauso stürmte die Pohle nämlich immer von ihrer Wohnung die fünf Stufen zum Etagenklo runter, prustend und schnaufend, aber unglaublich schnell.

»Wie son geölter Blitz«, lachte der Willi.

Sie riß dann immer die Klotür auf und schloß ab. Anschließend war zuerst ein lautes, erleichtertes Stöhnen und dann ein Rauschen zu hören, als ob die Oma Bopp unsere Milchkannen voll Milch laufen ließ. Nur lauter.

»Wasserfall von Oklahoma«, sagte der Willi immer.

Jetzt war das Fenster der Ollen Pohle zwar auf, sie hatte aber nur mal ihre Oberbetten zum Lüften rausgehängt, dann war ihr Lockenwicklerkopf wieder verschwunden.

Zum Glück. So konnten wir den ganzen Morgen ungestört auf dem Hof spielen.

»Wir können ja mal gucken, wie das Klo von der Ollen Pohle von innen aussieht, Thomas.«

»Warum?«

»Na, mal sehen, wie ... äh, ... wie sauber es da ist.«

Dabei grinste mich der Willi so komisch an, so, als ob er wieder was im Schilde führte.

Wir äugten durch die geöffnete Haustür. Der Hausflur war dunkel, aber leer, von der Ollen Pohle weit und breit nichts zu sehen.

Vorsichtig schlichen wir uns zur Toilette an der rechten Wand.

»Sollen wir wirklich da rein?« fragte ich den Willi.

Aber der hatte schon die Klotür geöffnet und war dahinter verschwunden. Ich blickte mich vorsichtshalber noch mal um, bevor ich auch auf das Klo schlich und schloß die Tür.

Es roch etwas nach Kohl und Sauerkraut auf dem Klo, sonst aber war es blitzblank. Selbst die kleinen Fliesen auf dem Fußboden waren sauber, sogar naß, als wenn sie gerade geschrubbt worden wären. Die Kloschüssel war schön weiß, mit einem leichten Riß zwar, aber das war ja kein Dreck. Um den Wasserspiegel rundherum war ein gelber Kreis. Die Klowände waren mit glänzender grüner Farbe angestrichen bis über unsere Köpfe, darüber weißer Kalk. Ein weißes Rohr ragte halb aus der Wand, so wie mein Knie, wenn es unter der Bettdecke lag.

Der Willi zog den Porzellanknopf an der Abzugskette. Das Wasser spritzte viel stärker als in unserem Klobecken, spritzte bis auf den Boden. Der Rest verschwand dann in einem Wirbel, gurgelte zum Schluß nur noch im Abfluß.

Der Willi fummelte an dem Toilettenschlüssel rum. Der war mit einer faserigen Schnur an der Klinke festgebunden, damit ihn keiner klauen konnte. Dann drehte der Willi den Schlüssel im Schlüsselloch um, drückte auf die Klinke. Die Toilettentür war abgeschlossen.

»Wenn jetzt die Olle Pohle kommt, lassen wir die einfach nicht rein«, kicherte ich.

Der Willi hatte eine noch viel bessere Idee: »Wir können ja auch durch das Klofenster abhauen.«

Mir ging ein Licht auf. Darum hatte er vorhin so komisch geguckt. Das hatte der Willi doch schon die ganze Zeit vorgehabt.

»Und die Olle Pohle kann mal sehen, wie sie aufs Klo kommt.«

Also kletterten wir durch das kleine Klofenster nach draußen und ließen uns dann einfach auf den Boden fallen.

»Und jetzt verstecken wir uns und passen auf, wie sie überhaupt nicht mehr auf das Klo kommt«, meinte der Willi.

»Aber wo?«

»Wir setzen uns einfach vor die Haustür und tun so, als ob wir spielen.«

Das war ja das beste Versteck überhaupt. Von da konnten wir alles beobachten. In aller Seelenruhe. Und wir würden da gar nicht auffallen.

Wir hockten uns also vor die Tür, spielten mit den Murmeln vom Willi und warteten gespannt darauf, was nun passieren würde.

Es passierte aber nichts. »Kerl, kommt die denn überhaupt nicht mehr?«

Da endlich öffnete sich die Wohnungstür, und die Olle Pohle hastete die Stufen runter, schnaufte dabei wie eine Lokomotive. Dann drückte sie die Klinke herunter und zog an der Klotür.

Die blieb natürlich zu.

Sie neigte verdutzt ihren Kopf und sah erstaunt auf die Klinke. »Ist da jemand?«

Natürlich war da niemand.

»Hallo? Halloho? Halloho?«

Die Olle Pohle sang jetzt fast.

»Es brennt! Es bre–hennt!«

Wie meine Tante Maria beim Karwendellied.

Die Olle Pohle lauschte einen Moment unschlüssig. Da meldete sich aber immer noch keiner.

Sie drückte wieder die Klinke, rüttelte jetzt mit aller Kraft an der Klotür. »Bitte Beeilung!«

Sie lauschte, kniff ihre Augen zusammen, trat von einem Bein auf das andere und schnaufte dabei. Wie die kleine grüne Zechenlok, wenn sie ganz viele Kohlenwaggons ziehen mußte. Gleichzeitig klopfte sie rhythmisch mit dem Zeigefinger gegen die Tür. Ununterbrochen und ganz energisch. »Tock ... tock ... tock.«

Doch nichts regte sich auf dem Klo, keine Antwort, kein Schlüsselklappern.

»Man macht sich ja glatt in die Hose. Aufmachen! Sofort aufmachen!« Ihre Stimme wurde lauter und schriller. Sie hämmerte mit ihren Fäusten gegen die Tür, immer abwechselnd mit der linken und rechten Faust.

»Armutszeugnis. Nu reicht et aber, nu haben Se ja lange genug da rumgesessen.«

Sie stelzte von einem Bein aufs andere wie ein Storch und schrie plötzlich verzweifelt: »Nee, ich halt dat nich mehr aus, ich halt dat keine zwei Minuten mehr aus.«

Dann schlug sie mit der flachen Hand voller Wucht gegen die Klotür, so daß es im ganzen Hausflur dröhnte. »Machen Sie auf! Aber sofort!«

Immer noch keine Reaktion von der Toilette.

Überhaupt keine.

Natürlich keine.

Plötzlich sah die Olle Pohle sich verstohlen um, bückte sich, guckte durch das Schlüsselloch.

»Da ... da sitzt ja gar keiner.«

Das war zuviel für die Olle Pohle. Sie zappelte jetzt in immer schnellerem Rhythmus von einem Bein auf das andere, auch das »Hmm ..., hmmm« kam jetzt stoßweise in ganz kurzen Abständen. Dann auf einmal stand sie ganz still, machte noch ein einziges Mal »Hmmmm«, laut und vernehmlich, atmete jetzt aber dabei aus, enttäuscht, doch auch irgendwie erleichtert, strich sich über die Oberschenkel, sah in ihre Hand.

»Da is et. Da is et passiert.«

Dann sagte sie nichts mehr, wabbelte nur noch mit dem Doppelkinn, sah entgeistert auf ihre Hand und dann auf den Boden.

Ich sah den Willi an. Der hatte seine Backen aufgeblasen, die Lippen zusammengepreßt und gluckste ruckartig. Da war alles zu spät. Wir platzten raus.

Der Kopf der Ollen Pohle fuhr herum, sie entdeckte uns, blickte uns argwöhnisch an. Ganz langsam kam sie auf uns zu. Wie eine Mondsüchtige.

»Da. Da. Ihr da, ihr da wart dat!«

Wir sprangen auf und rannten los, so schnell wir konnten, hörten im Wegrennen noch so was wie »Dat werdet ihr büßen, da könnt ihr euch drauf verlassen!« Das »Armutszeugnis«, das sie uns hinterherrief, ging allerdings in unserem Lachen unter.

7. Kapitel

Von Hamsterzähnen und einer Hamsterfahrt, bei der eine vornehme Dame kostbare Dinge und ihre Haltung verliert

Heute morgen hatte mich meine Mutter schon in aller Herrgottsfrühe geweckt. »Also, Thomas, gleich kommt die Tante Maria. Dann fahren wir alle nach Haltern. Hamstern.«

»Welche Tante Maria?«

»Die Dicke.«

Ich hatte viele Tanten, die Maria hießen. Die dicke Tante Maria war die Schwester meiner Mutter und wohnte mit Onkel Josef und dem Hans-Peter in Heisingen.

Es war noch dämmerig an diesem regnerischen Herbstmorgen, als wir in den Zug nach Haltern stiegen. Er ratterte viel leiser über die Schienen als die Züge, die wir am Bahndamm beim Johannisbauer immer beobachteten. Ich saß zwischen meiner Mutter und Tante Maria auf den Holzbänken des Zugabteils, an unseren grünen Rucksack gelehnt. Die Felder und Straßen und Häuser flogen an uns vorüber, der Bahndamm viel schneller als das alte Bauernhaus da hinten.

Heute also würde ich endlich erfahren, wie das so war mit dem Hamstern. Gehört hatte ich schon oft davon. Wenn meine Eltern nämlich Hamstern gingen, packten sie morgens schöne Dinge aus dem Wohnzimmer in ihren grünen Rucksack und kamen abends mit fettem Speck zurück. Fetter Speck auf dem Butterbrot war unheimlich lecker, fast so lecker wie Erbsensuppe oder Reibekuchen. Und meistens schimpften sie auf die geizigen Bauern und auf das mühselige Hamstern.

Und der Hans-Hermann hatte die blöde Marlies einmal so richtig schön wütend gemacht. Er hatte ihr nämlich mal nachgerufen: »Die Marlies, die hat doofe Hamsterzähne.« Woher sie die wohl hatte. Ob ihre Eltern ihr die auch irgendwann vom Hamstern mitgebracht hatten? Und so wuchs meine Aufregung mehr und mehr, je weiter wir fuhren.

Schließlich hielt der Zug an einer Rampe, auf der viele Menschen standen, die auch grüne Rucksäcke hatten.

Wir gingen über ein weites Stoppelfeld und kamen schließlich zu einem Häuserblock. Zwischen den Häusern lag ein großer, dunkler Hof voller Regenpfützen. Hier standen viele Leute in kleinen Gruppen zusammen, flüsterten miteinander, fingerten in ihren Taschen oder Rucksäcken herum, sahen sich dabei unauffällig um und zeigten verstohlen irgendwelche Gegenstände. Einige Männer hatten ihre Mantelkragen hochgeklappt, alle hatten Hüte auf. Ich war weit und breit das einzige Kind.

Wir gingen langsam an den Menschen vorbei, und nach einiger Zeit wurde meine Mutter von einem Mann angesprochen. Der Mann hatte ein rotes Gesicht, seine tiefliegenden Augen zuckten die ganze Zeit nervös. Meine Mutter flüsterte mit ihm, nickte, schüttelte dann den Kopf.

So sehr ich mich auch anstrengte, verstehen konnte ich kein Wort.

Schließlich hob der Mann die Schultern, seufzte, sah sich vorsichtig um und kramte aus seinem weiten Soldatenmantel eine braune dreieckige Tüte hervor. Meine Mutter öffnete unseren Rucksack und zeigte ihm die kleine blaue Porzellantasse aus unserer Wohnzimmervitrine. Sie flüsterten noch eine Weile, und dann gab meine Mutter ihm die schöne Tasse und erhielt dafür die blöde Tüte.

Kaum hatte meine Mutter die Tüte in unseren Rucksack gesteckt, da ging ein Murmeln und Raunen über den Hof, wurde lauter, und aus einer Ecke kamen kurze Rufe, die ich nicht verstand.

Meine Mutter nahm mich an die Hand und sah sich um. Automatisch wurden wir von den Menschen jetzt vorwärtsgeschoben, und auf einmal rannten alle wie auf Kommando los, strömten auf das freie Feld zu.

Auch wir rannten weg, so schnell wir konnten. Vor mir sah ich nur fliehende Beine und direkt vor meiner Nase den wippenden Hintern der Tante Maria.

Die Menschen zerstoben nun in alle Richtungen. Wir rannten querfeldein über das Stoppelfeld auf eine Hecke zu.

Wir erreichten die Hecke, meine Mutter duckte sich und schmiß mich auf den Boden.

Ich hob den Kopf. Mit fliegenden Händen versteckte die Tante Maria irgendwelche Tüten unter dem Laub. Ich lag hinter der Hecke auf dem Bauch und drückte mit der rechten Hand vorsichtig einen Ast vor mir nach unten. Durch die Zweige starrte ich auf das Stoppelfeld. Mittlerweile war es fast leer, nur noch vereinzelt rannten Erwachsene in alle Richtungen weg.

Vor der Häuserreihe tauchten plötzlich Männer auf. Die jagten über das Stoppelfeld, fuchtelten mit Gewehren in der Luft herum und schrien laut. »Stehenbleiben! Sofort stehenbleiben!«

Keiner der Fliehenden störte sich daran, alle sahen zu, daß sie Land gewannen.

»Stehenbleiben, oder wir schießen!« Einige der Männer schossen in die Luft.

Das alles war genauso spannend wie Krieg. Davon hatte mir der Hans-Hermann erzählt. Da haben die Soldaten auch immer »Stehenbleiben, oder wir schießen!« gerufen, und alle, die sie dann erwischt haben, sind in Gefangenschaft gekommen. Genau wie der Franz. Wenn ich heute nicht in Gefangenschaft geraten sollte, dann würde der Hans-Hermann aber morgen Augen machen, wenn ich ihm mein Abenteuer schildern würde. Und wenn doch? Auf jeden Fall würde ich dann ununterbrochen Kaugummi kauen. Auf jeden Fall. Damit bloß meine Zähne nicht ausfielen.

Mittlerweile hatten die schreienden Männer schon das halbe Stoppelfeld überquert und kamen bedrohlich nahe. Ich hatte mir inzwischen sicherheitshalber einen Zweig von der Hecke abgerissen. Einen starken Zweig.

Tante Maria schnaubte nun nicht mehr, sie jammerte nur noch vor sich hin: »Nee, nee, Alwine, mein Nervenkostüm. Wär ich mal schön mit meinem Hintern in Heisingen geblieben. Jetzt haben wir den Salat. Jetzt haben sie uns am Wickel.«

Die Männer mit den Gewehren rannten jetzt genau auf uns zu. Kurz vor unserer Hecke blieben sie plötzlich stehen, hörten einen Moment auf zu schießen und blickten suchend in alle Richtungen. Dann stürmten sie alle nach rechts. Sie entfernten sich schließlich immer weiter und waren endlich hinter den Büschen am Ende des Feldes verschwunden.

Wir warteten noch eine Zeitlang in unserem Versteck, bis die Luft rein war, dann schlichen wir uns geduckt den Heckenweg entlang, immer nach links, bis wir eine Straße sahen.

Da erkannte ich schon von weitem eine Gruppe Soldaten an der Ecke. Die waren im Gespräch vertieft und hatten ganz ulkige Uniformen an. Kurze gelb-braune Jacken mit silbernen Fransen an den Schultern und bunten Stoffwappen auf den Ärmeln. Solche Uniformen gab es nicht in Meyers Universallexikon, Band 12.

Tante Maria blieb zögernd stehen. »Nee, nix da, Alwine, da geh ich nicht vorbei. Wer weiß, was die mit uns machen, nee, nix da.«

Meine Mutter nahm mich an die Hand und ging einfach weiter. »Nu komm schon, Maria, als wenn die es auf so kleine Fische wie uns abgesehen hätten.«

In der rechten Hand hielt ich krampfhaft meinen Stock. Dann gingen wir einfach an den Soldaten vorbei. Ich tat natürlich so, als würde ich sie gar nicht sehen. Nur aus den halb geschlossenen Augenwinkeln beobachtete ich sie. Ganz unauffällig wie ein Indianer. Mir zitterten richtig die Knie.

Komischerweise kümmerten die Soldaten sich gar nicht um uns. Die lachten nur laut und unterhielten sich in einer ganz komischen Sprache. Amerikanisch war das nicht, keiner von ihnen sagte »Tschip-tscherip Tschiralla-pip, tschibeu, tschibeu tschibeu«. Warum nahmen die uns nicht fest und fesselten uns? Wie den Franz. Oder warfen uns in ein tiefes Verließ? Wie damals die schöne Prinzessin.

Wir erreichten schließlich die Bahngleise und setzten uns auf die Rampe.

»Wie der Siegfried, Mama«, knurrte ich.

»Wie der Siegfried?«

»Jau, wenn die Männer uns gefangen genommen hätten, hätte ich die verkloppt wie der Siegfried. Wie der Siegfried mit seinem Schwert.«

Da hörte selbst die Tante Maria auf zu jammern und mußte kichern. »Nee, wie niedlich. Nee, wie goldig.«

Was daran wohl niedlich sein sollte!

Nach einiger Zeit schlichen wir zurück zu der Hecke. Ich hielt immer noch meinen Stock fest umschlossen. Der war schon ganz feucht von meiner Hand. Von den Soldaten war weit und breit nichts mehr zu sehen.

An der Hecke, hinter der wir gelegen hatten, begannen wir schweigend das Laub und die Erde wegzubuddeln.

Schließlich sah die Tante Maria meine Mutter verzweifelt an. »Hier ist nichts!«

Sie wuchtete sich auf die Knie, fing wieder an zu schnaufen und fegte mit den Händen alle Blätter weg, bis sie schön rund im Umkreis verteilt waren. »Hoffentlich, hoffentlich! Hoffentlich hat keiner die Tüten geklaut«, jammerte sie vor sich hin.

Meine Mutter hörte auf zu buddeln. »Vielleicht weiter rechts?«

»Nee, Mama, hier hab ich doch mein Schwert abgebrochen.« Ich zeigte auf den hellen Punkt im Gebüsch.

Ich scharrte die Blätter und die Erde jetzt so wild zur Seite wie der Hund von Bopps, wenn er einen Knochen in der Erde vermutete.

Die Tante Maria aber stöhnte nur noch vor sich hin: »Son Mist, son verdammter Mist!«

Dann platzte sie ganz plötzlich heraus: »Sone alte Räuberscheiße! Ich krieg 'n Kind vom Klüngel, Alwine! Alles geklaut!«

Die Tante Maria, die so herrlich in der Kirche singen konnte, die immer so niedlich sprach. Auf einmal konnte sie genauso schön fluchen wie der Hans-Hermann.

Abends, als wir von unserem Abenteuer wieder zu Hause waren, erzählte meine Mutter meinem Vater etwas von einem »Schwarzen Markt« und von einer »Razzia«. Das waren die Männer, die uns verfolgt hatten.

»Und, war es spannend?« fragte mich mein Vater.

»Jau, spannend. Und wie, Papa! Spannender als Krieg!« Ich blähte die Backen auf und quetschte die Luft geräuschvoll durch die Lippen. Das hätte der Hans-Hermann jetzt auch gemacht.

»Und weißt du, was die Tante Maria gesagt hat, Papa? Räuberscheiße!«

»So niedlich. So richtig goldig«, grinste meine Mutter. Dann deutete sie auf mich. »Aber der Thomas hatte viel weniger Angst als die große Tante Maria, Alwis.«

»Nicht son Fitzchen Angst hatte ich, Papa.«

Ganz aufgeregt führte ich meinem Vater vor, wie ich mit dem abgerissenen Stock alle doofen Soldaten verkloppt hätte. Da hätte bloß mal einer kommen sollen. Ich fuchtelte in der Luft herum wie Siegfried mit seinem Schwert und erschlug alle Feinde, die sich uns in den Weg stellten.

8. Kapitel

Von unheimlichen Begegnungen mit Hexen, Gnomen und einem Bullemann, dem das Knurren vergeht

Meinen Opa hatte ich ganz tief in mein Kinderherz geschlossen. Sobald ich ihn über die Straße kommen sah, ließ ich Spielen Spielen sein und rannte ihm entgegen.

Er wohnte mit der Oma in der Schonnebecker Straße. In der dritten Etage. Und da mußte man erst einmal hinaufkommen. Das war schon ein Abenteuer für sich. Sogar der Hans-Hermann fand das spannend. Man kletterte unter freiem Himmel über eine abenteuerliche, halsbrecherische Treppe. Das Treppenhaus hatte überhaupt kein Geländer mehr und war mit Schutt und Geröll übersät. Der Hausflur war nämlich im Krieg zerstört worden.

Der Opa brauchte nicht mehr zu arbeiten. »Wegen Staublunge«, meinte meine Oma. Darum hatte er immer Zeit für mich. Und der Opa konnte alles. Er hatte den Daumen gespalten und schälte wie kein anderer Kartoffeln. Bewundernswert lange Kartoffelschalen. Manche so lang wie ich.

Oft saßen wir stundenlang am großen Küchentisch und bastelten Igel und Pferde aus Streichhölzern und Kastanien. Manchmal faltete er Papier zusammen, blies in eine Ecke hinein, und ein schaurig-schöner Teufelskopf starrte mich an. Und unsere Spazierstöcke hatten immer ganz kunstvoll in die Rinden geschnitzte Muster. Am Griff abwechselnd Spiralen, Vierecke und Ringe.

Am spannendsten aber waren die Pfeifen, die der Opa mit mir aus Weidenstöcken bastelte. Irgendwie gelang es ihm immer, die Rinde ein Stück abzuziehen, einige Löcher in das Holz zu schnitzen, eine Erbse in die Holzkammer zu pulen, und fertig war meine Trillerpfeife.

Und mein Opa kannte eine Unmenge an Rätseln und Gedichten:

»Fischers Fritz fischt frische Fische, früh morgens in der Frische fischt Fischers Fritz frische Fische. Segg dat ma nach, Thomas. Paß aber op, date di keinen Knüpp in de Zunge machst.«

Wie lange habe ich gebraucht, ehe ich den Spruch endlich konnte!

Oder die Sprüche von dem Cottbusser Postkutschfahrer, von der Katz, die die Kohl'n von ne Trapp kratzt, von dem Leutnant von Leuthen.

»Gott seit et nie, de König selten, de Bauer seit et alle Tage. Wat is dat, Thomas?«

Ich wußte, das ging ja gar nicht, der liebe Gott sah doch alles.

Ging aber doch.

»Seinesgleichen!«

Oder das Gedicht von dem Schwaben, der zur Zeit von Kaiser Rotbart, lobesam, durchs Heilige Land geritten kam und sich in aller Seelenruhe seinen Schild mit Türkenpfeilen vollspicken ließ. Bis ihm schließlich doch der Kragen platzte und er einen, dem die Zeit zu lang wurde, in zwei Teile teilte.

Ich muß zugeben, daß die beiden halben Türken, die anschließend links und rechts vom Pferd heruntersanken, mir kein bißchen leid taten.

Und schließlich verriet der Opa mir noch, wie man leibhaftige Polizisten veräppeln konnte, ohne daß die überhaupt irgend etwas davon mitbekommen konnten. Mit der Hand gegen den Schuh klopfen, dann gegen den Hintern, gegen den Hals und gegen den Mund.

»Schuh po hals Maul«

Auf dem Rückweg von einem unserer Spaziergänge kam uns einmal tatsächlich ein Polizist entgegen. Ich sah den Opa fragend an. Der machte seinen Mund spitz und nickte ganz leicht. Ich wußte nicht, ob er damit »Ja, mach mal« andeuten wollte oder nur zufällig seinen Kopf gesenkt hatte. Auf jeden Fall, ich zeigte dem Polizisten mein »Schuh po hals Maul«. Der sah mich etwas erstaunt an, grüßte dann freundlich meinen Opa und ging vorüber. Ich hatte einen solchen Spaß, daß ich bis zum Haus von Oma und Opa hüpfte und immer wieder gegen meinen »Schuh po hals Maul« schlug.

Das waren die schönsten und spannendsten Stunden, wenn mein Opa mit mir spazieren ging. »Komm wir gohn flanieren«, meinte er dann immer.

Ich hatte auf jeder Wanderung meinen Wanderhut auf, einen Zeitungshut, so wie ihn der Franz damals beim Anstreichen getragen hatte. Der Opa selbst konnte auf unseren Wanderungen so einen Hut nicht tragen. »Dä fliegt mi doch schon vom Kopp, wenn et nur n bettken puustig wird!«

An einem sonnigen Frühlingsmorgen fuhren der Opa und ich mit der Straßenbahn zur »Zornigen Ameise«, und anschließend wanderten wir stundenlang durch den Schellenberger Wald.

Der Schellenberger Wald war groß und grün und kühl und mächtig und geheimnisvoll. Natürlich gingen wir nicht über die ausgetretenen Waldwege. Wir liefen mitten durch den Wald, querfeldein, über weiche Moosböden, über raschelnde Blätter, über knirschende Bucheckern.

Und während wir so über die Bucheckern wanderten, begann ich ganz automatisch zu singen, aus Leibeskräften. Und der Opa stimmte in meinen hingebungsvollen Gesang ein. »Wir gehen durch einen grasgrünen Wald«, »Der Mai ist gekommen«, »Das Wandern ist des Müllers Lust«, zwischendurch auch mal »Unser Oma fährt im Hühnerstall Motorrad«.

Und als wir alle Lieder durch hatten, fing der Opa an zu erzählen.

Ich lauschte atemlos, als er von dem Dreikaiserjahr erzählte, dem Jahr, in dem drei Kaiser in Deutschland regiert haben. Oder von der schlimmen Hungersnot, damals, im Steckrübenwinter 1917, als es überhaupt nichts zu essen gab und man schon glücklich war, wenn man Brennesselsalat mit Bucheckernfett essen konnte. Und von dem Mann, der damals Kartoffelschalen im Abfalleimer entdeckt und heißhungrig verschlungen hatte. Oder von der Inflation, wo man für einen Korb voller Geldscheine gerade mal ein Brot oder eine Briefmarke kaufen konnte und wo am nächsten Tag alles schon wieder einige Milliönchen teurer geworden war.

Dann machte der Opa eine weit ausladende Handbewegung. »So wie hier, Thomas, so wie hier hätt dat bi uns früher ouk utgesehen. Do war ouk allet Wald. Ganz, ganz früher war hier sogar allerwegens Urwald.«

»Auch mit Löwen, Opa?«

»Ouk mit Löwen. Aber ob dat glöws oder nich, Thomas, ganz früher, da spökten hier ouk Tiere rum, die hatten 'n Hals, so lang wie dä Boom do. Un die waren gröter als euer Huus.«

Tiere, so groß wie unser Haus! Da war ich platt.

»Leben die noch heute?«

»Nö, vondaag sind die alle doot.«

»Hast du die mal gesehen, Opa?«

»Nee, als die gelebt heven, da wör ek noch op de Himmelswies.«

War das schon lange her! Da war der Opa noch auf der Himmelswiese.

Ich blickte zu den Baumkronen hinauf und sah die riesigen Hälse der haushohen Tiere vor mir.

Plötzlich blieb der Opa stehen. Er hörte auf zu erzählen und starrte angestrengt auf einen Busch in der Ferne.

»Was ist da, Opa?«

»Ach, nix, ek mut mi wohl verkiekt heven.«

Wir gingen weiter, und der Opa murmelte kopfschüttelnd vor sich hin: »Häv ek doch wirklich un dreehaftig gerad geglöwt, ek hätt ne Hex gesehen? Jo, son Narrenkram aber ouk.«

Plötzlich blieb er wieder stehen. »Oder warte mol, do bewegt sich doch wat? – Aber, ach wat, ek mut mi wohl getäuscht haben.«

Ich ergriff die Hand meines Opas etwas fester und stierte auf den Busch. Der sah ganz normal aus.

Doch auf einmal sah ich sie. Ganz kurz nur, aber ich sah sie, die Hexe. Mit ihren stechenden, strahlend-hellen Augen starrte sie uns durch das Blattwerk hindurch wütend an, und ganz plötzlich war sie wieder verschwunden.

»Komm, wir verstecken uns, vielleicht sehen wir sie ja noch mal.« Mit dem Opa an der Hand war ich mutig.

Wir setzten uns auf einen umgekippten Baum und warteten, warteten lange, lange Zeit und starrten auf den Busch. Die Hexe aber ließ sich nicht mehr blicken.

Ob sie vielleicht ...? Daran hatte ich ja noch nie gedacht!

»Opa?«

»Jo, Thomas?«

»Vielleicht, vielleicht hat die Angst bekommen, die Hexe?«

»Dat söll wohl so sin Thomas, bei zwei so starken Kerlen wie uns.«

Ich zog den Opa ausgelassen am Daumen. Die Hexe hatte Angst vor uns! Die sollte bloß noch mal auftauchen, dann würde sie aber was erleben.

»Hast du schon oft Hexen gesehen, Opa?«

»Nö, nur ganz selten. Ganz selten.«

Der Opa streute eine Prise Schnupftabak auf seinen Daumen und sog ihn mit der Nase ein. »Aber Gnome, Thomas, Gnome sühste oft.«

Gnome waren so was Ähnliches wie Geister. Zu kleinen Kinder waren die aber ganz nett. Die machten nämlich auch so Streiche mit den Erwachsenen wie wir Kinder, obwohl sie schon ganz alt waren.

»Warst du schon mal bei den Gnomen zu Hause?«

»Nö, dat nich, aber sehen kannst du die alle Dage.« Der Opa sah sich um. »Ek seh sogar jetzt Gnome, ne ganze Menge.«

Ich rückte nahe an den Opa heran. »Wo?«

Der Opa zeigte auf die verwitterten Felsbrocken, die überall herumlagen. »Do. Und do, und do.«

Der Opa nahm eine weitere Prise Schnupftabak. »Dat, wat do wie so Felsbrocken utsieht, dat sind in Wirklichkeit Gnome. Die rennen nur nachts rum und machen ihren Schabernack, doch wenn die Sonne aufgeht, dann werden sie zu Steinen. Und die meisten Erwachsenen, die merken gar nicht, dat die Felsen Gnome sind. Nur Kinder, die sehen dat manchmal. Aver auk nich immer.«

Ich musterte den Felsen unten im Bach, ließ ihn nicht mehr aus den Augen. Und tatsächlich, jetzt erkannte ich den Gnom. Er grinste, hatte aber seine Augenbrauen nach unten gezogen. Ich beobachtete den Gnom unentwegt. Wie ein Luchs. Doch so sehr ich auch aufpaßte, der Gnom bewegte sich kein bißchen. Der bewegte nicht seinen Mund, und der bewegte nicht seine Augenbrauen. Man konnte wirklich denken, der Gnom wäre ein Stein.

Manchmal, wenn es Nacht war, wurde es bei Oma und Opa auch schon mal richtig gruselig. Wenn meine Eltern mal alleine zum Hamstern waren, mußte ich nämlich bei Oma und Opa auf dem braunen, zernarbten Ledersofa schlafen. Auf dem Scheselong. Da hallte dann das unheimliche, laute Tack-tack-tack-tack der Standuhr durch den leeren, finsteren Raum. Auch sah das große Wohnzimmer nachts in der Dunkelheit irgendwie ganz fremd aus. Und gespenstisch. Dunkle Schatten bewegten sich lautlos an den Wänden. Und die hatten verdächtig viel Ähnlichkeit mit Bullemännern, die sich bei Oma und Opa sowieso gern rumtrieben.

Die Bullemänner holte die Oma nämlich liebend gern, wenn wir Kinder nicht artig waren. Und so artig, wie es sich für liebe, brave Kinder gehörte, so richtig artig waren wir ja auch nicht immer. Mein Vetter Klaus und ich.

Der Klaus war etwas jünger als ich und konnte sich über alle meine Witze kaputtlachen. Darum mußte ich beim Klaus auch immer viel mehr Witze machen als bei den anderen Kindern. Und so einiges kannte ich ja vom Hans-Hermann.

Eines Morgens wollte ich den Klaus mal wieder so richtig schön zum Lachen bringen. Also sang ich voller Inbrunst meiner Oma das Lied vom Hans-Hermann vor:

»Hopp, hopp, hopp, die Oma hat 'n Eierkopp
da spiel'n die Flöhe Hockey dropp.«

Der Klaus kriegte mal wieder seinen Lachanfall, auch ich kicherte vor mich hin. Nur meine Oma, die kicherte nicht und kriegte auch keinen Lachanfall. Die holte den Klöpper aus der Kammer und rannte uns hinterher, immer um den Tisch herum. Daß sie uns nie im Leben kriegen würde, war klar, wir waren viel schneller als sie. Und so liefen wir ganz gemütlich immer um den Tisch herum, gemeinsam sangen der Klaus und ich jetzt:

»Hopp, hopp, hopp, die Oma hat 'n Eierkopp
da spiel'n die Flöhe Hockey dropp.«

Da blieb die Oma stehen. »So, ek bün dat nu leid, ek hol nu dä Bullemann.«

Jetzt allerdings wurde es richtig brenzlig.

Die Oma schlurfte in die »Deele«. Der Klaus und ich, wir setzten uns betreten auf das zernarbte Ledersofa. Uns war das

Herz in die Hosen gerutscht. Der Bullemann würde also wieder kommen. Der finstere Kerl, vor dem wir so eine Heidenangst hatten.

Nach einiger Zeit hörten wir in der Deele ein lautes Stapfen, dann flog die Wohnzimmertür auf. Ich drückte mich ganz tief in die Sofa-Ecke.

Es dauerte eine halbe Ewigkeit, dann erschien eine dunkel vermummte, fürchterlich aussehende krumme Gestalt im Türrahmen. Der gefürchtete, gehaßte Bullemann. Der schlurfte, immer vor sich her knurrend, auf unser Sofa zu. Ganz langsam, ganz krumm. Der Klaus rückte immer näher an mich heran. Er zitterte, als ob er unheimlich frieren würde. Dann merkte ich, daß ich es ja selbst war, der so zitterte. Ich wagte nicht zu atmen, sagte keinen Mucks. Und am liebsten hätte ich mich unsichtbar gemacht. Mit der Tarnkappe.

Nun stand der Bullemann direkt vor uns, hob drohend beide Arme in die Höhe und haute uns mit krächzender Stimme alle unsere Schandtaten um die Ohren:

»Wat häv ek do – Was habe ich da gehört? Hopp, hopp, hopp, die Oma hat 'n Eierkopp? Hab ich das richtig gehört? So eine bodenlose Ungeheuerlichkeit. So was habt ihr eurer armen Oma nachgerufen?« Der Bullemann war außer sich vor Wut.

Wir schluckten, sprechen konnten wir nicht. Wir schüttelten nur ganz zerknirscht unseren Kopf. Da hatte der schwarze Kerl doch tatsächlich alles mitbekommen.

Und dann kam meine letzte Begegnung mit dem Bullemann. Meine allerletzte.

Der Klaus und ich probierten gerade meine neue Erfindung bei der Oma aus. Das »Ich mach das, wenn er das macht«-Ärger-Spiel. Das Spiel war ganz einfach und ging so:

»Nu geiht ma op de Straat, ihr beide!«

»Jau, Oma, ich geh. Wenn der Klaus geht.«

»Nu, dann mak du den Anfang, Klaus.«

»Na klar. Aber nur, wenn der Thomas geht.«

»Nu, dann bliev du verstännig, Thomas, du büst ja auk öller, nu geih ma vorut.«

»Ja sicher. Wenn der Klaus geht.«

»Nu is aver gut, Klaus, nu scheer di weg, aver stracks op de Straat.«

»Sofort. Wenn der Thomas geht.«

Da war es die Oma leid. »Ek laat mi doch nich von so Dammelbüx wie euch op de Nees rumhüppen. Mi wird noch ganz rammdösig im Kopp. Ek hol nu dä Bullemann!« Damit verschwand die Oma in der Deele.

Der Opa hatte die ganze Zeit in seinem Ohrensessel am Fenster gesessen. Komischerweise schmunzelte er jetzt vor sich hin. Und der Opa schien wohl von dem ganzen Bullemann-Theater die Nase voll zu haben. »Paß op, Thomas, wat dä Bullemann is, dat is ja nix anners as de Oma, treck di dä Klöpper hier, und wenn he dann kummt, dä Bullemann, dann nix wie drop mit dä Klöpper op dä Stert.«

Ich versteckte mich unter dem Küchentisch und preßte den Klöpper an mich. Vor Aufregung juckten meine Haare. Wenn das mal gutging!

Aus der Deele hörte ich jetzt das Stapfen vom Bullemann, dann erschien er in der Tür. Ich starrte ihn an. Er zottelte langsam auf das Sofa zu. Seine Arme flatterten unter seinem Umhang durch die Luft. »Wo sind denn die bösen Kinder?« knurrte er immer wieder vor sich hin. Der Klaus auf dem Sofa hatte seine Augen geschlossen.

Und ich sollte den Bullemann verkloppen? Nicht für hundert Zuckerklümpchen. Da blieb ich doch besser in meinem Versteck und atmete nicht mehr. Vielleicht fand mich der Bullemann ja nicht unter dem Tisch?

Ich sah verzweifelt zum Opa hinauf.

Der nickte mir eifrig zu und haute mit einem unsichtbaren Klöpper in die Luft.

Da bemerkte ich, daß der Bullemann die gleichen Schuhe wie die Oma anhatte. Ob der Opa doch recht hatte? Jetzt mußte ich es wissen. Ich mußte das Bullemann-Geheimnis lösen.

Ich atmete tief ein, krabbelte vorsichtig unter dem Tisch hervor und schlich mich ganz, ganz leise hinter den Bullemann, den Klöpper in beiden Händen.

Der Klaus hatte mittlerweile angefangen zu heulen. Der Bullemann beugte sich jetzt über ihn und streckte mir seinen dicken Hintern entgegen.

Und da schlug ich los, nix wie drauf. Ich traf den Hintern mit aller Kraft.

Der Bullemann knurrte jetzt nicht mehr, der Bullemann kreischte jetzt. Ein schauriges Kreischen. Ein Bullemann-Kreischen!

Dann war das ja doch der Bullemann! Dann durfte ich nie mehr aufhören mit dem Klöpperkloppen. Denn wenn ich kloppte, schien er mir nichts anhaben zu können!

Doch nun geschah etwas, was ich nie im Leben erwartet hatte. Der Bullemann raffte plötzlich seinen Umhang zusammen und nahm kreischend vor mir Reißaus, immer um den Tisch herum, ich klöpperschwingend hinterher. Endlich schmiß sich der Bullemann auf das Sofa und streckte mir den Hintern entgegen. Er knurrte nicht mehr »böser Thomas« oder »bodenlose Ungeheuerlichkeit«, er kreischte nur noch. So ähnlich wie die Hühner von Bopp: »Toook, tock-tock-tock-tock, Toook, tock-tock-tock-tock!« Nur viel, viel schauriger. So konnte die Oma gar nicht kreischen. So gräßlich kreischen, das konnte nur einer. Der Bullemann! Und je schauriger das Kreischen wurde, um so mehr drosch ich drauf auf den Bullemannhintern. Übertönt wurde es nur noch vom unbändigen Lachen meines Opas.

Plötzlich rief der Bullemann mit der Stimme meiner Oma: »Nu is gut, nu is gut! Nee, so wat. Klöppt drop wie op kalt Eisen. Nee, so wat!«

Dann flatterte der Umhang hin und her, und ganz plötzlich verwandelte sich der Bullemann. Aus dem dunklen Bullemannumhang erschien auf einmal der Kopf der Oma. Sie verzog das Gesicht.

Ich hatte kurz innegehalten mit dem Kloppen, jederzeit bereit, weiterzumachen, wenn es nötig würde.

Da fing die Bullemann-Oma an zu lachen. Sie lachte viel höher als mein Opa.

Also war der Bullemann doch tatsächlich die Oma? Schon immer gewesen?

Ich sah mich verwirrt zu meinem Opa um. Der aber hing in seinem Sessel, war ganz tief nach unten gerutscht, sein Oberkörper pendelte vor und zurück, die Beine weit ausgestreckt, er klatschte sich ununterbrochen mit der flachen Hand auf die Schenkel, aus seinem Mund kam ein immer stärker anschwellendes, sich fast überschlagendes »Ha-ha-ho-ho-ha-ha-ha«. Ihm liefen die Tränen die Backen herunter.

Später erzählte der Opa allen Verwandten, wie er das ganze Bullemann-Schauspiel erlebt hatte: »Of dat glöffs or nich, ek heff mien Leefdaag nich so gelacht un geprustet un gegackelt wie do, ek heff Tränen gelacht. Of dat glöffs or nich, mi hett richtig der Buck wehgetan, do kannst op an«

Und jedesmal, wenn der Opa das erzählte, lachte er wieder sein lautes »Ha-ha-ho-ho«. Und jedesmal lachten die Erwachsenen mit.

Der Bullemann ist danach nie mehr aufgetaucht. Wirklich nie mehr.

9. Kapitel

Von einem s-paßigen Friseurbesuch, einem wippenden Schnurrbarthaar und einer Lehrerin, die weniger weiß als alle Kinder

»Muß ich denn wirklich heute zum s-paßigen Lentzki, Mama?«

»Na klar, mit deinem Strubbelkopf läßt dich die Lehrerin sonst womöglich überhaupt nicht in die Klasse.«

Es war der Samstag nach Ostern. Der Willi und ich, wir mußten beide zum s-paßigen Lentzki, damit wir am Montag auch schöne kurze Haare hätten. Denn am Montag war ein ganz besonderer Tag für uns. Am Montag war unser erster Schultag.

Herr Lentzki war unser Friseur und hatte seinen Salon an der Ecke zum Johann-Strauß-Weg, gegenüber dem Haus, in dem der Willi wohnte. Über der Ladentür hing ein glänzender silberner Teller, gegen den wir ab und zu Steine warfen. Der Hans-Hermann konnte sogar Kirschkerne dagegen spucken. Wenn wir getroffen hatten, machte es leise »Pling«, und der Teller schwang hin und her.

Herr Lentzki hatte seinen Scheitel ganz tief sitzen, da, wo sein Ohr war. Über dem Scheitel waren seine Haare ganz fest an den Kopf gekletscht. Wie festgeleimt. Und er machte mit uns Kindern Witze, über die wir gar nicht lachen konnten. Auch versuchte er krampfhaft, unser »dat« und »wat« nachzumachen: »Dat, wat da übersteht, muß ab.« Zuerst dachten wir, er wolle uns damit veräppeln, doch dann hatten wir natürlich schnell raus, daß er sich nur ankötteln wollte. Zu den Erwachsenen sagte er nämlich immer »das« und »was« und »S-pucknapf« und »Haare s-triegeln« und »ges-prächsbereit«.

»Wer so bescheuert ist, der kann nur aus Hannover kommen«, hatte mir der Hans-Hermann erklärt. Er hatte nämlich einen Onkel, der auch aus Hannover kam und der genauso komisch sprach wie der s-paßige Lentzki.

Der Willi war vor mir dran und schon fast fertig. Ich wartete auf dem Sofa vom Lentzki und blätterte in der »Hör Zu«. Auf der letzten Seite hielt eine lächelnde schlanke Frau einen spiegelblanken Schuh in ihrer erhobenen Hand und strahlte ihn unsagbar glücklich an. Das linke Bein hatte die Frau fast schwerelos vorangestellt, es war etwas nach außen geneigt, die Fußspitze berührte leicht den Boden. Und der Erdal-Frosch grinste dazu mit seinem breiten Maul.

Ich blickte auf und mußte lachen. Die Frau stand ja ganz genau so da wie der Lentzki. Auch er hatte ein Bein elegant nach außen geschwungen, auch seine Zehenspitzen berührten anmutig den Boden. Nur hielt er statt des glänzenden Schuhs seine gläserne Kugel mit dem roten Gummiball in den Händen. Die schwenkte er feierlich um den Hinterkopf vom Willi. Ob die Frau in der »Hör Zu« sich das alles beim Lentzki abgeguckt hatte?

Der Lentzki spitzte den Mund und spritzte mit dem Gummiball die Haare vom Willi naß. Der Willi hatte es geschafft.

»Der Nächste, bitte!«

Er rief das wie beim Arzt, tänzelte um den Frisierstuhl, schnibbelte lächelnd mit seiner Haarschere herum, als wollte er mit den vielen Scherenzacken die Luft vor ihm zerschneiden, und wischte die Schere dann beschwingt an seinem weißen Kittel mit dem blauen Kragen ab. In strahlender Laune, wie immer, richtete er fein ordentlich seine Kämme der Größe nach auf dem Arbeitstisch aus, dann wischte er kurz mit dem Handrücken die Haarreste von dem Frisierstuhl und verbeugte sich vor mir wie der »Gestiefelte Kater« vor dem König. Dabei löste sich eine Haarsträhne von seinem Kopf und hing herunter wie ein Zopf.

»Was darf's denn heute sein, Thomas?«

Der Lentzki legte ein lila Kissen auf den Frisierstuhl, und ich setzte mich darauf. Er pumpte mit einem Pedal den Stuhl so hoch, bis in dem großen Spiegel vor mir unsere Köpfe fast in gleicher Höhe waren. Dann spreizte er seinen kleinen Finger, legte ihn an die Nase und überlegte krampfhaft: »Vielleicht ne neue elegante, s-portliche Wasserwelle? S-teht dir sicher gut.« Er sah mich erwartungsvoll an.

Ich aber schwieg wie ein Stein.

Also machte er sich flink ans Werk, dabei ununterbrochen vor sich hin summend.

Der Lentzki konnte gut summen! Der brauchte ja auch am Montag nicht in die Schule. Ich aber, ich würde übermorgen in die Schule kommen. Und was mir da blühen würde, ja, das hatte mir der Hans-Hermann schon alles brühwarm erzählt. Von ihm wußte ich zum Beispiel, daß jeder Schüler einmal am Tag den Hintern versohlt bekam, mit einem dünnen Rohrstock. Deswegen hatte der Hans-Hermann ja auch immer seine Fibel in die Hose gesteckt. Da konnte der Lehrer so viel hauen, wie er wollte: Der Hans-Hermann spürte überhaupt nichts und mußte sich jedesmal kaputtlachen. Manchmal endete das Ganze damit, daß der Lehrer sich auf den Stuhl fallen ließ und wie ein Fisch auf dem Trockenen japste. Vor lauter Erschöpfung. Nachdem er die Fibel in der Hose vom Hans-Hermann verhauen hatte. Meine Mutter hatte allerdings gemeint, meine zukünftige Lehrerin, das Fräulein Osterfeld, das wäre eine ganz liebe Lehrerin. Die hätte gar keinen Stock.

»Na, Thomas, so ruhig und s-till heute? Dat kommt mir aber s-panisch vor.«

Ich sagte nichts.

Der Lentzki spritze auch meine Haare naß, jetzt roch ich so komisch wie der ganze Frisiersalon. Schließlich schwenkte der Lentzki seinen Spiegel um meinen Hinterkopf. Ich guckte so, als würde mich mein Fassonschnitt interessieren. Unten waren die Haare ganz kurz, oben länger und jetzt viel dunkler, wegen dem Wasser, was so roch.

Ich sah im Spiegel den Willi an. Wir wußten beide, was jetzt kam. Nämlich einer der Lentzki-Sprüche, die alle Kinder bei ihm zum guten Schluß unweigerlich zu hören bekamen.

»Kucken, kucken, nix geseh'n, zapp zarapp, auf Wiederseh'n.«

Aber, Gott sei Dank, »Auf Wiederseh'n« hieß, daß ich jetzt endlich fertig war beim s-paßigen Lentzki. Ich konnte am Montag mit meiner kurzen Frisur ganz beruhigt in die Schule gehen. Da sah ich doch schon ganz anders aus. Sauber und ordentlich sah ich da aus. Da würde mich schon keine einzige Lehrerin rausschmeißen. Und am Montag würde mein Nacken bestimmt nicht mehr so fürchterlich jucken wie jetzt. Bis dahin mußte ich mir ja noch zweimal den Hals waschen.

Am Montagmorgen ging ich mit vielen anderen Jungen und Mädchen die Stufen hinauf in die Hilgenboom-Schule. Ich ging an der Hand meiner Mutter, denn etwas mulmig war mir schon zumute.

Vor mir sah ich den Willi mit seinem kurzen Haarschnitt. Auch er sah jetzt ganz anders aus als sonst, sauber und ordentlich wie ich. Auch er ging an der Hand seiner Mutter. Eigentlich hatten alle Jungen heute einen kurzen Haarschnitt und ihre Mütter an der Hand.

Die meisten Kinder kannte ich schon vom Spielen. Beruhigend war auch, daß der Willi und mein Vetter Klaus mit mir in die gleiche Klasse gehen sollten. Nur die Heidi kam erst im nächsten Jahr in die Schule. Schade eigentlich.

Als ich in das Klassenzimmer kam, bekam ich einen Riesenschreck. Am liebsten wäre ich sofort wieder gegangen. Die Frau neben dem Pult hatte ihre Haare zu einem Vogelnest gewickelt und trug ein schwarzes Kleid, um den Hals und an den Ärmeln kleine weiße Rüschen. Und sie war viel größer als unsere Mütter. Doch das Schlimme war, daß der Willi und ich ihr von unserem Trümmergrundstück aus schon mal »Bohnenstange« nachgerufen hatten. Da wußten wir allerdings noch nicht, daß sie mal unsere Lehrerin werden würde. Hoffentlich hatte sie das schon wieder vergessen. Einen Stock hatte sie nicht in der Hand. Na, Gott sei Dank!

Das Klassenzimmer war düster und muffig. Hinten in der Ecke stand ein Kanonenofen, vor uns waren viele tintenverschmierte Tische aufgereiht. Die waren etwas geneigt und hatten oben an der Kante eine Rille für den Griffel oder für den Federhalter, daneben das Tintenfaß. Jeweils zwei Tische und zwei Bänke waren miteinander verbunden, immer für zwei Schüler.

Der Willi und ich setzten uns ganz schnell nebeneinander, das hatten wir uns schon vorher ausgemacht. Unsere Mütter mußten am Rand stehen bleiben, die Bänke waren viel zu klein für sie.

Plötzlich stieß mich der Willi an, kräuselte skeptisch die Nase und deutete mit dem Kopf auf die große Tafel. Daneben war ein Stock an die Wand gelehnt, der war sogar größer als ich. Ich mußte tief durchatmen.

Dann sah uns Fräulein Osterfeld ernst und würdevoll an. »Nun, Kinder, ab heute bin ich also eure Lehrerin. Und ihr könnt bei mir so viel lernen. Das wollt ihr doch hoffentlich alle?«

Wir nickten.

»Das geht natürlich nur, wenn ihr jederzeit schön artig und fleißig und fromm seid.«

Und bei »artig« und »fleißig« und »fromm« hob sie ihren Kopf. Wie der Hahn bei Bopps, wenn er »Kikeriki« machte.

»Und später, da wird dann so manch einer bei sich denken: Da, guckt euch doch mal den schlauen Karl oder den schlauen Hans oder den schlauen Peter an. Der hat bei dem Fräulein Osterfeld aber immer ganz fein aufgepaßt. Der war immer artig und fleißig. Darum kann der also jetzt so gut schreiben und rechnen. Ja, das werden die dann denken.«

Und beim »ja« nickte das Fräulein Osterfeld wieder entschieden mit dem Kopf.

Wie schön unser Fräulein Osterfeld doch reden konnte. Wie die Sprecher im Kinderfunk.

Der Willi stieß mich an und flüsterte mir etwas zu. Ich hatte ihn nicht verstanden und zuckte mit den Schultern.

Daß der Willi sich traute, hier zu quatschen. In der Schule!

Er stieß mich wieder an. »Die hat ein Haar am Mund.«

Zuerst verstand ich gar nicht, was er meinte. Doch schließlich entdeckte ich das Haar auch, jetzt, wo die Lehrerin vor dem Fenster stand. Ganz schwach nur, aber immerhin, das Haar war da. Es wippte an ihren Lippen wie bei einem Kater.

Und Fräulein Osterfeld fuhr fort, auch die vielen Heiligen, die so segensreich für uns Menschen auf der Erde gewaltet hätten, würden liebe Begleiter in unserer Schulzeit sein. »Und wer ganz besonders artig oder fleißig oder fromm ist, für den, nun für den habe ich dann eine g a n z besondere Überraschung.«

Sie machte eine Pause und sah uns Kinder der Reihe nach verschwörerisch an. »Wer von euch ganz besonders lieb und fleißig war, ja, der erhält die ganz wunderschönen bunten Bildchen mit all den lieben Heiligen darauf.« Jetzt lächelte Fräulein Osterfeld sogar.

Lieb und fleißig, das wollte ich natürlich auch sein. Dann

würde ich bald genauso schön schreiben können wie der Hans-Hermann. Der hatte nämlich mal »Marlies ist doof« auf unsere Hauswand geschrieben. Und als ich das nachschreiben wollte, hatte der sich kaputtgelacht.

Auf einmal zog das Fräulein Osterfeld ihre Augenbrauen hoch und schaute ganz traurig. »Wenn ihr aber faul und unartig seid, dann, ja dann ...!«

Das Haar an ihrer Lippe wippte viel schneller als vorhin.

»Euch brauche ich ja nun wirklich nicht zu erzählen, was mit diesen beiden bösen Buben geschehen ist, ihr wißt schon, mit diesem ... diesem Max und diesem Moritz!« Fräulein Osterfeld wandte sich an unsere Mütter. »Solche Taugenichtse sind einem ja wohl zur Genüge bekannt.«

Ein zustimmendes Gemurmel ging durch die Reihen der Mütter. Und auch ich nickte überzeugt und sah auf das Haar an ihrer Lippe.

»Nun, Kinder, dann verratet mir doch mal, welche Gebete ihr schon von euren lieben Eltern gelernt habt.« Fräulein Osterfeld sah in die Runde. »Ja, das Vaterunser, sehr schön; Gegrüßet seist du, Maria, richtig.«

Das Fräulein Osterfeld freute sich.

»Und was haben denn dir deine Eltern als Tischgebet beigebracht?«

Fräulein Osterfeld meinte plötzlich mich.

»Komm, Herr Jesus, sei unser Gast, und segne, was du uns bescheret hast.«

Nun lächelte das Fräulein Osterfeld entzückt. »Ganz, ganz schön. Nun, wie heißt du denn?«

»Thomas.«

»Schön, Thomas, und was, meinst du, könnten wir denn von nun an jeden Morgen in gemeinsamer Runde beten?«

»Komm, Herr Jesus, sei unser Gast, und segne, was du uns bescheret hast.«

Die Mütter fingen an zu lachen. Das Fräulein Osterfeld aber spitzte den Mund. »Oh jemine, Thomas! Das dürfte wohl kaum das rechte Morgengebet sein.« Dann blickte sie die Mütter an und versuchte wieder zu lächeln.

Ein schönes Lied lernten wir auch noch.

Fräulein Osterfeld sang immer zwei Zeilen vor, und wir sangen sie nach. Sie murmelte jedesmal »Gut, gut« oder machte »O jemine«, doch schließlich konnten wir dann alle im Chor singen:

»Oh, wie herrlich, oh wie schön
ist es, in die Schul' zu geh'n.
Frisch gewaschen und gekämmt
Hals, Gesicht und auch die Händ'.
Und ein reines Taschentüchelein,
das darf nicht vergessen sein.«

Ja, das war richtig lustig, das Lied. Nur, ein reines Taschentüchelein hatte ich noch nie besessen.

Das Fräulein Osterfeld hob dann ihre beiden Zeigefinger in die Höhe, wie bei unserem Spiel »Alle Vögel fliegen hoch«. »Nun, vor dem Beten wollen wir uns doch auch jeden Morgen herzlich begrüßen. Was meint ihr dazu?«

Unsere Mütter nickten eifrig und sahen uns aufmunternd an.

Wir sagten vorsichtshalber nichts.

Fräulein Osterfeld erklärte uns dann, wie das ging mit dem Grüßen. Das war eigentlich ganz einfach. Sie ging aus dem Klassenzimmer, und sobald sie wieder zur Tür hereinkam, sprangen wir blitzschnell von unseren Bänken auf und riefen: »Guten Morgen, Fräulein.« Fräulein Osterfeld nickte uns zu und rief: »Guten Morgen, Kinder«, und wir durften uns wieder setzen.

Da hatte sie aber schon wieder ihre Stirn in Falten gelegt. »Oje, Kinder, das will aber noch fleißig erlernt werden.«

Auch das »Hände im Nest« mußten wir natürlich emsig üben. Das war nun mal ganz besonders wichtig. Damit wir auch genau mitbekamen, was uns das Fräulein Osterfeld so alles erklärte. Da konnte man nicht einfach so vor sich hin schwätzen, da wurde auf Ruhe und Ordnung schon allergrößter Wert gelegt.

Zum Schluß konnte die ganze Klasse schon einstimmig und im Chor »Guten Morgen, Fräulein« rufen. Und Fräulein Osterfeld brauchte nur mal eben »Hände im Nest« zu murmeln, da hatte die ganze Klasse schon die Arme über der Brust verschränkt und war mucksmäuschenstill. Dabei traute man sich natürlich kaum zu atmen. Selbst unsere Mütter hörte man nicht mehr. Das

»Hände im Nest« machte richtig Spaß, und auch das Fräulein Osterfeld freute sich.

Doch dann sah sie aus dem Fenster und wurde wieder traurig. »Vor dem Schulhof steht ein Fotograf. Der will euch fotografieren. Seid da nur vorsichtig mit. Laßt bloß keine Fotos von euch machen. Der will euch doch bloß das Geld aus der Tasche ziehen!«

Mit dem »Geld aus der Tasche ziehen« war mein erster Schultag beim Fräulein Osterfeld vorbei. Und ich fand Schule eigentlich ganz in Ordnung.

Daß das Fräulein Osterfeld nicht alles so genau wußte, wurde mir allerdings ziemlich schnell klar. Das fing schon mit dem »Geld aus der Tasche ziehen« an.

Meine Mutter hatte mich nämlich trotzdem fotografieren lassen, und als sie später das Bild mit mir und dem Tornister sah, war sie hellauf begeistert. »Sone schöne Erinnerung.«

Da hat mich zum ersten Mal gewundert, daß so eine schlaue Frau wie das Fräulein Osterfeld so einen Quatsch wie »Geld aus der Tasche ziehen« von sich geben konnte, wo doch meine Mutter so froh war über das schöne Foto.

Das war aber noch harmlos. Später in der »Biblischen Geschichte« sollte es noch besser kommen!

Sicher, das Fräulein konnte uns viele richtig spannende Geschichten erzählen. Vom kleinen David und dem riesigen Goliath, von Josef in dem Binsenkorb, von Daniel in der Löwengrube und von den vielen, vielen Wundern, die Jesus vollbracht hatte.

Der interessierte mich schon sehr, der Jesus. Wie der wohl mit Hausnamen hieß? Jesus Müller? Oder Jesus Bopp? Oder Jesus Lentzki? Oder wie? Und so fragte ich: »Fräulein, wie hieß denn der Jesus eigentlich mit Hausnamen?«

»Ja, also, der Jesus, der war der Jesus aus Nazareth.«

Das wußte ich ja nun schon lange, daß der Jesus aus Nazareth kam.

Der Hans-Hermann hat mir dann später erklärt, das wäre beim Jesus wohl genauso wie bei den Indianern, die hätten auch keine richtigen Namen, so wie Thomas oder Hans-Hermann. Die hießen so, wie sie waren. Der Jesus zum Beispiel hätte bei den Indianern den Namen »Der, der ruck, zuck tausend Brote hervorzaubert«. Der Olle Hahn, der hieße vielleicht »Der, der schielt«. Oder die blöde Marlies, die hätte bestimmt den Namen »Die, die spinnt«.

Vom Jesus hatte das Fräulein Osterfeld also auch nicht die größte Ahnung.

Dann aber kam die Sache mit dem »M«.

Eines Tages durften wir nämlich viele kleine Spazierstöcke mit dem Griffel auf unsere Tafeln malen, dann drei Spazierstökke aneinander, und schließlich verkündete Fräulein Osterfeld uns, daß wir bereits ein »m« schreiben konnten. (»M«, nicht ,»Em«)

»Welche Wörter kennt Ihr mit M?«

»Mantel«

»Gut, Willi.«

»Murmel«

»Gut, Maria.«

»Marmelade«

»Gut, Karl. Und du, Thomas, kannst du mir auch ein Wort mit M nennen?«

»Michallek«

Das Fräulein Osterfeld sah mich verständnislos an. »Was ist das?«

Hatte sie mich denn nicht verstanden? Also wiederholte ich laut und deutlich: »Michallek.«

»Was, bitte schön, ist das, Thomas?«

Ich war wie vom Blitz getroffen. Daß sie den Hausnamen vom Jesus nicht kannte, das konnte schon mal passieren. Aber jetzt? »Michallek, was ist das?« Das Fräulein Osterfeld konnte schöne Geschichten aus der Bibel erzählen, sie wußte genau, wieviel fünf und sieben war. Aber den Michallek, den Mittelstürmer von Borussia Dortmund, den kannte sie nicht!

Das Fräulein Osterfeld wußte ja noch nicht einmal das, was alle Kinder wußten!

10. Kapitel

Von einem traurigen Ereignis, einem albernen Schulrat mit Spatzen unter der Mütze und einer Klopperei mit Seifenlauge und zwei blauen Augen

Einige Wochen später kam kurz nach der großen Pause der Herr Esser in die Klasse. Er war unser Rektor und kam immer mit einem Damenfahrrad angeradelt, einem Fahrrad ohne Querstange. Der Rektor tuschelte zunächst mit dem Fräulein Osterfeld. Die sagte nur »Mein Gott« und ließ sich auf den Stuhl am Pult fallen.

Der Rektor sah uns ernst an. »Auf Dahlbusch hat es heute morgen eine Explosion gegeben.«

Dann fragte er, wessen Vater denn auf Dahlbusch arbeitete, auf Schacht sechs.

Ich zeigte auf und mit mir einige andere Kinder.

»Dann geht mal jetzt alle nach Hause, für heute fällt der Unterricht aus.«

Ich bohrte unwillkürlich in den gehäkelten Lappen, der von meiner Tafel herunterbaumelte. Manchmal war mein Vater ja auch »untertage«! Wenn er heute auch ...? Der Vater vom Willi war ja auch tot. Warum der Willi nicht ununterbrochen heulen mußte, wo sein Vater doch tot war?

Ich rannte nach Hause. Die Tafel und mein Griffelkasten klapperten im Tornister. Früher hatte ich immer Angst davor gehabt, daß meine Tafel beim Rennen zersplittern könnte, heute war mir das ganz egal.

Schon von weitem sah ich, wie sich vor unserem Haus meine Mutter mit der Frau Munka unterhielt. Ab und zu schlug die Frau Munka die Hand vor den Mund. Meine Mutter schien aber nicht zu weinen.

»Moomoo!«

Meine Mutter erblickte mich, lachte nicht, winkte auch nicht wie sonst, wenn sie mich sah.

»Moomoo!«

Meine Mutter nickte.

»Kann ... kann dem Papa auch was passiert sein, Mama?«

Wenn meine Mutter jetzt sagen würde, daß meinem Vater nichts passiert ist, würde ich hundert »Komm Herr Jesus, sei unser Gast« beten.

»Nee, Thomas, dem Papa ist nichts passiert, Gott sei Dank nicht.« Sie strich mir über meine kurzen Haare. »Die haben gerade bei Bopp angerufen, dem Papa ist nichts passiert.«

Dem Papa war nichts passiert, er hatte ja angerufen. Ihm war nichts passiert. Ich merkte, wie mir richtig kodderig wurde.

Die Frau Munka hatte zuerst im Radio von dem Unglück gehört und war sofort zu meiner Mutter runtergerannt. Der Reporter konnte noch nichts Genaues sagen. Nur, daß es wohl gegen halb neun eine Schlagwetter-Explosion gegeben hätte. Im Flöz Hugo, im Revier 7. Und daß die Rettungsmaßnahmen unverzüglich angelaufen seien, daß bereits Rettungstrupps eingefahren seien auf Schacht 6.

Abends wurde dann im Radio berichtet, daß durch die Explosion 58 Bergleute sofort tot waren, viele Schwerverletzte lägen aber noch im Krankenhaus.

Der Sprecher im Radio sprach leise und bedächtig: »Meine Damen und Herren, heute, am Abend des 20. Mai, nach einer der größten Katastrophen in der Geschichte des Bergbaus, stehe ich vor dem Krankenbett eines verletzten Bergmanns. Er wurde als einer der allerersten aus dem Revier gerettet.«

Ich kniete auf dem grünen Sofa und rückte meinen Kopf ganz nah ans Radio.

Der Bergmann schilderte, wie er die Katastrophe überlebt hatte. Er antwortete auf die Fragen des Ansagers leise und stoßweise. Und immer ganz kurz.

»Können Sie sich noch erinnern, wie es war, als Sie das erste Mal wieder Hoffnung geschöpft hatten?«

»Wir ... hatten ein ... Klopfen gehört.«

»Wo waren Sie da?«

»In ... einer ... Nische. Einer ... Luftblase.«

Ich sah alles ganz genau vor mir, ich sah, wie der Bergmann in der Finsternis lag, immer und immer geklopft hatte, immer und immer wieder »Hilfe, Hilfe« gerufen hatte. Der hatte vor lauter Angst ganz bestimmt auch geheult. Der konnte ja vorher gar nicht wissen, daß er noch gerettet würde, der hätte ja auch verhungern oder ersticken oder verdursten können.

Zum Schluß meinte der Reporter dann, er werde den Bergmann jetzt nicht mehr weiterfragen. Der müsse jetzt schlafen und sich erholen. Er kündigte an, das Gespräch sollte am nächsten Abend um sechs Uhr weitergehen, und er beendete seine Übertragung mit »Glück auf«.

Am nächsten Abend hatte ich das Radio schon lange vor sechs angestellt. Als das Gespräch weitergeführt werden sollte, sprach der Ansager mit ganz leiser und bedächtiger Stimme: »Meine sehr verehrten Damen und Herren. Wir selbst sind ganz erschüttert, aber der Bergmann, mit dem wir gestern noch gesprochen haben, der Bergmann, der gestern noch seine Rettung geschildert hat ..., ja, der Bergmann ist leider in der letzten Nacht gestorben.«

Ich merkte, wie mir die Tränen die Backen herunterliefen. Ich sah zu meiner Mutter hoch. Sie wischte sich mit ihrer Hand durchs Gesicht.

An einem Montag kurz vor den großen Ferien trat Fräulein Osterfeld aufgeregt von einem Fuß auf den anderen. Heute wurde nämlich der Schulrat an unserer Schule erwartet.

»Der ist noch schlauer als die Lehrer«, erklärte mir der Willi.

Als der Schulrat dann wirklich vor unserem Pult stand, sah er eigentlich wie ein ganz normaler Mann aus.

»Guten Morgen, meine lieben Buben und Mädel«, begrüßte er uns lächelnd.

Pause.

Wir sahen verlegen auf unsere Tische, schwiegen und trauten uns nicht, über das komische »Buben« und »Mädel« zu lachen. Was hätten wir auch antworten sollen? »Guten Morgen, Fräulein«, wie beim Fräulein Osterfeld? Das wäre ja wohl der größte Blödsinn gewesen.

Der Schulrat hatte überhaupt nicht mitbekommen, daß wir nicht geantwortet hatten, und lächelte gütig in die Runde. »Nun seht mich doch bitte, bitte nicht so furchtbar ängstlich an. Ich bin doch nicht der böse Wolf, vor mir braucht ihr doch keine Furcht zu haben.«

Der Schulrat schraubte seinen Kopf etwas höher. »Da bin ich schon eher so etwas wie ein zünftiger Wandergesell, der von Schule zu Schule eilt und nichts anderes im Sinn hat, als alle Buben und Mädel ganz herzlich zu ermuntern, schön fleißig und artig zu sein.«

Es gelang dem Schulrat in kürzester Zeit, uns davon zu überzeugen, daß er gar nicht so schlau war, sondern nur etwas albern. Aus einigen Ecken kam schließlich sogar ein unterdrücktes Kichern.

Und auch der Schulrat lächelte jetzt mild. »Nun, wie ich sehe, haben wohl einige von euch doch tatsächlich Spätzchen unter der Mütze.«

Jetzt mußten wir alle kichern, denn erstens war das Spätzchen der Körperteil bei uns Jungen, mit dem der Hans-Hermann zum Beispiel so unheimlich hoch pinkeln konnte, und zweitens hatte mein Vetter Klaus da vorne in der ersten Reihe in seiner Schusseligkeit vergessen, seine Mütze abzunehmen. Als der Schulrat mehrere Male ganz geduldig und immer noch mild lächelnd sein Sprüchlein wiederholte und der blöde Klaus auch noch mitgrinste, wurde das Kichern zum unbändigen Gelächter. Irgendwann begriff selbst der Klaus, was los war, riß sich erschrocken seine Mütze vom Kopf, drehte sich zu uns um und konnte plötzlich über seine eigene Blödheit lachen.

Beruhigen konnten wir uns aber noch lange nicht. Der Klaus grölte, ich grölte, der Willi grölte, formte dabei noch mit seinen Händen eine Mütze über seinem Kopf und sah mich bedeutungsvoll an. Als mich immer mehr Schüler lachend ansahen, ging mir endlich ein Licht auf. Nicht nur der Klaus, auch ich hatte noch Spatzen auf dem Kopf. Ich riß mir verdattert meine Bommelmütze herunter, grinste den Schulrat schief und verlegen an und fand ganz plötzlich das bescheuerte Gegröle unheimlich albern.

Was daran wohl so lustig sein sollte?

Nach den großen Ferien kam ein neuer Schüler in unsere Klasse.

»Das ist der Max. Der ist vom Zirkus und wird an unserem Unterricht teilnehmen, solange sein Zirkus in Gelsenkirchen ist. Vertragt euch gut«, stellte ihn Fräulein Osterfeld vor.

Der Max sprach ganz komisch. Der konnte nur »Naßenbär« und »in der Naße bohren« sagen, nicht »Nasenbär«, oder »in der Nase bohren«.

Die große Pause wurde mit der eisernen Glocke eingeläutet, wir stürmten auf den Schulhof, und der Willi und ich wählten zwei Mannschaften für unser Spiel »Der Kaiser schickt seine Soldaten aus«. Das ging ganz ehrlich zu, schummeln konnte da keiner. Der Willi und ich standen uns in einiger Entfernung gegenüber und kamen uns, abwechselnd Fußspitze an Fußspitze setzend, entgegen. Wer als letzter noch einen vollen Fuß in den Zwischenraum bekam, konnte sich jemanden für seine Mannschaft wählen.

»Piß!« – »Pott!« – »Piß!« – »Pott!« – »Piß!« – »Pott!« – »Piß!« – »Pott!«

Da fing der Max neben uns auf einmal laut und blöde an zu lachen. »So ein närrischer Quatsch! Hühner – Tapperln – Hühner – Tapperln heißt das doch.«

Das war zuviel für den Willi. Dem blöden Max mußte er doch mal schnell zeigen, mit welch einfühlsamen, treffsicheren Sprüchen bei uns eine Klopperei eingeleitet wurde. Er rempelte den Max mal so aus Spaß an: »Du bist doch doof wie Schifferscheiße, du Arsch!«

Der Max rempelte zurück. »Du kriegst gleich eins auf die Naße.«

Der Willi kriegte sich nicht mehr ein vor Lachen. »Wat willze, beschissene Pilze?«

»Du kriegst gleich wirklich eins auf die Naße«.

Der Willi schien nun vor lauter Lachen fast zu platzen. »Ein im Arsch, ein im Auge, fertig ist die Seifenlauge.«

Und schon war die schönste Klopperei im Gange.

Der Max ließ sich aber nicht unterkriegen. Oft hatte ich das Gefühl, daß mein Willi ganz schön in Verdrückung kam.

Zu guter Letzt, am Ende der Pause, hatten beide ein blaues Auge, der Max und auch der Willi. Was mich sehr erstaunte. Bisher war der Willi nämlich immer unverletzt als Sieger aus Kloppereien hervorgegangen.

So mit der Zeit stellten der Willi und ich aber fest, daß der Max ja ganz in Ordnung war. Der konnte einen Handstand machen und als einziger aus der ganzen Klasse den Pannekauken ganz hoch in die Luft stemmen. Mit ausgestreckten Armen.

Der Pannekauken war der kleinste Schüler aus der Klasse und immer ganz ruhig und ängstlich und lieb.

Und der Willi meinte, vielleicht habe der Max als kleines Kind immer nur »Naße« gelernt, gar nicht »Nase«. Und wer weiß, wenn es uns so ergangen wäre, vielleicht könnten wir dann auch nur »Naße« sagen.

Und eigentlich war das »Hühner – Tapperln« ja genau so lustig wie unser »Piß – Pott«.

Am schönsten aber war, daß der Max uns nach einer Woche zu sich in den Zirkus einlud. Er stünde heute an der Kasse, da könne er es schon so drehen, uns ohne Eintrittsgeld reinzulassen.

Und als der Zirkus zu Ende war, war uns auch klar, warum der Willi ihn nicht so einfach besiegt hatte, damals, bei der Klopperei. Der Max konnte nämlich in seinem Zirkus nicht nur auf dem Seil spazieren, der Max trug auch einen richtigen Boxkampf aus.

Und als der Max nach zwei Wochen unsere Schule wieder verließ, mußte er uns eins versprechen: Daß er ganz bestimmt wieder in unsere Klasse käme, wenn sein Zirkus mal wieder in Gelsenkirchen wäre. Sonst würde er eins auf die Naße kriegen.

11. Kapitel

Von einer elenden Gestalt im Trümmerfeld, einem Pannekauken, der kantapper-kantapper nach Hause läuft, und einem Furzknoten, der eine Heldentat vollbringt

Abenteuerlich war es eigentlich überall. An den Bombentrichtern, die es in jeder Straße gab, auf der alten Ziegelei oder am Silbersee. Der lag unterhalb des Mechtenbergs, dem höchsten Berg in Gelsenkirchen. Und zu ihm gelangte man nur über einen gewundenen, matschigen Trampelpfad durch dichtes Schilf und dornige Büsche.

Der Willi und ich waren noch nicht ganz am Silbersee, da überkam uns jedesmal der unbändige Drang, unsere Hände zu waschen. Die braunen Schilfkolben, die überall wuchsen, schäumten wie Seife, wenn wir sie mit dem Silberseewasser in den Händen verrieben. Im Wasser selbst schwammen Kaulquappen. Die hatten nur einen runden, schwarzen Kopf, daran einen kurzen, zappelnden Schwanz. Mit Stoffresten konnte man sie fangen und im Einmachglas mit nach Hause nehmen. Herr Munka hatte mal behauptet, aus ihnen würden später Frösche. Das habe ich mit meinen Kaulquappen aber nie erlebt.

Natürlich gab es auch andere Trümmergrundstücke in der Nachbarschaft, auf denen man spielen konnte, doch nirgendwo war es so spannend und abenteuerlich wie auf dem Trümmerfeld im Johann-Strauß-Weg. Denn hier tauchte immer ganz plötzlich der »Schaffner« auf, ohne daß man ihn jemals hätte kommen hören. Dann schrie er: »Alles Fremde hier. Nur noch Fremde. Was macht ihr euch hier so breit?« Dabei wippte er im Takt mit dem Kopf. »Vertreiben wollt ihr mich. Verjagen wie son Hund.« Und dann humpelte er schlurfend davon, ohne sich weiter um uns Kinder zu kümmern.

Der Schaffner war ein hagerer, unheimlicher Mann mit einem grauen Bart. Er trug immer eine Schaffnermütze, eine grüne, abgewetzte Jacke und Sandalen mit Sohlen aus Autoreifen. Im Sommer und im Winter. Und der Schaffner humpelte. Sein Humpeln war eigentlich ganz einfach. Wir mußten nur unser linkes

Knie durchgedrückt lassen, dann eierte unser Bein beim Gehen ganz automatisch so wie beim Schaffner

Der Hans-Hermann hatte erzählt, der Schaffner lebe ganz alleine in irgend so einem geheimen, versteckten Raum unter den Trümmern. Mit einer richtigen Geheimtür. Keiner hätte jemals herausgefunden, wo. Und der Schaffner könne sich mit den Tieren da unten unterhalten wie mit einem Menschen. Alle Ratten und Mäuse würden ihn verstehen. Vielleicht wäre er ja auch der Rattenkönig, wer weiß.

Später erzählte mir meine Mutter, daß der Schaffner vor dem Krieg ein ganz lustiger, friedlicher Mann gewesen sei, zu allen freundlich, zu allen hilfsbereit. Er habe eine hübsche Frau und einen kleinen Sohn gehabt. »Der hat damals in dem Haus gewohnt, wo heute die Trümmer sind. Dann ist aber die Bombe auf das Haus gefallen, ganz kurz vor Ende des Krieges, und seine Frau und sein kleiner Sohn sind in den Trümmern umgekommen. Der Schaffner selbst hat drei Tage in den Trümmern gelegen, dann ist er schließlich doch noch gerettet worden. Ist schon ein ganz, ganz armer Schluffen.«

Seitdem hatte ich auch gar nicht mehr so große Angst vor dem Schaffner. Der tat mir nur noch richtig leid. Und das blöde Humpeln machte ich auch nicht mehr mit. Und vertreiben wollte ich ihn schon gar nicht.

An einem Sommerabend kam der Pannekauken Hand in Hand mit seiner Mutter an unserem Trümmergrundstück vorbei.

»Willst du mitspielen, Pannekauken?« rief ich zu ihm herunter.

Irgendwie tat der Pannekauken mir leid. Vielleicht wollte er ja viel lieber mit uns spielen, anstatt mit seiner Mutter an der Hand durch die Stadt laufen zu müssen.

Ich hatte mit allem gerechnet: damit, daß der Pannekauken »Au ja« sagte; damit, daß er sagte, er habe keine Zeit, er müsse mit seiner Mutter an der Hand durch die Stadt laufen; damit, daß seine Mutter zu ihm sagte: »Das ist aber nett von deinem Klassenkameraden, daß er dich mitspielen läßt.« Mit allem hatte ich gerechnet. Nur nicht damit, daß seine Mutter, ohne ein Wort zu sagen, das Trümmergrundstück heraufgeklettert kam, mich in den Schwitzkasten nahm und den kleinen Pannekauken anfeuerte, mir mal ganz kräftig den Hintern zu versohlen. Nur, weil ich ihn gerade »Pannekauken« gerufen hatte.

Der Hans-Hermann, der Willi und der Purchel sahen sich das Schauspiel interessiert an. Ich allerdings ließ es mit größter Gelassenheit über mich ergehen. Denn daß der Pannekauken gar nicht feste zuschlagen würde, das war mir von vornherein sonnenklar. Der Pannekauken war ja nicht so blöde, daß er sich nicht denken konnte, was ihm sonst später blühen würde. Immer konnte seine Pannekauken-Mutter ja auch nicht bei ihm sein.

»Nu los, verklopp den Thomas!« feuerte ihn seine Mutter an.

Der Pannekauken stand vor mir, die Arme hinter dem Rücken verschränkt, und rührte sich nicht. Ich grinste ihn aus meiner Schwitzkastenstellung herausfordernd an. Da hob er leicht den Arm, holte weit aus, sah mich verzweifelt an und – ließ seine Hand ganz vorsichtig auf meinen Rücken fallen. Als ob er mich streicheln wollte. Mehrere Male hintereinander, bei jedem feurigen Anfeuerungsruf seiner Mutter »Los, los, fester«. Und nach jedem Streicheln sah er mich fragend, fast heulend an.

Nachdem er mich endlich »windelweich« gekloppt hatte, lief der Pannekauken mit seiner Pannekauken-Mutter dann kantapper, kantapper nach Hause.

»Wie der draufgehauen hat, der Pannekauken, wie auf kalt Eisen«, grinste mich der Hans-Hermann an.

»Kann ich auch«, plapperte der Purchel.

Der Hans-Hermann sah den Purchel lauernd an. »Kannst du auch, Purchel?«

»Kann ich alles.«

»Alles?«

»Kann ich alles.«

»Kannst du denn auch ... Regenwürmer verschlucken?«

»Kann ich auch.«

»Wolln wir doch mal sehen.«

Der Hans-Hermann stampfte mit einem Fuß mehrmals auf den Boden. »Dann kommen die Regenwürmer aus der Erde. Die denken, es regnet, und wollen sich das Wetter angucken.«

Tatsächlich entdeckte der Hans-Hermann einen Regenwurm, hielt ihn hoch, schlackerte ihn wie einen Bindfaden, ging feierlich auf den kleinen Purchel zu und überreichte ihm den Regenwurm. »Dann mach mal.«

Der Purchel stand plötzlich im Mittelpunkt und strahlte. Er hob seinen Kopf, riß weit seinen Mund auf und hielt inne. »Den ganzen?« Flehentlich sah er zum Hans-Hermann hoch.

»Den ganzen.«

Dem Purchel tropfte die Nase, seine Augen wurden feucht.

Schließlich hielt er den Regenwurm über sich, reckte wieder seinen Kopf, riß wieder den Mund sperrangelweit auf und ließ den Regenwurm langsam darin verschwinden. Das Regenwurmende erreichte seine Lippen, dann seine Kehle. Der Teil vom Regenwurm, den man noch sehen konnte, wurde kürzer und kürzer. Dann war der ganze Regenwurm verschwunden.

Unbeschreiblicher, wilder Jubel brach aus, und alle umstehenden Kinder waren sich einig: »Boh, Klasse.«

»Nee, was der kleine Purchel doch alles kann.«

»Kann sonst keiner aus der Straße.«

Der Purchel sah sich stolz strahlend um. »Kann ich alles.«

Der Hans-Hermann schlug ihm väterlich auf die Schultern. »Hätte ich nicht gedacht, Purchel, Klasse. Son kleiner Furzknoten, und kann schon Regenwürmer verschlucken!«

»Kann ich alles«, wiederholte der Purchel immer wieder und sah nun voller Stolz in die Runde, von einem zum andern.

Ich habe mich von der Jubelei natürlich nicht anstecken lassen, denn so was Außergewöhnliches war es ja auch nicht, ein so dünnes Regenwürmchen zu verschlucken. Da sollte der erst mal Fisch oder Zwiebeln oder Käse essen. Der Purchel.

12. Kapitel

Vom Rattenkönig, der kleine Kinder frißt und einem Schutzengel, der das verhindert

Der Willi schwenkte die Taschenlampe wie ein Lasso um seinen Kopf. Die hatte mir der Franz geliehen. Ich hatte ihm aber versprechen müssen, sie nicht zu lange leuchten zu lassen, wegen der Batterie.

»Kommst du mit, Thomas?«

Ich zögerte. »Vielleicht lieber morgen?«

Wir standen vor dem Bunker neben dem Trümmerfeld. Der Zugang zum Bunker war dunkel und unheimlich.

Der Hans-Hermann sah uns mit der Taschenlampe vor dem Eingang stehen und kam auf uns zu gerannt. »Wollt ihr da rein?«

»Ja, sicher!« rief ich.

Der Hans-Hermann schüttelte angeekelt seinen Kopf, so daß seine Backen wabbelten. »Na dann, Prost Mahlzeit!«

»Warum?«

»Werdet ihr schon sehen. Haltet euch bloß an der ersten Ecke ganz links, rechts in der Ecke ist ein Rattennest. Is nur 'n Tip. Wenn die nämlich wütend werden, die Ratten! Heidewitzka, dann fressen die auch Kinder auf!« Der Hans-Hermann nickte wissend mit dem Kopf. »Am schlimmsten ist natürlich der Rattenkönig. Der ist so groß wie du, Thomas. Und wenn der einmal so macht, dann hat es mal einen Thomas gegeben.« Der Hans-Hermann zeigte seine Zähne und kaute genüßlich und laut knirschend vor sich hin.

Ich erschauerte.

Der Hans-Hermann konnte dann leider nicht mit in den Bunker kommen. Er hatte ja vor einigen Tagen Bohnen auf dem Trümmerfeld in die Erde gepult. Die mußte er jetzt dringend begießen, damit auch später wirklich schöne lange Bohnenstangen daraus würden.

So zog ich mit dem Willi alleine los.

Das verrostete Eingangsgitter des Bunkers mit seinen scharfen Spitzen war verbogen, das Schloß zerstört. Das Gitter hing windschief an dem unteren Scharnier, das obere war abgerissen. Der Weg in den Bunker war frei.

Mit klopfendem Herzen zwängte ich mich durch das Eisengitter, der Willi hinterher. Mit der Taschenlampe leuchtete ich nach rechts in den dunklen Gang. Er fiel wie eine dunkle Höhle direkt hinter dem Gitter einige Meter nach rechts ab. Der Boden war voller Steine und Pfützen.

Der Lichtstrahl fiel auf eine feuchte, dunkle Ziegelsteinwand. Hinten bog der Gang scharf nach links, und da war sie, die Ecke, die allergefährlichste Stelle des ganzen Bunkers. Die Rattenekke. Wir lauschten. Es plätscherte leise, und irgendwo fielen Tropfen auf den Boden. Das Klatschen hallte durch die Höhle.

Wir tasteten uns vorsichtig voran, Meter um Meter, immer näher auf die Ecke zu. Der Willi ging hinter mir und hatte seine Hand auf meine Schulter gelegt. »Sollen wir besser die Taschenlampe ausmachen, Thomas? Dann sieht uns der Rattenkönig vielleicht nicht.«

Ich knipste die Taschenlampe aus und erstarrte. Vor uns war es vollkommen dunkel, nur hinter uns drang etwas Licht durch den Eingang. Sofort knipste ich die Lampe wieder an.

Schon weit vor der Ecke tastete ich mich ganz eng an der linken, feuchten Ziegelwand entlang. Ich fühlte am ganzen Körper eine Gänsehaut und ging auf Zehenspitzen. Und ich war heilfroh, daß ich heute morgen überhaupt Schuhe angezogen hatte. Wer weiß, wie sonst meine nackten Füße angeknabbert würden. Die Hand vom Willi krallte sich tief in meine Schulter.

Schließlich erreichten wir, eng an die Wand gezwängt, die Ecke. Ich sah starr geradeaus. Jetzt bloß nicht nach rechts gukken. Zwei Meter noch, und wir hatten die Rattenecke geschafft. Gott sei Dank.

Vor uns fiel der Gang noch einige Meter ab, dahinter öffnete er sich. Die Taschenlampe beleuchtete einen unterirdischen See. Das war der eigentliche Bunkerraum. Der stand knietief unter Wasser. Entlang den feuchten Wänden ragten wackelige Holzbänke aus dem Wasser, wie ein unregelmäßiger Ring. Kurz vor den Bänken mußten wir ein kleines Stück durch das seichte Wasser waten, und meine Schuhe wurden naß.

Ich stieg auf die erste Bank, sie wackelte bedenklich. Ich traute mich nicht, mich zu bewegen. Der Willi hatte meine Schulter jetzt losgelassen. Noch immer hatten wir nicht ein einziges Wort geflüstert.

Dann trat ich auf die nächste Bank. Auch sie wackelte ein wenig, kippte aber nicht um. Ich leuchtete auf die sich kräuselnde Wasseroberfläche. Keine einzige Wasserratte war zu sehen. Die lauerten wohl auf dem Bunkerboden, unter Wasser.

So wagten wir uns immer tiefer in den unheimlichen Bunkerraum hinein. Immer tiefer.

Und dann sah ich ihn.

Ganz plötzlich war der Rattenkönig im Schein meiner Taschenlampe aufgetaucht, hatte mich mit leuchtenden Augen angestarrt, war dann genauso schnell wieder verschwunden.

Hatte ich mich geirrt? Waren seine Augen vielleicht nur die Lichtpunkte meiner Taschenlampe da auf dem Wasser?

Ich wollte gerade weitergehen, da erschien er wieder. Ganz deutlich, da hinten, kurz bevor der Schein der Taschenlampe endete.

Ich sah seine stechenden Augen unter der Wasseroberfläche wie zwei schwebende, glitzernde Blätter, sah, wie sich im Wasser seine funkelnden Zähne bewegten, langsam und gelassen, sah, wie sein Kopf etwas nach links glitt, schattenhaft, wie sich seine Arme mit den schillernden Krallen ausbreiteten. Seine Augen und seine Zähne zerflossen unter der Wasseroberfläche, als wären sie unwirklich.

Ich konnte mich nicht mehr bewegen. Der Schein der Taschenlampe tänzelte auf der Wasseroberfläche schnell hin und her, weil meine Hand so zitterte. Jetzt gab es nur noch eins: Nur schnell raus hier.

Ich stürzte über die wackeligen Bretter, zurück zum Bunkergang. Alles rauschte um mich herum. Der Willi schrie etwas, ich verstand aber nichts, weil ich dieses dröhnende Rauschen in den Ohren hatte. Mit hohlem Poltern fiel die Bank um, als ich mit meinem Schienbein dagegen stieß. Das tat aber überhaupt nicht weh. Die letzten Meter platschte ich durch das knietiefe Wasser, immer bemüht, beim Rennen meine Füße möglichst hoch aus dem Wasser zu heben. Über dem Wasser waren meine Füße wenigstens eine Zeitlang vor dem Rattenkönig sicher. Ich rannte um mein Leben.

Ich zitterte noch, nachdem ich schon längst durch das verrostete Eingangsgitter geklettert war und wieder auf dem Johann-Strauß-Weg stand. Und erst jetzt bemerkte ich, daß mein Schienbein blutete. Der Rattenkönig hatte mich erwischt!

Als ich an diesem Abend nach Hause kam, saß die Frau Munka mit meinen Eltern auf dem grünen Sofa. Und sie erzählten, wie sie bei den Bombenangriffen fast jede Nacht im Bunker gemeinsam gezittert und gebebt hatten.

»Was ist denn mit deinem Schienbein passiert, Thomas?« fragte meine Mutter plötzlich.

»Ich war im Bunker. Da hat mich der Rattenkönig gebissen. Aber nur am Bein. Dann ist er abgehauen. Sonst ... sonst hätte ich den verkloppt.«

»Hat der aber Schwein gehabt.« Mein Vater steckte sich eine Zigarre an.

»In dem Bunker hast du als kleines Baby fast jeden Tag gesessen«, erinnerte sich meine Mutter.

»War da auch schon der Rattenkönig drin?«

»Nee, damals noch nicht.«

»War schon eine schlimme Zeit damals«, erinnerte sich die Frau Munka. »Und alles ohne Mann, du warst ja tagsüber in einem anderen Bunker, ne, Alwis?«

»Ja, Elfriede, da bei Ruhrstahl«, nickte mein Vater.

»Aber einmal warst du auch tagsüber dabei, weißt du noch, Alwis?« Meine Mutter sah meinen Vater an.

Der blies den hellblauen Rauch seiner Zigarre in die Luft und nickte. »Und ob ich das noch weiß!«

»Also, mußt du dir mal vorstellen, Elfriede. Auf einmal steht der Alwis vor der Tür. Warum der ausgerechnet an diesem Mittag von Ruhrstahl nach Hause kommt, weiß ich bis heute noch nicht. Wir lachen noch so. Hat alles so seine Vorteile, selbst der Krieg. Fällt gar nicht auf, wenn einer mal weggeht von der Arbeit. Und auf einmal heulen die Sirenen. Luftalarm.«

Ich zwängte mich zwischen Frau Munka und meinen Vater. Als meine Mutter weitererzählte, wagte ich kaum zu atmen.

»Ich schnapp mir sofort den Thomas, und wir rennen zum Johann-Strauß-Weg, der Alwis hinterher. In den Bunker. Eine Zeitlang ist es mucksmäuschenstill im Bunker, nur die alte Wolf brabbelt so vor sich hin. Dann kommen die Einschläge. Erst ganz leise, dann immer lauter, immer näher. Zuletzt dröhnt es so laut in unseren Ohren, daß wir alle unsere Köpfe einziehen. Die alte Wolf hält sich sogar die Ohren zu und schreit wie am Spieß. Ihr Mann kann sie gar nicht beruhigen. Nur unser Thomas, der schläft.«

Mein Vater nickte nachdenklich und legte seine Zigarre in den Aschenbecher. »Ich war an dem Tag eigentlich im falschen Bunker, hast du schon recht, Elfriede. Wir mußten ja immer in den Ruhrstahl-Bunker, da auf der Ückendorfer Straße. Na ja, nach dem Angriff gehen wir zurück zu unserem Haus, ich seh, alles steht noch und mach mich auf den Weg nach Ruhrstahl. Ich bin noch nicht ganz auf der Karl-Meyer-Straße, da seh ich schon dicke, schwarze Rauchwolken aufsteigen.«

Mein Vater zog bedächtig an seiner Zigarre. »Richtig schwarzer Qualm, der wird immer dichter. Ich denk noch so, der Ami wird doch wohl nicht Ruhrstahl getroffen haben. Da kommt mir auch schon ein Kollege, der Kreisler, entgegengerannt. Der ist ganz blaß, sieht mich und starrt mich an wie nen Geist. Der Alwis, ruft er, der Alwis. Du lebst ja! Der kreischt richtig, der Kreisler.«

Mein Vater räusperte sich, bevor er weitererzählte: »Wieso? frag ich, was ist denn los? Da fängt der Kreisler an zu heulen, wie son Kind. Ja, hast du denn noch nichts mitgekriegt? Daß du noch lebst, nee, daß du noch lebst. Hast du 'n Glück gehabt, Alwis, nee, Alwis, so was von Glück.«

Meine Mutter schüttete der Frau Munka eine neue Tasse Kaffee ein und erzählte dann weiter: »Der Ami hat genau den Bunker auf der Ückendorfer Straße getroffen, den Ruhrstahl-Bunker, da, wo der Alwis eigentlich drin gewesen wäre. Volltreffer. Da war nicht mehr viel übrig, von dem Bunker. Gar nichts, alles Trümmer, ne, Alwis?«

»Kann man wohl sagen, riesige Betonbrocken waren ineinandergestürzt. Überall verkohlte Stahlträger, alles voller beißendem Qualm. Da kamen einem richtig die Tränen. Man konnte kaum was erkennen.«

»Sind ja auch viele in den Trümmern umgekommen, fast alle Arbeitskollegen vom Alwis. Alles so junge Kerle.«

»Ja, fast alle.« Mein Vater strich sich über sein Kinn. »Aber dann geschah doch noch so was wie ein Wunder. Wir hatten schon den ganzen Nachmittag gebuddelt, bis zum Abend. Alle Arbeiter vom Gußstahlwerk, ein Suchtrupp vom Volkssturm war angerückt, auch alle Fremdarbeiter. Aber eigentlich hatte schon keiner von uns mehr dran geglaubt, daß da im Bunker noch irgendeine Menschenseele leben könnte, das war doch nur noch 'n einziger Trümmerhaufen. Da schreit plötzlich einer vom Suchtrupp ganz aufgeregt: Seid mal alle ruhig, ich glaub, da hat einer geklopft. Sofort ist alles totenstill. Und tatsächlich, nach einiger Zeit hört man son regelmäßiges Klopfen, ganz leise und ganz dumpf. Und der Suchtrupp hat sich dann durchgebuddelt durch den Bunker, immer dem Klopfen nach, ganz vorsichtig. Konnte ja jede Sekunde weiter einstürzen, der Bunker. Und tatsächlich, die haben dann noch einige lebend rausgeholt. Gott sei Dank. Den Hannes hab ich noch selber mit rausgezogen. Als er den Mond sah, hat er die Hände über das Gesicht geschlagen und vor Erleichterung und Dankbarkeit geheult.«

Ich merkte plötzlich, wie mir mein Daumen wehtat. Den hatten meine anderen Finger fast zerquetscht.

»Der Hannes hat mir später erzählt, daß sie da unter einen Balken gekrochen sind, und der muß wohl das Schlimmste abgehalten haben. Die haben da den ganzen Tag gelegen, wie in soner Höhle, rundherum alles Schutt und Geröll und rabenschwarze Finsternis. Aber viele waren tot.« Mein Vater sprach jetzt ganz leise: »Muß man sich mal vorstellen, in der Frühstückspause sitzen wir noch zusammen, machen noch unsere Witze, der Herbert erzählt noch von seiner Hochzeit. Am Mittag sind alle tot. Was Schlimmeres hab ich noch nicht erlebt.«

»Waren ja auch viele Russen dabei, ne? Fremdarbeiter?« fragte die Frau Munka.

»Nein, die Russen nicht. Die durften ja gar nicht in den Bunker, die mußten immer draußen bleiben. Die armen Schweine. Die haben jedesmal gezittert und gebebt. Bei jedem Fliegeralarm.«

»Wärst du jetzt auch tot, wenn du da geblieben wärst, Papa?«

»Ganz bestimmt.«

Ich riß meine Augen weit auf. Jetzt bloß nicht anfangen zu heulen.

Ich sah, wie meine Mutter sich mit dem Handrücken über ihre Augen wischte, doch dann zog sie mich auf ihren Schoß. »Aber da muß der Schutzengel dem Papa leise ins Ohr geflüstert haben, der soll doch mal schnell nach Hause kommen, zu seinem Thomas.«

Da würde er sich aber freuen, der Papa-Schutzengel, daß mein Vater so nett von ihm erzählt hatte. Der hörte ja alles, was wir hier so sprachen.

Ich dachte so an meinen eigenen Schutzengel, den man überhaupt nicht sehen konnte, der aber immer seine Flügel über mich hielt. Der hatte ja wohl auch so eine Tarnkappe auf wie der Siegfried. Und so ein Schutzengel, der war schon was ganz Beruhigendes. Schon damals, als die Heidi mich mit der Schüppe getroffen hatte, ganz knapp am Auge vorbei. Und heute erst, im Bunker. Als der Rattenkönig mich ins Bein gebissen hatte, hat mein Schutzengel den bestimmt achtkantig durch den ganzen Bunker geschleudert. Ohne meinen Schutzengel hätte mich der Rattenkönig bestimmt mit Haut und Haaren aufgefressen.

13. Kapitel

Von einer langweiligen Taufe mit einem kleinen und einer puppenlustigen mit einem großen Mann

»Nee, wie goldig! Son goldiges Püperchen! Nee, Alwine, son unschuldiges Bündel Etwas.«

Mit einem glückseligen Lächeln beugte sich die Tante Maria tief in den weißen Kinderwagen, drehte unentwegt ihre dicke Hand hin und her, bammelte spitzbübisch mit ihrer Zunge über ihre Lippen und rief ganz hell: »Du-dudududu, du-dudududu«, als wolle sie meinen Bruder Martin haschen. Der Martin, der gerade mit seinem goldigen Püperchen die Tante Maria so sehr in Verzückung gebracht hatte, verzog das Gesicht und fing laut an zu schreien.

Goldig? Goldiges Püperchen? Jetzt war die Tante Maria tatsächlich übergeschnappt. In Wirklichkeit sah der Martin nämlich ganz verschrumpelt aus und hatte überhaupt keine Haare. Außerdem schrie er am laufenden Band wie ein kratzbürstiger Kater.

Der Martin war heute morgen getauft worden, mit lautem Geschrei natürlich. Dabei war sein Schrumpelkopf ganz rot vor Anstrengung geworden. Am Nachmittag saßen dann alle Verwandten und Nachbarn bei uns. Und ich mußte mir die ganze Zeit ihre Begeisterungsausbrüche anhören: »Nee, wie goldig« und »Freust du dich denn auch so über dein Brüderlein, du freust dich sicher auch über dein Brüderlein, Thomas« und »Hat der Klapperstorch aber ein wunder-wunderschönes Brüderchen ausgesucht«.

Ich aber wurde den Verdacht nicht los, daß der Klapperstorch sich ganz bewußt das verschrumpeltste Kind auf der ganzen Himmelswiese ausgesucht hatte.

Hoffentlich ging das Theater bei dem Martin nicht genauso los wie damals bei meiner Schwester Maria. Die war jetzt zwei Jahre alt und saß gerade bei meiner Mutter auf dem Schoß. In der ersten Zeit hatte es für meine Eltern nur noch »Mariaken hier« und »Mariaken da« gegeben. Nicht zum Aushalten. Darum hatte ich sie ja schon mal mit einem Kochlöffel verhauen wollen. Das hatte meine Mutter aber im letzten Moment verhindert.

Mit der Zeit allerdings gewöhnte ich mich an das Getue und an die Maria. Und wenn ich mal auf sie aufpassen mußte, hat mir das schließlich überhaupt nichts ausgemacht. Im Gegenteil. Der Kinderwagen, rund und weiß und aus Korbgeflecht, kam meiner Vorstellung von einem Auto schon ziemlich nahe. Die Stange zum Kinderwagenschieben war für mich der Lenker meines Autos. Wenn man in rasend schneller Fahrt an der linken Seite des Lenkers zog und rechts drückte, machte das Kinderwagen-Auto eine scharfe Linkskurve. Maria kullerte dann nach rechts und quietschte dabei vor Vergnügen.

Zum Quietschen konnte ich die Maria auch mit der Laute meiner Mutter bringen. Da brauchte ich nur mal einen Ton zupfen und dabei mit dem Finger von außen nach innen über eine Saite fahren, so daß der tiefe Ton immer heller wurde. Wenn ich dann meine Augen verdrehte wie der Hans-Hermann und der Maria sagte, daß sie da eben »Den rrrollenden Furrrz auf derrr Garrrrdinestange« gehört hatte, dann quietschte sie auch. Ganz automatisch.

Irgendwann hatte mich meine Mutter gefragt, ob ich denn wohl noch mal ein Brüderchen oder Schwesterchen haben wollte wie die Maria. An sich hatte ich nichts dagegen, vom Hocker gerissen hat mich ihr Vorschlag allerdings nicht.

Meine Mutter erklärte mir, wie das ging, das Brüderchen oder Schwesterchen bekommen: »Dann mußt du Zucker auf die Fensterbank streuen. Den sieht der Klapperstorch und sagt sich: Aha, da will jemand ein Brüderchen oder Schwesterchen und kommt dann mit einem Baby im Schnabel angeflogen.«

Von nun an streute ich täglich Zucker auf die Fensterbank. Aber kein Klapperstorch ließ sich je sehen.

Meine Mutter und ich rätselten schon, ob er vielleicht zu viel zu tun hätte und darum den Zucker nicht entdeckte. Da fiel es meiner Mutter schließlich wie Schuppen von den Augen: Es mußte Kölner Zucker sein. Der würde den Klapperstorch anlokken. Den gab es aber nicht so einfach nebenan bei Bopps, da mußte meine Mutter schon nach Köln fahren. Also besorgte sie sich in Köln den Zucker, und tatsächlich, vor einer Woche hatte der Klapperstorch den Martin gebracht.

Den Klapperstorch selbst habe ich allerdings verpaßt.

Und jetzt ging das Getue meiner Eltern von neuem los.

Aber das würde ich auch noch überstehen. Na ja, und so lustig wie jetzt mit der Maria, so lustig konnte es mit dem kleinen Schrumpelkopf ja auch noch irgendwann werden.

Beim Abendessen wurden fünf Heringe aufgetischt, und die teilten mein Vater und der Opa brüderlich untereinander auf.

»Komm, du kriegst jetzt den Kopf und den Schwanz und ich die Mitte«, meinte mein Vater.

»Jau, Alwis.«

Beide aßen genüßlich, mein Vater die Mitte, der Opa den Kopf und den Schwanz.

»So, Franz, vorhin hab ich die Mitte gekriegt, dafür kriegst du jetzt den Kopf und den Schwanz.«

»Jau, Alwis.«

Und wieder aßen beide genüßlich.

Alle fingen jetzt plötzlich johlend an zu lachen, nur der Opa nicht, mein Vater nicht und auch wir Kinder nicht.

»So, gerade hast du den Kopf und den Schwanz gekriegt, jetzt krieg ich die Mitte.«

»Jau, Alwis.«

Nach dem vierten Aufteilen hatten auch wir Kinder den Trick durchschaut und johlten mit.

Nach dem Essen sah mich mein Opa so komisch an und fragte, ob ich nicht mal meine eigene Taufe vorführen wollte, die ganz besondere Taufe.

»Welche Taufe?«

»Den Zaubertrick, seggen wi mal, den äh ..., den äh ..., den mit dem Water?«

Ich sah den Opa ungläubig an. »Darf ich wirklich?«

»Jo, jo,« schmunzelte der Opa. »Der kriegt denn ouk 'n ornlichen Namen, der Trick. Seggen wi mol, die Mama-Taufe, oder die Papa-Taufe, oder die Oma-Taufe oder die ...«, der Opa überlegte gründlich und sah Herrn Munka an. »Oder die äh ... äh ... die Munka-Taufe!«

Herr Munka war sofort Feuer und Flamme. Er sprang vom grünen Sofa hoch, zeigte wie in der Schule auf, rief: »Munka-Taufe ist gut. Die ist verdammt gut. Die Munka-Taufe machen wir«, und zwinkerte allen Erwachsenen zu.

Und ich war begeistert, dem Herrn Munka endlich unseren lustigen Zaubertrick vorführen zu können. »Ich kann dir ein volles Glas Wasser über den Kopf schütten, ohne daß du naß wirst!« Ich füllte ein Glas bis zum Rand mit Wasser.

»Dann schrei ich aber wie der Martin heute morgen bei der Taufe«, ulkte Herr Munka und verschluckte sich vor Lachen. »Quatsch«, meinte er, als er wieder sprechen konnte, »kannste einem erzählen, der den Fischen Heu zu fressen gibt. Nee, nee, kannst du nicht, den Trick.«

»Kann ich aber doch. Hat der Opa mir gezeigt.«

Herr Munka wieherte: »Na, dann mach mal. Man hat ja schon Pferde kotzen sehen, genau vor der Apotheke.« Er sah alle Erwachsenen der Reihe nach voller Erwartung an.

Und alle Erwachsenen beobachteten uns jetzt gespannt.

Ich besah mir noch mal den Herrn Munka da auf dem Sofa und sah sicherheitshalber noch mal meinen Opa an. Der nickte. Dann ging ich auf Herrn Munka zu, hob das Glas über seinen Kopf und gluckste vor diebischer Freude, daß ich beinahe das Wasser verschüttet hätte. Und nun, als der Herr Munka sein »Auf in den Kampf, Torero« losbölkte, nun traute ich mich.

»Hokus-pokus-verschwindikus.«

Ich schüttete ihm das ganze, schöne, volle Glas Wasser von oben ganz langsam über seinen Kopf.

»Öh – öh –! Ach du Deiwel, Trick mißglückt!«

Eigentlich hatte mir der Opa beigebracht, beim »Trick mißglückt« ganz erstaunt zu gucken. Aber als ich jetzt den Herrn Munka vor mir sitzen sah, konnte ich mich nicht mehr halten vor Lachen. Das Wasser rann ihm in munteren Bächlein über den Hinterkopf in den Nacken, machte richtige Täler in seine Haare, seine Stirn war kletschnaß.

Herr Munka verzog nach einiger Zeit seinen Mund zu einem säuerlichen Grinsen. Einen Spruch hatte er diesmal nicht auf Lager. Dann lachte auch der Opa laut los, schließlich alle anderen.

Nur die Oma stemmte die Arme in ihre Hüften. »De is un bliewt 'n Döskopp, de Opa. Je öller, je döller.«

Als es draußen dunkel wurde, stand der Opa auf, sah mich an und meinte: »Ick häv mol widder son Düwelswerkzeug mitgebracht.«

Da boxte ich vor Freude meine Fäuste gegeneinander, denn ich wußte, was jetzt kam. Der Opa hatte seine Teufelsgeige mitgebracht. Die Teufelsgeige war ein Besenstiel, oben schlugen zwei Topfdeckel aufeinander, am Stiel waren zwei Saiten und eine Fahrradklingel befestigt, ganz oben thronte ein Teufelskopf aus dem alten Kasperletheater vom Klaus.

Und mit der Teufelsgeige zogen wir dann los. Mit allen Erwachsenen in einer lauten Prozession die Treppen zum Hof hinunter, dann durch die ganze Schemannstraße. Die anderen Kinder mit zwei Topfdeckeln, ich mit Topfdeckeln und meiner Trillerpfeife. Und wir Kinder waren dabei immer vorneweg neben dem Opa mit seiner Teufelsgeige, die einen so herrlichen Krach machen konnte. Dabei sang ich ausgelassen und voller Hingabe alle Lieder mit, die ich ja schon längst von früheren Teufelsgeigen-Prozessionen kannte.

Am allerschönsten von uns allen sang die Tante Maria. Bei »Der Mai ist gekommen« allerdings passierte ihr das Mißgeschick. Denn genau zwischen »Der Mai« und »ist gekommen« entfuhr ihr ganz unvermutet, dafür aber laut und vernehmlich, ein Rülpser.

Der Opa stieß darauf die Teufelsgeige dreimal krachend auf den Boden und meinte: »Leck mi in de Täsch.«

Mein Vater grinste Tante Maria mitfühlend an. »Ach, Maria, hast du 'n Bäuerchen gemacht?«

Damit hatte er sie wohl aufs Tiefste gekränkt. »Mein lieber Alwis, wenn du meine Schmerzen hättest.«

Die Tante Maria war nämlich leidend. Gallenleidend. Und damit sehr in ihrer Befindlichkeit gestört. Das erzählte sie jedem.

Und der Opa murmelte vor sich hin: »En goldiges Bäuerchen!«

Ich aber vergaß in keinem Moment, die Topfdeckel auch kräftig gegeneinanderzuschlagen, wenn der Opa mit der Teufelsgeige mal wieder krachend auf den Boden stieß.

14. Kapitel

Von der Erschaffung der Welt auf katholisch und evangelisch und wie man selbst in eine Fronleichnams-Prozession noch Spannung bringen kann

An einem Sonntagmorgen kurz nach Pfingsten konnte ich den Hans-Hermann endlich dazu überreden, mit mir in unsere Kirche zu gehen. Da sollte er mal erleben, wie feierlich es doch bei uns Katholischen zuging. Und vielleicht würde der Pastor Schieferecke während seiner Predigt dem Hans-Hermann ja so einiges von der Entstehung der Welt oder von Adam und Eva erklären. Ohne große Vorwürfe, nur so.

Der war ja wirklich in Ordnung, der Hans-Hermann. Doch daß einer, der schon soviel Ahnung hatte, noch auf die ulkigen Märchen reinfiel, die man ihm in der evangelischen Schule beigebracht hatte!

So glaubte der Hans-Hermann unerschütterlich daran, daß die Erde zuerst aus Gas, dann flüssig und zum Schluß aus Stein war. Wie dabei die Berge entstanden sind, wollte er mir dann auch noch mit seinem Taschentuch vormachen.

Oder seine Affengeschichte: »Ganz früher waren alle Menschen Affen. Hat son Engländer rausgefunden.« Als wenn der Engländer damals dabei gewesen wäre. Das war nämlich bestimmt schon viele hundert oder sogar schon tausend Jahre her.

Der Hans-Hermann blieb bei seiner Gas-Erde und seinen Affenmenschen. Da half auch kein Hinweis auf Adam und Eva oder den lieben Gott, der am ersten Tag die Erde, später den Adam geformt und sich am siebten Tag ausgeruht und damit den Sonntag erfunden hatte.

Natürlich war ich diesmal in der Kirche ganz besonders fromm, wo doch der Hans-Hermann neben mir stand.

Und natürlich hatte ich ihm auch kein Wort davon erzählt, daß die Messen für mich eigentlich stinklangweilig waren. Und daß man schon ein wenig erfinderisch sein mußte in der Messe, in der man ja noch nicht einmal sprechen, sondern nur flüstern durfte und die bunten Kirchenfenster mittlerweile schon in- und auswendig kannte. Darum hatte ich ein Spiel erfunden, das ich auch jetzt wieder spielen konnte, ohne daß es irgendeinem auffiel, noch nicht einmal dem Hans-Hermann. Meine Fingernägel waren kleine Autos, die auf den Kirchenbänken genau entlang der Holzmaserung fuhren. Waren die Autos mehrere Male durch so eine Holzmaserungsstraße gefahren, war die bald tief zerfurcht.

Das alles behielt ich natürlich schön für mich.

Aber schon nach kurzer Zeit überkam mich das, wovor ich schon die ganze Zeit Angst gehabt hatte. Die wohlbekannten, unerklärlichen, fast zwanghaften Lachkrämpfe. Die überkamen mich aber weder vor noch nach der Messe, sondern grundsätzlich jedesmal während der Messe.

Und jetzt, wo ich den Hans-Hermann mitgelotst hatte, jetzt wurden die Anfälle buchstäblich zur Marter.

Schnell hatte ich nämlich erkannt, daß er mir alles nachzumachen versuchte: Knien, Aufstehen, Hände vor die Brust schlagen. Klar, so was kannten die Evangelischen natürlich auch mal wieder nicht. Und so ergab es sich ganz automatisch, daß ich ihn ohne große Mühe mal zum Knien und mal zum Hinsetzten verleiten konnte.

Ich beugte mich nur leicht nach vorne, als würde ich mich jetzt hinknien. Der Hans-Hermann kniete nieder, blickte sich verstohlen um, sah, daß alle andern noch standen, und stand dann hastig wieder auf. Dabei guckte er mich wütend an, achtete aber zugleich wie ein Luchs darauf, was ich wohl als nächstes machen würde. Daraufhin hob ich meine Hand zum Kreuzzeichen und kratzte meinen Kopf. Der Hans-Hermann auch. Ich senkte meinen Hintern etwas, und der Hans-Hermann setzte sich auf die Bank. Als er merkte, daß er als einziger in der großen Kirche saß, sprang er wieder hoch, wie von einer Feder geschnellt. »Du Blödmann«, zischte er mir zu. In der Kirche!

Selbst bei der Predigt, wo man sitzen durfte, ging das Spiel weiter. Ich riß meinen Mund sperrangelweit auf, da war der vom Hans-Hermann nach kurzer Zeit auch sperrangelweit auf. Und als ich zum Schluß meinen Arm im Takt hob und senkte wie ein Dirigent, hob und senkte der Hans-Hermann seinen Arm ebenfalls. Alles einen kleinen Augenblick später als ich. Während der ganzen Zeit mußte ich meine Zähne fest aufeinanderpressen, um nicht laut rauszuplatzen. Daß meine Schultern sich dabei ununterbrochen rhythmisch rauf- und runterbewegten, konnte ich allerdings nicht verhindern. Und das Komische war, daß der Hans-Hermann mir auch das nachmachte! Auch seine Schulter zuckte jetzt rauf und runter, ab und zu kam ein gepreßtes, ganz hohes »Mmmhh, mmmhh« aus seinem Mund. Auch ich mußte jetzt ununterbrochen piepsen. Und gemeinsam zuckten unsere Schultern auf und ab, bis die Messe zu Ende war. Ein gemeinschaftliches katholisch-evangelisches Zucken.

Trotzdem, zufrieden konnte ich ganz und gar nicht sein. Die Geschichte von dem armen Lazarus, die der Pfarrer Schieferekke in seiner Predigt erzählt hatte, war ja nicht schlecht. Nur, daß der Liebe Gott die Welt geformt hat und daß Adam und Eva keine Affen waren, darüber hat er den Hans-Hermann mit keiner Silbe aufgeklärt.

Zu Beginn des dritten Schuljahres gingen der Klaus und ich gemeinsam mit der Fronleichnams-Prozession. An so einem Feiertag konnte man ganz genau mitkriegen, wer von den Nachbarn denn nun katholisch war. Die Evangelischen, die feierten nämlich überhaupt kein Fronleichnam. Die fuhren an Fronleichnam extra mit ihren Mistkarren durch die Straßen. Nur um uns zu ärgern. Das hatte mir der Hans-Hermann mal erzählt.

Auf dem Weg von unserer Kirche zum Sportplatz sahen wir überall bunte Fahnen aus den Fenstern hängen. Die Fahnen waren halb weiß, halb gelb oder rot oder blau, die weißen und die bunten Seiten hatten unten Spitzen mit einem Bommel. Und überall standen hellgrüne Birkenzweige am Straßenrand, auch vor unserem Haus. Die waren von mir. Mein Vater hatte mir nämlich seinen Fuchsschwanz in die Hand gedrückt, »Na, denn mal los, Thomas« gesagt, und ich hatte die Birkenzweige in unserem Hof absägen dürfen, ganz alleine.

Als wir an unserem Haus vorbeikamen, stand da der Hans-Hermann. Ich machte also ein frommes Gesicht und faltete die Hände richtig katholisch, die Innenseiten schön gerade aneinander gelegt, die Daumen gekreuzt wie auf dem Bild im Wohnzimmer von Munka. Und komischerweise mußte ich überhaupt nicht lachen, obwohl der Klaus neben mir ging. Daß mich der Hans-Hermann so fromm hinter dem Baldachin herwandeln sah, machte mich schon etwas stolz. Und vielleicht dachte der ja auch: Mensch, der Thomas, der ist so schön fromm, der singt so schön die katholischen Lieder, der lacht überhaupt nicht; vielleicht sollte ich auch katholisch werden.

Auf unserem Sportplatz gingen der Pfarrer Schieferecke, die Baldachinträger, die Meßdiener und der Kirchenchor die breiten Stufen zum weißen Kreuz auf der Anhöhe rauf. Der Baldachin wurde in die Ecke gestellt, die Meßdiener bimmelten, und der Pfarrer Schieferecke hob die Monstranz.

Und obwohl das Ganze ja eigentlich eine Messe war, war es für den Klaus und mich hier viel interessanter als in unserer Kirche, überhaupt nicht langweilig. Wir konnten auf dem Sportplatz sprechen und rumlaufen, das machten die Erwachsenen ja auch. Und als der Pfarrer Schieferecke sein »Dominus vobiscum« runterleierte, konnte ich dem Klaus in aller Seelenruhe den Witz vom kleinen Dominus erzählen, der Brötchen holen sollte, statt beim Bäcker aber versehentlich in der Kirche gelandet war und beim »Dominus vobis du« laut aufschrie: »Hier, ich soll für fünfzig Pfennig Brötchen holen!«

Nach der Predigt versammelte sich der Kirchenchor um das Kreuz und sang »Oh, Haupt voll Blut und Wunden«. Dabei brauchten die gar nicht zu schreien, die sangen ganz normal, und ihr Gesang erscholl trotzdem über den ganzen Sportplatz. Man konnte sogar ihre Stimmen unterscheiden.

Wir entdeckten dann, wo der Gesang vom Chor herkam, nämlich aus dem riesigen schwarzen Klotz rechts neben der Treppe.

»Die singen in son Mikrofon. Komisch, ne Klaus?«

»Jau, wenn du oben reinsprichst, kommt deine Stimme hier unten wieder raus. Nur viel, viel lauter.«

»Meine Stimme?«

»Nee, ich mein ja nur, die vom Chor.«

»Meine aber auch.«

»Meinetwegen.«

»Willst du mal hören?«

»Was?«

»Meine Stimme.«

»Hör ich doch.«

»Aber nicht durch das Mikrofon.«

Da ging ein Strahlen der Erkenntnis über das Gesicht vom Klaus. »Sollen wir mal?«

»Jau.«

Der Chor begann gerade ein neues Lied von Jesus, der dreiunddreißig Jahr im Fleisch gehorsam war.

»Dann halt mal dein Ohr an den Kasten. Mal sehen, ob du gleich was hörst.«

Der Klaus schüttelte vor Begeisterung seine Fäuste und legte andächtig sein Ohr an den schwarzen Kasten.

Ich schlich mich rechts neben der Treppe den Hügel rauf und schlenderte unauffällig unter das große Kreuz. Links von mir stand das Mikrofon, rechts von mir sang der Chor, mittendrin die Frau Munka. Die sah mich, winkte mir beim Singen freundlich zu. Ich nickte und lächelte treuherzig zurück. Alle anderen vom Chor starrten auf die Arme ihres Dirigenten und sangen hingebungsvoll. Und ich stand nur noch einen Meter vom Mikrofon entfernt.

Die vielen Leute unten auf dem Sportplatz beachteten mich gar nicht. Die meinten wohl alle, ich müßte hier stehen. Nur den Klaus konnte ich nicht sehen, denn der war ja mit seinem Ohr ganz nah an den schwarzen Kasten gekrochen. Jetzt mußte ich natürlich auf der Hut sein. Nicht daß noch einer ankam und mich fragte, was ich denn hier oben wohl zu suchen hätte.

Ich sah mich noch einmal verstohlen zu dem Chor um. Die Frau Munka lächelte mich wieder freundlich an. Ich nickte freundlich zurück. Und in der Zwischenzeit war ich genau unter dem Mikrofon angekommen, in ganz kleinen Schritten. Ich mußte den Kopf heben, um meinen Mund vor das Mikrofon zu bekommen, denn die Stange mit dem Mikrofon war größer als ich.

Eigentlich brauchte ich jetzt nur noch zu brüllen.

Aber wenn ich wollte, konnte ich ja jetzt immer noch verschwinden, ganz einfach still und heimlich. Wer weiß, was die

Munka meiner Mutter erzählen würde?

Von wegen. Dann würde der Klaus nie im Leben erfahren, wie laut denn mein »Klaus« da unten aus der schwarzen Kiste herauskommen würde. Und ich auch nicht.

Ich holte tief Atem, starrte auf das Mikrofon.

»Klaus, Klaus!« brüllte ich los.

Auf einmal sang keiner mehr. Der ganze Sportplatz war still, mucksmäuschenstill. Die hatten aber nicht schlagartig aufgehört zu singen, die kamen genau bis »Und dreiunddreißig Jahr'«, dann ebbte der Gesang ab, wurde leiser und dumpfer wie beim Autorennen im Radio, wenn sich die Autos entfernten, und erstarb dann völlig. Und schließlich herrschte Totenstille auf dem ganzen Sportplatz. Und alle Erwachsenen da unten starrten mich an. Eine ganze Weile.

Ich kam wieder zu mir, als hinter mir jemand entgeistert »Aber Thomas!« rief und auf dem Sportplatz ein fassungsloses Raunen einsetzte.

Da rannte ich dann los, immer zwei Stufen auf einmal nehmend, rannte runter zum schwarzen Klotz, so schnell ich konnte. Und vor dem schwarzen Klotz hockte der Klaus. Der hatte sein Ohr noch immer andächtig am Lautsprecher. Sein Gesicht war ganz rot und ungläubig. Er stierte mich an, hatte richtig erschrockene Stielaugen.

Ich hörte, wie der Chor seinen Gesang wieder aufnahm. Er sang jetzt noch mal die ganze Strophe, die er vorhin mittendrin unterbrochen hatte.

Der Klaus grinste mich an, immer noch verdattert, immer noch rot. »Boh, war dat laut. Dat hasse über den ganzen Sportplatz gehört. Dat hat vielleicht gedröhnt. Über den ganzen Sportplatz. Die haben sogar aufgehört zu singen. Und ›Mensch, Thomas!‹ haben die gerufen. Konnteste ganz genau verstehen. Is über den ganzen Sportplatz geschallt!«

Oben im Chor aber stand die Frau Munka, ganz gerade. Sie sang jetzt nicht mehr mit, sondern blickte auf mich herunter. Und sie schüttelte immer noch ungläubig ihren Kopf.

15. Kapitel

Von gelben und braunen Pillen, von einem schönen Stuhlgang und einer Magdalene, die in den Mond gucken kann

»Na, dann paß aber bloß auf. Gehste am Meer entlang spazieren, stehste auf einmal bis zum Kinn im Wasser.« Der Hans-Hermann schnappte nach Luft, als wenn er kurz vor dem Ertrinken stände und erklärte mir Ebbe und Flut.

Ich hatte ihm erzählt, daß ich sofort im Anschluß an die großen Ferien ganz alleine nach Westerland fahren würde. Für sechs Wochen, von der Caritas. Damit ich dürrer Spinnewipp endlich mal zunehmen würde, damit man endlich nicht mehr durch meine Rippen das Vaterunser lesen konnte.

»Hast du ne Ahnung, Hans-Hermann, was es denn da wohl zu essen gibt? Auch Erbsensuppe oder Rindfleischsuppe oder Reibekuchen?«

Der Hans-Hermann schüttelte sich vor Lachen. »Das ist ne Insel, rundrum alles Wasser. Soweit du sehen kannst. Was meinst du denn, was es da wohl zu essen gibt?«

Mir rutschte das Herz in die Hose. »Vielleicht, äh ..., vielleicht äh ..., Fisch?«

»Nur Fisch, nix anderes. Schwimmt da doch in Unmengen durch die Gegend. Brauchen die doch nur mal die Hand ins Wasser zu strecken, schon haben sie son Fisch gefangen. Oder hast du schon mal Reibekuchen oder Erbsensuppe oder ne Kuh im Meer rumschwimmen sehen?«

Der Hans-Hermann wurde plötzlich ganz ernst und erklärte mir, daß die Westerländer am liebsten das Fleisch vom Hai essen würden. »Klar, ne? Vom Räuber der Meere. Da kann es schon mal passieren, daß du auf son Knochen beißt. Von 'nem Menschen, den der mal verspeist hat.«

Das waren ja schöne Aussichten.

»Du magst ja keinen Fisch, ne, Thomas?«

»Iiih! Nee!« Ich begann zu würgen.

»Gibt aber 'n ganz einfachen Trick. Sagst du einfach, du darfst überhaupt keinen Fisch essen. Hat der Doktor Sträter dir verboten. Kriegst du Pickel von. Oder du mußt brechen. Überhaupt, Tricks muß man da schon auf Lager haben.«

Als die großen Ferien zu Ende waren, brachten mich meine Eltern in den Zug, und ich fuhr in das Kinderheim Nordstrand nach Westerland, eisern entschlossen, all meine Tricks anzuwenden. Lustig würde das alles allerdings nicht werden. Gut, in die Schule brauchte ich die nächsten sechs Wochen nicht, aber was mir beim Mittagessen in Westerland alles so blühen würde? Wer weiß ...

Am ersten Morgen saß ich mit vielen Kindern im riesigen Speisesaal. Alle waren genauso dünn wie ich. Zum Glück gab es aber ganz normales Brot und ganz normale Milch zum Frühstück. Und keinen Fisch.

Nach dem Frühstück stellte sich ein Mädchen am Kopfende auf. Die war ungefähr so alt wie die blöde Marlies, nur viel dünner. »Ich bin die Magdalene, und ich werde euch die ganzen nächsten sechs Wochen betreuen. Aber damit ihr es wißt: Unartigkeiten dulde ich auf keinen Fall.« Dann legte sie jedem von uns eine große, braune Pille auf den Teller. »Die gibt's jetzt jeden Morgen. Die werden von jetzt an schön gelutscht. Die machen einen Bärenhunger. Dann staunen eure Eltern Bauklötze, wenn ihr wieder nach Hause kommt. Weil ihr dann alle schön dick und rund geworden seid.«

Dick und rund werden wollte ich ja auch. Also lutschte ich folgsam meine Pille. Die Schale schmeckte prima, ganz süß, so wie ein Klümpchen. Doch dann kam das Heimtückische. Kaum hatte ich die braune Schale abgelutscht, da spürte ich auch schon den beißenden Lebertran- und Fischgeschmack. Ich merkte, wie sich mein Magen zusammenzog und mußte würgen. Also steckte ich die matschige, eklige Masse still und heimlich in meine Hosentasche. Mein erster Trick.

Die braune Pille lauerte von nun an jeden Morgen hinterhältig auf meinem Frühstücksteller. Die lutschte ich dann immer brav ab, so ganz kurz, und steckte sie anschließend zu den anderen in die Hosentasche. Dabei paßte ich allerdings höllisch auf. Denn wehe, ich hatte sie versehentlich so lange im Mund gelassen, bis die Schale abgelutscht war: Kotz-kotz!

Mit der Zeit lernten wir dann die Magdalene genauer kennen!

»Nun stellt euch mal ordentlich in Zweierreihe auf!«

»Nun will ich aber keinen Mucks mehr hören!!«

»Immer schön in der Reihe bleiben, sonst ertrinkt ihr mir noch in der Nordsee!«

Dabei war hier am Kinderheim weit und breit von einer Nordsee nichts zu sehen.

Und »Laß dies nach!« und »Laß das nach!«. Das hieß soviel wie »Laß dies sein!« und »Laß das sein!«.

So ging das von morgens bis abends.

Und weil wir Kinder sie nicht ausstehen konnten, nannten wir sie heimlich »Macht-alleene«.

Damit wir alle auch tatsächlich schön dick und rund und erholt nach Hause fahren konnten, scheuchte uns die »Macht-alleene« nach jedem Mittagessen zum Mittagsschlaf in den Schlafsaal. Und paßte auf wie ein Luchs.

»Keinen Mucks will ich jetzt mehr hören!«

»Und gezappelt wird nicht im Bett!«

»Jetzt wird geschlafen. Augen zu!«

Und das jeden Tag.

Eines war mir schon vor jedem Mittagsschlaf sonnenklar. Ich würde noch nicht richtig im Bett liegen, da würden meine Ohren, meine Nase oder meine Haare anfangen zu jucken. Zuerst ganz harmlos, kaum wahrnehmbar. Doch das Jucken würde stärker werden. Stärker und stärker. Nicht mehr zum Aushalten. Und was bei meinem ersten Kratzversuch passieren würde, war mir genau bekannt. »Das nennst du schlafen? Wer hat dir denn überhaupt erlaubt, dich zu bewegen? Nu laß das sofort nach, sonst ...!«

Also mein zweiter Trick:

»Macht-all...? Magdalene? Ich muß mal aufs Klo!«

»Unsinn, jetzt wird geschlafen!«

»Dann, – dann muß ich aber ins Bett machen!«

»Untersteh dich. Na gut, dann geh mal.«

Dank meines zweiten Tricks verbrachte ich von nun an jeden Mittagsschlaf auf der Toilette. Da konnte ich mich dann ganz normal bewegen, die Arme recken, mich am Kopf, an der Nase oder hinterm Ohr kratzen. Bewegungen, die so unheimlich befreiend waren. Obwohl, hier auf dem Klo juckten komischerweise weder meine Ohren, noch meine Haare, noch meine Nase.

Der »Macht-alleene« kam mein stundenlanger Kloaufenthalt allmählich sonderbar vor. »Was machst du denn da bloß die ganze Zeit? Du hast doch wohl einen schönen Stuhlgang, Thomas?«

»Nö.«

Von »Stuhlgang« hatte ich nämlich so meine eigenen Vorstellungen. Stuhlgang war ja Durchfall. Das wußte ich, weil der Doktor Sträter einmal von Stuhlgang gesprochen hatte, als ich Durchfall hatte. Und Durchfall hatte ich ja nun mal keinen.

Darauf bekam ich neben dem Lebertran und den braunen Pillen auch noch gelbe Pillen. Und die »Macht-alleene« fragte mich von nun an tagtäglich geduldig nach meinem Stuhlgang. Als der sich nach einer Woche immer noch nicht eingestellt hatte, steckten die »Macht-alleene« und die Oberschwester ihre Köpfe zusammen, flüsterten miteinander, schüttelten vielsagend den Kopf, sahen von Zeit zu Zeit zu mir runter, flüsterten wieder und steckten mich dann ins Krankenzimmer.

Zum Glück war da wenigstens die Schwester in Ordnung. »Was willst du denn heute mittag essen? – Klar, Thomas, keinen Fisch. Nee, wirklich nicht. Du bekommst heute deine Erbsensuppe. Ohne Zwiebeln.«

Nach einer Woche wurde ich schließlich doch aus dem Krankenzimmer entlassen. Ich hatte nämlich voller Stolz verkünden können, daß ich einen schönen Stuhlgang gehabt hätte. Nach der Menge gelber Pillen. »Abführpillen«, wie die Schwester sie nannte.

Das Allerschlimmste im Kinderheim blieb das Marter-Mittagessen. Und das kam tagtäglich unerbittlich auf mich zu. Mit Labskaus, mit Zwiebeln, mit Gurken und Königsberger Klopsen. Vor allem aber mit Fisch. Denn als ich der »Macht-alleene« meinen Fischpickel-Trick erklären wollte, hatte sie mich nur ausgelacht. Und in die Hosentasche, zu den Kotzpillen, konnte ich den matschigen Fisch ja nun auch nicht stecken. Der würde schön stinken!

So mußte ich hier meinen letzten Trick anwenden:

Die Kartoffelstücke am alleräußersten Rand konnte ich ja essen, aber den ekligen Rest türmte ich so raffiniert in einer Tellerecke auf, daß der Teller nur noch höchstens halbvoll aussah. Selbst die »Macht-alleene« merkte nichts, wenn sie nach dem Mittagessen meinen unberührten Teller mit dem Ekelturm abräumte.

Ich begann, mich halbwegs wohlzufühlen hier auf Westerland. Bisher hatten ja alle meine Tricks prima geklappt.

Doch dann kam der dritte Freitag. Die »Macht-alleene« beugte sich nach dem Mittagessen über meinen Teller und lächelte süßlich. »Das lassen wir doch wohl nach, was, Thomas?«

Ich zog den Kopf in meine Schultern und starrte über den Tisch.

Sie lachte nun nicht mehr süßlich, verschränkte vielmehr die Arme, klopfte mit dem kleinen Finger nervös auf die Armbeuge und zog eine Augenbraue hoch. »Wir haben ja noch rein gar nichts gegessen, Thomas. Das wollen wir doch jetzt in aller Ruhe nachholen, was?«

Ich schüttelte verzweifelt den Kopf.

Der Teller war voll Fisch!

»Nun, dann bleibst du jetzt so lange hier am Tisch sitzen, bis der Teller leer ist.« Damit stolzierte die »Macht-alleene« hinaus.

Ich saß unbeweglich und mit verschränkten Armen auf meinem Stuhl, mir fiel nicht ein einziger neuer Trick ein. Der Teller blieb unberührt.

Die »Macht-alleene« erschien, sah meinen Teller, machte »Tzzt, tzzzt, tzzzzt«, schüttelte ihren Kopf und stolzierte wieder hinaus.

Ich saß vor meinem Fisch und versuchte verzweifelt, über ihn hinwegzusehen. Er war inzwischen kalt geworden, und die Sauce darüber hatte eine Haut bekommen, die aussah wie Schmand.

Die »Macht-alleene« erschien wieder und machte wieder »Tzzt, tzzzt, tzzzzt«.

Ich sagte kein Wort, starrte in die Luft und versuchte krampfhaft, mein Schluchzen zu unterdrücken. Nur nicht vor der Ziege auch noch anfangen zu heulen.

Die ganze Schinderei dauerte bis in den Nachmittag hinein. Alle anderen Kinder waren am Strand, ich saß mutterseelenallein in dem leeren Speiseraum. Und vor mir stand drohend der Fischteller.

Die »Macht-alleene« erschien wieder. »Na, ja, Thomas, wir wollen ja nicht so sein. Wenn du wenigstens ein Stück Fisch ißt, dann, ja dann ... Na ja, gut, in Gottes Namen, dann darfst du aufstehen.«

Ich überlegte fieberhaft. Wenn ich versuchte, diese Tortur über mich ergehen zu lassen, wären in einigen Minuten vielleicht alle meine Leiden überstanden. Was sollte ich denn nur machen? Ich war hin- und hergerissen.

Schließlich nahm ich ein ekliges Stück Fisch auf die Gabel, starrte angestrengt auf das Bild mit der Meeresbrandung an der gegenüberliegenden Wand, konzentrierte mich fest auf die wilde, weiße Gischt im Bild, atmete tief aus und führte die Gabel zum Mund. Dann zählte ich bis drei, öffnete den Mund, führte die Gabel ganz vorsichtig ein, atmete dabei ununterbrochen aus, um den Fischgeruch zu verscheuchen, berührte das Ekelstück mit den Zähnen, zählte wieder bis drei, schob es auf meine Zunge und – kotzte alles auf den Tisch.

Daraufhin durfte ich endlich aufstehen.

Irgendwann waren die sechs Fisch-Marter-Wochen dann doch vorbei. Ich war heilfroh, wieder nach Hause zu kommen, und packte meinen Koffer. Am wichtigsten war mir, daß ich meine kostbare Muschelsammlung im Koffer unterbrachte. Muscheln, die ich die ganze Zeit über so eifrig gesammelt und wie einen Schatz gehütet hatte.

Da stand die »Macht-alleene« schon wieder neben mir. Sie konnte sich nicht mehr einkriegen vor Lachen. »Die passen doch gar nicht mehr in den Koffer, die Muscheln, die müssen schon hier bleiben, du kleiner Dummer!«

Ich wußte ganz genau, was die vorhatte. Die wollte sich meine schönen Muscheln unter den Nagel reißen! Da hatte sie sich aber ganz gehörig getäuscht. Da sollte sie mal sehen, wo sie eine einzige Muschel von mir herbekäme. Ich verstaute so viele Muscheln wie möglich in den Koffer, den Rest verteilte ich eifrig auf alle meine Hosen- und Manteltaschen, bis die Taschen prall und rund abstanden. Selbst in die Kotzpillentasche gingen noch einige rein.

Und die »Macht-alleene« konnte in den Mond gucken.

Als ich wieder zu Hause war, war meine Mutter richtig froh, daß ich tatsächlich etwas zugenommen hatte. Allerdings versuchte sie vergeblich, einen faustdicken, klebrigen Klumpen aus meiner Hosentasche herauszuzerren. Die Hose landete schließlich im Abfalleimer.

Und dem Hans-Hermann erzählte ich alles, was mir so in Westerland widerfahren war. Von der doofen »Macht-alleene« erzählte ich und von den braunen Pillen und dem Mittagsschlaf. Und von meinen raffinierten Tricks. Als ich ihm das Ergebnis meines Fischessens schilderte, bekam der Hans-Hermann strahlende Augen. »Klasse Trick, Thomas, hätte ich auch so gemacht. Am besten noch jeden Tag.«

Und der Hans-Hermann verzog sein Gesicht, öffnete seinen Mund wie ein Fisch und leerte mit lautem »Ooaaack« seinen ganzen unsichtbaren Mageninhalt auf den Boden.

Daß das ja eigentlich gar kein richtiger Trick gewesen war, das verschwieg ich dem Hans-Hermann.

Dann allerdings wurde der Hans-Hermann stinksauer. Warum ich nicht noch mehr Tricks erfunden hätte. Der »Macht-alleene« mal so jeden Morgen eine schöne, matschige Kotzpille gegen den Hinterkopf schnippen, sie mal so eben ins Meer schubsen, ihr mal so eben in ihr Essen spucken, ihr mal so ganz vorsichtig Beinchen stellen, damit sie mal den nassen Sand küssen konnte. Ja, all diese Tricks fielen dem Hans-Hermann auf Anhieb ein.

Der Hans-Hermann bedauerte sehr, daß er nicht dabei war in Westerland.

16. Kapitel

Von heiklen Vergißmeinnicht für geplagte Mütter, einem lustigen Kommunionkind und einem Sekt, der gar nicht lustig macht

Im nächsten Frühjahr ging ich dann mit zur Kommunion. Meine erste Beichte hatte ich schon hinter mir. Die hatten wir im Beichtunterricht natürlich gründlich geübt.

Jetzt wurde mir auch klar, wie blöde ich mich doch damals in Westerland angestellt hatte. Da hatte die »Macht-alleene« uns alle aufgefordert, am Samstag schön beichten zu gehen. Den Ausdruck »Beichte« hatte ich schon oft gehört, da konnte ich so eine Beichte ja auch mal ausprobieren. Ich war also in den Beichtstuhl geklettert und wartete darauf, was mir der Pastor erzählen würde. Der schwieg aber und ich natürlich auch. Ein langes, peinliches Schweigen. Schließlich murmelte ich aus lauter Verzweiflung: »Guten Morgen.« Da endlich begann der Pastor, ganz freundlich mit mir zu reden. Ob ich denn schon zur heiligen Kommunion gegangen wäre. So, so, hmm, hmm, im nächsten Jahr erst. Dann sollte ich doch besser jetzt nach Hause gehen. Ja, das wäre wohl das beste. Verstanden hatte ich von der ganzen Beichtprozedur kein Stück.

Auf meine erste richtige Beichte hatte ich mich ganz gründlich vorbereitet. Denn ich wollte ja alle meine Sünden loswerden, vergessen durfte ich da keine. Schon mal gar nicht, daß ich in meinem Leben öfter die unkeuschen Wörter »Du Arsch« und »Scheiße« gesagt hatte. Nur, wie oft? Das jetzt ganz genau herauszukriegen, war nicht so einfach. Darum zählte ich sicherheitshalber noch ein paar dazu. Aber die meisten meiner Sünden waren ja eigentlich nicht so sehr schlimm.

Nun war da aber noch die Sache mit den Vergißmeinnicht, die der Willi und ich verbrochen hatten. Eine Sünde hatten wir damit auf jeden Fall begangen. Vielleicht sogar eine Todsünde. Die wollte ich ja auch gerne beichten – und wußte nicht, wie.

Die Sache mit den Vergißmeinnicht kam so:

Fräulein Osterfeld hatte uns erzählt, wie schwer es doch unsere Mütter mit uns hätten. Die hatten keine Ferien wie wir, die konnten auch nicht so einfach auf dem Trümmerfeld spielen, die mußten nämlich kochen und waschen und bügeln. Damit die Mütter aber von ihrer Arbeit auch einmal genesen konnten – genesen hieß, auch mal so spielen zu können wie wir –, gab es das Müttergenesungswerk. Und dafür sollten wir alle einmal etwas Gutes tun. »Darum verteile ich jetzt diese schönen bunten Stoffblumen an euch. Damit schellt ihr an jeder Haustür, sagt artig: Ich bin der Hans oder der Franz, und bittet höflich: Würden Sie so freundlich sein und uns eins dieser schönen Vergißmeinnicht abkaufen? Für das Müttergenesungswerk?«

Fräulein Osterfeld lächelte. »Auch wenn ihr meint, die zwanzig Pfennig für jedes Blümchen sind nur ein kleiner Tropfen. Aber viele Tropfen machen auch eine Milchkanne voll.«

Eine Milchkanne?

Der Willi und ich, wir machten uns für das Müttergenesungswerk und unsere Mütter auf den Weg.

»Was wollt ihr denn dafür haben?« fragte uns die Frau Munka.

»Äh ... dreißig Pfennig!«

Was fiel dem Willi denn ein?

Wieder auf der Straße, klärte mich der Willi auf: »Die hat doch ganz genau gefragt, was wir haben wollten. Also, dreißig Pfennig wollten wir mindestens dafür haben.«

Da hatte der Willi ja eigentlich recht. Also verkauften wir eifrig ein Vergißmeinnicht nach dem anderen. Bei allen, die fragten: »Was kosten denn die Blümchen?«, kosteten sie zwanzig Pfennig. Und bei allen, die fragten: »Was sollen die Blumen denn kosten?«, sollten sie dreißig Pfennig kosten. Und von allen, die uns fragten: »Was wollt ihr denn dafür haben?«, wollten wir dreißig Pfennig haben. Den Gewinn teilten wir uns brüderlich.

Anschließend hatte ich ein richtig schlechtes Gewissen. Nur, gegen welches der Zehn Gebote hatte ich denn nun verstoßen? Vor der Beichte ging ich alle gewissenhaft der Reihe nach durch. Hatte ich damit die Heilige Messe versäumt? Nein. Hatte ich damit begehrt meines Nächsten Weib? Auch nicht. Als ich durch war, fiel es mir wie Schuppen von den Augen. Wieso ich nur ein so schlechtes Gewissen gehabt hatte. Eigentlich konnte ich ja gar nichts Sündiges verbrochen haben! Oder hatte ich etwa ein Gebot gefunden: »Du sollst Vergißmeinnicht für zwanzig Pfennig verkaufen.« Da brauchte ich doch gar nichts zu beichten!

Bei meiner ersten Beichte wurden mir alle meine Sünden gegen drei Vaterunser vergeben, und ich konnte blitzsauber mit weißer Seele nach Hause gehen und fühlte mich glücklich und wie frisch gebadet.

Wenn ich nicht gebeichtet hätte, wer weiß? Ob dann nicht der Teufel mit seinem behaarten Pferdefuß scharren und sich eins ins Fäustchen lachen würde?

Am Morgen meiner Kommunion zog ich meinen kratzigen blauen Bleyle-Anzug an, und mein Vater machte mir ein Kreuz auf die Stirn, nur so, ohne ein Wort zu sagen.

Dann erschienen so nach und nach alle meine Verwandten, zum Glück auch mein Vetter aus Heisingen. Der hieß bei allen Kindern Pittermann, nur die Erwachsenen nannten ihn Hans-Peter. Der Pittermann war ein Jahr älter als ich und war schon im letzten Jahr mit zur Kommunion gegangen.

Die Tante Maria quetschte meine Nase fest an ihren riesigen Busen und erzählte von dem armen, armen Kommunionkind, das kurz nach seiner Kommunion gestorben ist: »Gott sei Dank konnte es die heilige Kommunion noch so in allerletzter Sekunde mitmachen. Und dann ist es glückselig eingeschlafen!«

Die Geschichte hatte im »Kinderfreund« gestanden, damals, als die Tante Maria mit zur Kommunion ging. »Also, noch heute rührt mich die Geschichte zu Tränen.«

Und dann schenkte mir die Tante Maria eine alte Bibel. »Da steht alles ganz genau drin, Thomas. Wieviel Dornen in der Dornenkrone waren, wieviel Handstreiche unser Herr Jesus gekriegt hat, alles. Hat alles son Mönch rausbekommen.«

Mir war klar, daß so jemand wie der Herr Jesus nicht gewöhnliche Ohrfeigen oder einfach eine gescheuert bekam wie wir. Beim Herrn Jesus mußten es schon Handstreiche sein.

Der Blick der Tante Maria schweifte versonnen in die Ferne. »Und da spürt man, tief im Herzen, das hat dieser einfache Mönch alles mit seinem eigenen Herzblut geschrieben.«

Als ich in der Kirche vor dem Altar kniete, um zum ersten Mal die heilige Kommunion in Empfang zu nehmen, war mir richtig feierlich und wohlig und warm ums Herz. Meine Eltern und Verwandten hatten in den Kirchenbänken hinter mir Platz genommen, die Männer hatten ihre schwarzen Zylinder zusammengeklappt, und die Tante Maria hörte ich bis zum Altar hin »Fest soll mein Taufbund immer stehen« tirilieren. Vielleicht würden meine Mutter und die anderen Tanten jetzt mal wieder Tränen in den Augen haben.

Später, bei Kaffee und Kuchen, saß ich zwischen dem Hans-Hermann und dem Pittermann. Und alle Verwandten waren sich einig, nie eine schönere Kommunionfeier erlebt zu haben, nie ein so ausnehmend artiges, frommes Kommunionkind gesehen zu haben. Vor allem die Tante Maria konnte sich überhaupt nicht einkriegen. Sie schwärmte mit heller Stimme von der seligen, gold'nen Kinderzeit, in der der Himmel noch voller Geigen hinge, nannte mich ein bezauberndes, unschuldiges Engelein und bekam Tränen in die Augen.

Ich wollte ja nicht ausgerechnet heute, als Kommunionkind, unkeusche Gedanken bekommen, aber ob ich wollte oder nicht, unwillkürlich kam mir jetzt der Witz vom Pittermann in den Sinn, wo eine Frau ein Kommunionkind anstrahlt: »Nein, was für ein schönes Engelchen!« Und das schöne Engelchen antwortet: »Ich bin kein Engelchen, ich bin 'n heilig Kommunionkind, du Arsch!«

Ich riß mich zusammen und brauchte tatsächlich kein bißchen zu lachen.

»Was habt ihr denn früher so im Kommunionunterricht gemacht?« wendete ich mich jetzt an den Hans-Hermann neben mir

»Och, ja«, brummte der.

Das hörte sich ja komisch an!

»Wann hast du denn Kommunionunterricht gehabt?«

»Wir gehen ja immer in die evangelische Kirche.«

»Wann?«

»Son Zirkus wie ihr machen wir ja auch gar nicht.«

»Wann?«

Er druckste zunächst noch etwas herum, dann kam aber schnell heraus, daß Evangelische überhaupt keinen Kommunionunterricht hatten.

Jetzt wurde mir einiges klar! Woher sollte der Hans-Hermann auch wissen, wie zum Beispiel die Welt geschaffen worden ist. Oder daß man sich in der Kirche nicht einfach so hinknien oder setzen oder dirigieren konnte, nur weil man da gerade mal Lust drauf hatte.

Meine Mutter meinte dann, es habe allerdings auch Zeiten gegeben, wo ich nicht so artig in der Kirche gewesen sei wie heute. Und sie erzählte schmunzelnd, wie ich sie einmal in der Kirche gesucht hätte:

»Muß man sich mal vorstellen, mitten im Hochamt, alles ist mucksmäuschenstill, am Altar bimmeln die Glocken, da hör ich hinten im Kirchenschiff auf einmal son Gerumpel. Dann fangen die Leute hinter mir an zu murmeln und zu kichern. Und als ich mich umdrehe, wen sehe ich? Den Thomas! Fährt der doch mit seinem Roller munter und fidel durch den Mittelgang der Kirche. Guckt nach rechts und nach links, und als er mich sieht, strahlt er, winkt mir zu und ruft laut Mama. Als wenn das die selbstverständlichste Sache von der Welt wäre. Kann man ja auch verstehen, woher soll son kleiner Köttel auch wissen, daß man mit dem Roller nicht durch die Kirche fahren darf.«

Alle meine Verwandten lachten entzückt. Und die Tante Maria meinte: »Nee, wie goldig.«

Ein anderes Mal, so erzählte meine Mutter weiter, muß ich der riesengroßen Mosaikmadonna hinter dem Altar die Zunge rausgestreckt haben. Erinnern konnte ich mich zwar nicht mehr daran, aber vorstellen konnte ich mir das schon lebhaft. Groß und mächtig, ohne zu lächeln und mit einem blauen Mantel bekleidet, das Jesuskind auf dem Arm, sah die Madonna mit großen, gütig-strengen Augen auf uns Menschen hernieder. Vielleicht wollte ich aber auch nur dem nackten, dicken Jesuskind auf ihrem Arm einfach mal zeigen, wie blöd ich es fand.

Auch nach dieser Geschichte lachten alle meine Verwandten hingerissen. Und wieder schmolz meine Tante Maria: »Nee, wie goldig.«

An diesem Tag waren alle Erwachsenen richtig nett zu mir. Nur, als ich den Opa fragte, ob ich vielleicht mal die lustige »Tante-Maria-Taufe« machen könnte, und der Opa »Jo, dann mak mal« sagte, wurde die Oma etwas lauter: »Jo, eck glöw et euch wohl! Nur Flusen im Kopp.«

Nach dem Weißen Sonntag blieben die Tante Maria und der Pittermann noch zwei Tage bei uns in Gelsenkirchen.

Zum Abschied holte mein Vater eine Flasche Sekt hervor. »Auf unser Kommunionkind.«

»Dürfen wir die Gläser einschütten, Papa?«

»Klar.«

Also gingen der Pittermann und ich in die Küche und füllten schön brav alle drei Sektgläser. Auch das Glas für Tante Maria.

Trotz meiner heiligen Kommunion und meiner schneeweißen Seele war ich voller Vorfreude.

Mein Vater erhob sein Glas.

Tante Maria hob ebenfalls ihr Glas, streckte ihr Gesicht ein wenig vor, so daß man ihr Doppelkinn jetzt gar nicht mehr so deutlich sah, neigte den Kopf etwas zur Seite und meinte entzückt: »Auf unser liebes, liebes Kommunionkind.«

Schließlich setzte sie das Glas an die Lippen und trank einen Schluck. Vornehm und würdevoll, den Mund etwas zugespitzt. Immer noch umspielte ein süßes Lächeln ihre Lippen.

Das wirkte aber dann, nach kurzer Zeit, irgendwie gequält. Die Tante Maria schien jetzt ein wenig irritiert zu sein. Sie trank vorsichtig einen weiteren Schluck, allerdings einen ganz kleinen.

Und plötzlich mußte der Pittermann lachen.

Die Tante Maria sah ihn beunruhigt an. Dann wurde sie doch etwas unwirsch: »Hanßßß-Peter!«

Und schon lachte der Hanßßß-Peter sein typisches, tiefes, dröhnendes Lachen: »Ho ho ho ho.«

Tante Marias Stimme wurde nun doch schrill: »Also, Hanßßß-Peter, lacht wie 'n Kalb.«

Da war dann alles zu spät: »Ho ho ho – brua – ho ho ho – brruuee – ho ho ho hohohohoho!«

Und dann ging der Tante Maria blitzschnell ein Licht auf. »Nee, nee, Alwis, hab ich doch sofort gemerkt. Nee, ich denk noch so, schmeckt aber komisch, der Sekt. Hat die Alwine vielleicht da bei Bopp ganz billigen gekauft?«

Zwischen zwei Lachanfällen klärte ich meine Eltern auf: Der Pittermann und ich hatten in zwei Gläser Sekt geschüttet, in das für die Tante Maria klares Wasser.

Nun endlich konnte auch die Tante Maria lächeln, etwas säuerlich.

Und ich war froh, daß ich nicht immer so ein artiges, frommes Kommunionkind sein mußte.

17. Kapitel

Von Problemen zwischen kleinen und großen Leuten und einer Wiedergutmachung, die nicht gut ankommt

Im folgenden Winter sind die Bopps umgezogen. Aus dem heimeligen Karbüffchen auf dem Hof in einen hellen, modernen Laden auf der anderen Straßenseite. Die alte, nette Oma Bopp verkaufte nun auch nicht mehr, die junge Frau Bopp trug einen weißen Kittel und sagte zu jedem: »Was darf es sein?« Es gab jetzt nicht nur Milch bei Bopp zu kaufen, jetzt gab es auch Butter, Margarine und Wurst, ja sogar Kaffee. Allerdings auch Käse, den ich genauso eklig fand wie Fisch. Und Fliegen flogen in dem Laden auch nicht mehr herum, die klebten alle schön aufgereiht an dem Fliegenfänger über der Theke.

Am Schaufenster war in verschnörkelter weißer Schönschrift zu lesen:

»Bei Bopps, da kann man gut einkaufen,
da braucht man gar nicht weiterlaufen.«

Mittlerweile hatten die Bopps auch die Emma verkauft. Der Herr Bopp fuhr jetzt seine Milch in einem Auto durch unsere Straßen. In einem Goliath-Lieferwagen mit drei Rädern. »Wir haben uns vergrößert«, erzählte die Frau Bopp jedem.

Auch unsere Straße hatte sich verändert. Auf der anderen Straßenseite waren zwei Häuser wieder aufgebaut worden, in einem hatte ein Schuhgeschäft eröffnet. Auch hier ein Spruch auf dem Schaufenster:

»Salamanderschuhe an den Füßen
tun das Laufen dir versüßen.«

Einmal trauten wir uns in das Schuhgeschäft, der Willi voran. Wir fragten wohlerzogen nach einem schönen neuen Salamanderheft.

»So was führen wir nicht«, schüttelte die Verkäuferin den Kopf.

Der Willi zeigte höflich auf den grünen Stapel neben der Kasse.

Die Verkäuferin kratzte sich mit dem Schuhanzieher am Kopf

und meinte dann unwirsch: »Die gibt es nur, wenn ihr Schuhe kauft.«

Na ja, dann eben nicht. Stand ja sowieso nur Quatsch drin. Wenn ich noch an das Salamanderheft vom Hans-Hermann dachte! Da waren der Lurchi und der dicke Unkerich die reinsten Witzfiguren. Die liefen nie barfuß durch die Gegend. Die trugen selbst im Sommer ihre blöden, klobigen Salamanderschuhe. Das war das einzige, was sie anhatten. Und ganz zum Schluß saßen alle mit ihren dicken Schuhen um ein Lagerfeuer herum und sangen blöde Lieder:

»Lang erschallt's im Walde noch,
Salamander lebe hoch!«

Daß wir für unseren Rausschmiß allerdings fürchterlich Rache nahmen, damit hatte die Verkäuferin wohl nicht gerechnet. Rache mit einem Zaubertrick vom Willi nämlich. Dem Zaubertrick, der mich zutiefst beeindruckte und den ich erst für möglich hielt, als ich ihn selbst ausprobiert hatte.

Der Willi führte mir nämlich vor, wie er alle Schuhe, die in dem Schaufenster auf Schuhkartontürmen und -pyramiden standen, auf den Boden poltern lassen konnte. Ohne sie jemals berührt zu haben. Man mußte nur ganz geduldig und rhythmisch gegen die Fensterscheibe drücken. Irgendwann fingen die Türme und Pyramiden an zu wackeln, und schließlich kippte alles wie ein Kartenhaus zusammen. Zum Schluß lagen Schuhkartons und Schuhe kunterbunt durcheinandergewürfelt auf dem Schaufensterboden.

Den Zaubertrick haben wir dann regelmäßig an dem Schuhgeschäft ausprobiert. Allerdings brauchte man schon Glück und viel Geduld dazu, man mußte einen ganz bestimmten Rhythmus raushaben, nicht zu schnell und nicht zu langsam drücken, sonst war alle Mühe vergeblich.

Der Franz konnte uns den Trick erklären: »Wenn die Scheibe wackelt, wackelt die Luft im Schaufenster, dann die Schuhe, dann fällt alles runter. Schwingungen nennt man das. Was meint ihr, warum Soldaten nie im Gleichschritt über ne Brücke marschieren? Stürzt se ein!«

Wenn meine Mutter mich einkaufen schickte, schickte sie mich zu Bopp.

Also, gegen Einkaufen bei den neuen Bopps hatte ich ja überhaupt nichts. Oft fragte ich meine Mutter sogar, ob wir nicht wieder Sanella oder »Clever Stolz« brauchten. Denn zu jedem Pfund Sanella gab mir die Frau Bopp zwei von den spannenden, bunten Sammelbildern. Bilder über Reiseabenteuer durch Afrika, durch Südamerika, ja durch die ganze Welt. Die dazugehörigen Alben habe ich nie ganz voll bekommen, irgendwo war immer eine freie Stelle mit dem Titel »Bild 43: Die Spanier erobern das Inkareich« oder »Bild 116: Angriff einer Löwenmutter«.

Noch spannender als die Sanella-Bilder allerdings waren die Bildergeschichten von »Clever Stolz«. Geschichten wie die von Peter Henlein. Dem hatten alle einen Vogel gezeigt, weil er nicht mit den anderen zum Tanz gehen wollte, sondern vorher unbedingt noch seine »Unruhe« einbauen mußte. Als er dann aber die erste mechanische Uhr erfunden hatte, wurde er natürlich von allen mit lautem »Hurra, unser Peter, der macht Nürnberg weltberühmt!« gefeiert.

Oder Geschichten wie die vom Otto von Guericke. Den hatten alle für bekloppt gehalten, weil er behauptet hatte, selbst vier ausgewachsene Pferde könnten nicht zwei luftleere Halbkugeln auseinanderziehen. Als sein Versuch dann tatsächlich geklappt hatte, schallte ihm ein vielstimmiges »Nein, wie ist so was nur möglich? Bravo, Otto!« entgegen.

Und schließlich Geschichten wie die von Hektor und Achilles. Obwohl mein tapferer Freund Hektor von dem doofen Achilles besiegt worden ist, die Trojaner von den hinterlistigen Griechen mit ihrem Holzpferd am Ende doch noch einen auf den Deckel gekriegt haben und der arme alte Priamos sein weißes Haupt vor Trauer verhüllt hat.

So gesehen, hätte das Einkaufen eine wahre Freude sein können. Wenn sich nur die blöden Erwachsenen nicht immer so vorgedrängelt hätten. Ich zählte nämlich immer ganz genau mit, wer noch alles vor mir dran war, anschließend die, die sich vordrängelten.

Das erste Vordrängeln nahm ich noch ganz gelassen hin, auch das zweite und dritte. Eines schönen Tages aber platzte mir der Kragen.

Wie immer hatte ich genau mitgezählt. Und dann, nach dem sechsten Vordrängeln, war ich es endgültig leid.

Nicht, daß ich jetzt wieder einmal schrie: »Määänsch, seht ihr mich denn gar nicht?« Dann wäre mir die Frau Bopp bloß wieder so komisch gekommen mit ihrem »Ach, Thomas, hab' dich gar nicht gesehen, son Kleinen kann man doch glatt übersehen. Ja, sagen Sie doch mal selbst, Frau Munka, is et nich so?«

Nein, ich drehte mich einfach um und ging wortlos zur Tür.

Das setzte die Frau Bopp in Erstaunen. »He, Thomas wo willst du hin? Du hast ja überhaupt noch nichts gekauft!«

»Ich geh auch jetzt ganz woanders einkaufen, hier komm ich ja nicht dran!«

»Ach Thomäsken, Momentken, kommst ja sofort dran. Was darf es denn sein?«

Ich ging gnädig, wenn auch etwas unwirsch, zurück. Meinetwegen konnte mir ja auch die Frau Bopp die Milch und die Margarine verkaufen.

Und jetzt wollte sich die Frau Bopp natürlich ankötteln. »Mund auf, Augen zu!«

Was jetzt kam, wußte ich schon. Sie würde mir wieder ein schmales Stück Fleischwurst in den Mund stecken, das ich immer ganz genüßlich aus der Pelle herauslutschte. Komisch, daß meine Eltern nie verstehen konnten, daß mir so ein kleines, dünnes Stückchen Fleischwurst von Bopp viel besser schmeckte als die schöne Fleischwurst zu Hause.

Gehorsam schloß ich die Augen und öffnete meinen Mund.

Ich spürte etwas Verdächtiges auf meiner Zunge. Etwas Kaltes, Weiches.

»Hat sich doch gelohnt, das Warten, was, Thomas?« strahlte mich Frau Bopp an.

»Hch – Hch.«

Das Kalte, Weiche auf meiner Zunge wurde warm. Mir kam ein fürchterlicher Verdacht.

»Und hier, Thomas, noch zwei Sanella-Bilder extra.«

Das Weiche schien auf der Zunge zu zerlaufen.

»Hch – Hch.«

Jetzt wußte ich, was los war: Das war nie und nimmer ein Stückchen Fleischwurst, das war eine ganz gottvermaledeite Scheibe Käse. Mein Magen begann sich zusammenzuziehen und rauf- und runterzuhüpfen, wie in Westerland beim Fisch.

»Zufrieden, Thomas?«

»Hch – Hch«.

»Bitte?«

»Hch – Hch.«

»Hab ich noch immer nicht verstanden?«

»Hch – Hch.«

Am liebsten hätte ich den Käse auf die Theke gespuckt und der Frau Bopp einen Vogel gezeigt. Statt dessen stürmte ich nach draußen. Da konnte ich den verdammten Käse dann endlich ausspucken.

Doch seit diesem Käse-Anköttel-Erlebnis konnte mir keiner mehr kommen mit »Mund auf, Augen zu!« Allerdings wurde ich seit der Zeit auch nicht mehr übersehen von der Frau Bopp. Nur manchmal noch so ein ganz klein wenig.

18. Kapitel

Von einer großen Trauer und einem Lachen, das ein Weinen ist

Der Sommer war vorbei, ich durfte nicht mehr barfuß laufen, sondern mußte seit einer Woche wieder meine kratzigen langen Strümpfe anziehen. Die Felder beim Johannis-Bauer waren abgemäht. Die Sprengwagen spritzten nicht mehr ihre dünnen, kühlen Wasserstrahlen auf unsere Brust oder auf die staubige Schemannstraße, wo dann immer richtige kleine Trichter entstanden. Die Bierkutscher schleppten keine langen Eisstangen mehr auf ihren Schultern in die Bierkeller. Eisstangen, von denen wir jeden Splitter, den wir ergattern konnten, mit Wonne aufgelutscht und das Eiswasser sogar noch ganz tief unten im Hals gespürt haben.

Nach langer Zeit war mal wieder die Sonne herausgekommen, und ich hatte den Opa gefragt, ob er mit mir spazieren ginge.

»Mi is son bißken kodderig, Thomas. Vielleicht später.«

Der Opa meinte, das beste wäre, wenn er sich mal so ein Stündchen ins Bett legen würde. Dann würde schon wieder alles in Ordnung kommen.

Komisch, der Opa legte sich ins Bett, am hellichten Tag, bei dem Sonnenschein.

Der Opa blieb die ganze Woche im Bett.

Der Doktor Sträter kam, und das Schlafzimmer vom Opa wurde abgedunkelt. Als ich ihn wenig später besuchte, empfing mich die Oma in der Küche. Sie war ganz ernst. »Der Opa ist irgendwie so schwach, lange kannst du nicht bei ihm bleiben. Er liegt nur still im Bett. Es wird aber schon bald wieder mit ihm, hat der Doktor Sträter gesagt.«

Der Opa lag in den dicken Daunen ganz versteckt und schien zu schlafen. Als er mich hörte, öffnete er die Augen und sah mich an – seine braunen Augen waren jetzt viel größer und brauner – und flüsterte: »Der Thomas, der Thomas is da. Dat is aber lieb von dir, dat du mich noch mal besuchen kommst.«

Das hatte ich doch immer gemacht, den Opa besucht. Warum der jetzt wohl so feierlich sprach?

Dann aber grinste er mich an und flüsterte: »Den haben wir aber schön angeschmiert, den Munka, ne, Thomas?«

Gott sei Dank, jetzt war der Opa wieder so wie immer.

Der Opa schwieg wieder und schloß die Augen.

Schließlich fragte er mich, was ich denn so erlebt hätte in der letzten Woche. Und ich erzählte ihm vom Hans-Hermann und vom Willi und vor allem davon, daß das Fräulein Osterfeld sich doch tatsächlich bei mir hatte ankötteln wollen. Sie hatte mich nämlich vor kurzem in die Ecke gestellt, weil ich ihr nicht verraten wollte, was der Willi und ich denn gerade so voller Hingabe leise vor uns hingesungen hatten:

»Von den blauen Bergen kommen wir,
Fräulein Osterfeld ist genauso doof wie wir,
mitter Brille aufer Nase
sieht sie aus wie 'n Osterhase,
von den blauen Bergen kommen wir.«

Ich habe natürlich fein meinen Mund gehalten und sie nur verlegen angegrinst.

Und da fing sie wirklich an, ganz süß zu schmeicheln: »Du bist doch schon so richtig vernünftig, Thomas. Nun verrate mir doch, warum ihr so gelacht habt. War bestimmt unheimlich lustig, ich kenn euch ja. Ich muß bestimmt auch mitlachen. Ganz sicher.«

Sie muß wohl wirklich geglaubt haben, mich noch wie ein I-Männchen verkohlen zu können.

»Ich hab aber kein Wort gesagt, da war das Fräulein Osterfeld richtig beleidigt, Opa.«

Immer, wenn eine Geschichte zu Ende war und ich noch überlegte, was ich dem Opa jetzt erzählen konnte, meinte er: »Erzähl doch weiter.«

Ja, und dann verriet ich dem Opa mein tiefstes Geheimnis. Daß ich die Heidi nämlich richtig gern hätte.

Und der Opa hörte sich das alles schweigend in seinem Bett an. Dann lächelte er. »Dat weiß ich. Is ja auch 'n nettes Mädchen, die Heidi.«

Dann sah er mich an. »Eck glöw, die kann di auch gut leiden.«

Was der Opa alles wußte!

Und jetzt erzählte ich ihm, was vor einigen Tagen vorgefallen war.

Es hatte am Nachmittag aufgehört zu regnen, ich hockte auf dem Hof von Bopp und zog mit meinem Stock kleine Kanäle von einer Pfütze zur anderen. Dabei warf ich immer wieder einen verstohlenen Blick zur Heidi und hoffte sehnsüchtig, sie würde endlich mitbekommen, daß meine Kanäle doch tausendmal interessanter waren als dieses alberne »Petersilienspiel«, bei dem ein Mädchen die Braut und ein Junge ihr Mann sein sollte. Das spielte sie nämlich gerade mit der blöden Marlies und der Gerda.

Als die Marlies mich entdeckte, war sie ganz aus dem Häuschen. Sie schrie laut und so richtig übertrieben:

»Petersiliensuppenkraut wächst in unsrem Garten,
Und die Heidi ist die Braut,
kann nicht länger warten,
und was dann, und was dann?
Ja, der Thomas ist ihr Mann.«

Anschließend folgte noch ihr blöder Lieblingsspruch:

»Mann und Frau,
ganz genau,
packen sich am Unterrock,
schießen beide Kusselkopp.«

Dabei zeigte sie zuerst grinsend auf mich und dann auf die Heidi. Dann lachte sie uns so richtig blöde und hämisch aus.

Ich habe ihr darauf nur gesagt, sie wäre ja so blöde, daß sie überhaupt keinen Kusselkopp hinkriegen würde, und bin weggerannt.

Und da ist die Heidi hinter mir hergelaufen, und wir haben uns gemeinsam auf unsere Treppe gesetzt. Da haben wir erst mal eine ganze Weile schweigend gesessen, doch dann hat die Heidi mich gefragt, ob ich nicht später mal wirklich ihr Mann werden könnte. Und dabei hat sie mich wieder so bittend angesehen.

Ich habe nur »Son Quatsch« gemurmelt und war richtig stolz und glücklich. Und dann habe ich noch »Na ja, vielleicht« gesagt. Und ich glaube, »Meinetwegen« habe ich auch noch gesagt. Und ich merkte, wie meine Arme auf einmal eine Gänsehaut bekamen. Und ich habe ganz genau gesehen, daß die Heidi auf einmal ganz rot geworden ist.

Der Opa hatte die Augen geschlossen und flüsterte: »Dat blievt aber unser Geheimnis.«

Nach einiger Zeit kam die Oma in das Schlafzimmer und meinte, vielleicht solle ich jetzt doch besser gehen, vielleicht sei der Opa jetzt doch schon zu müde.

Der Opa aber schüttelte den Kopf. »Laß den Thomas noch son bettken hier sitzen.«

Dann sah er mich lange schweigend an und meinte: »Eck kann di ja gar keine neue Trillerpfeife mehr machen.«

Ich winkte ab. »Die geht doch noch prima, die alte.«

Er hatte jetzt wieder die Augen geschlossen, doch als die Oma kurze Zeit später wiederkam, sah er sie an und meinte: »Dann geff ihm doch mal zehn Mark, dem Thomas.«

Ich war wie vom Donner gerührt. Zehn Mark! Zwanzig Pfennig für die Kirmes, ja, die gab es schon mal von der Oma oder dem Opa, aber zehn Mark? Was sollte ich denn damit wohl anstellen, mit soviel Geld?

Komischerweise protestierte die Oma gar nicht, fummelte in ihrem Portemonnaie herum und reichte mir einen zerknüllten Zehnmarkschein.

Ich blieb dann eine ganze Weile beim Opa, bis er wieder einschlief.

Auf dem ganzen Heimweg wollte mir der Opa nicht aus dem Kopf gehen. Der Opa hatte eigentlich die ganze Zeit nur zugehört und auf einmal so feierlich gesprochen. Und er hatte zum Schluß so komische Ideen. Wie die mit dem Zehnmarkschein.

»Der Opa ist heute nacht gestorben.«

Meine Mutter nahm mich auf den Schoß und versuchte mich zu trösten.

»Der sitzt jetzt da oben im Himmel und sieht herunter auf die Erde. Der wird dich auch wohl sehen.«

Ich weinte hemmungslos. Der war doch tot, der Opa. Der würde nie mehr im Leben plötzlich an der Straßenecke auftauchen und sagen: »Sölln wi spazieren gohn, Thomas?« Der würde mir nie mehr im Leben einen Zaubertrick beibringen können, mir nie mehr von der Hungersnot erzählen. Dem würde ich nie mehr ein Geheimnis von der Heidi verraten können. Der würde gar nicht mehr da sein, der Opa, nie mehr im Leben. Der war doch tot, der Opa. Und daß er da oben vom Himmel runtergukken würde, das konnte mich nicht trösten.

Am Nachmittag gingen meine Eltern mit mir zur Oma. In ihrer Küche saßen schon viele Verwandte. Die Oma hatte ganz rote, verheulte Augen, und auch ich preßte die Zähne aufeinander, um nicht laut mitheulen zu müssen.

Der Opa lag in seinem Bett und sah ganz fremd aus. Bleich und ernst. Er hatte ein weißes Nachthemd an, seine weißen Haare waren angefeuchtet, als wenn der Lentzki ihn frisiert hätte, er hatte sogar einen Scheitel. Seine Augen waren geschlossen, als wenn er schlief. Um die gefalteten Hände hing sein Rosenkranz.

Mir fiel ein, daß ich den Opa eigentlich nur lachend erlebt hatte und auch immer etwas strubbelig.

Und dann heulte ich auf einmal los. Rotz und Wasser.

Da wandte sich die Oma an meine Mutter und meinte ganz selbstverständlich: »Der lebt noch, der Franz.«

Ich horchte auf.

Die Oma wiederholte unerschütterlich: »Der lebt noch, der Franz.«

Meine Mutter sagte nichts, nahm aber die Oma in den Arm.

»Der hat heute mit mir gesprochen, der Franz.«

»Wann?«

»Heute nacht.«

Ich hörte auf zu heulen und wurde plötzlich ganz aufgeregt. Ob der Opa vielleicht nur ganz tief schlief? Und heute nacht aus seinem tiefen Schlaf wach geworden war? So wie damals das Schneewittchen?

»Das hast du nur geträumt.«

»Nee, Alwine, der hät mit mi gesprochen, der Franz. Der hät da in der Ecke gestanden und hät Mia gesagt. Den hav ick ganz genau gesehen.«

Dann fing sie wieder an zu schluchzen.

Der Opa aber ist nie mehr lebendig geworden. Und hat nie mehr gesagt: »Sölln wi spazieren gohn?«

Zwei Tage später wurde der Opa beerdigt.

Am Morgen standen wir vor seinem Haus, die Onkel und Tanten und Bekannten und Nachbarn.

Die Frauen hatten schwarze Kleider an, die Männer trugen Zylinder und dunkle Anzüge, am rechten Arm hatten sie eine schwarze Binde.

Sie begrüßten sich leise, ich hörte Satzfetzen wie: »War immer lustig, der Franz«, »Nee, is aber schnell gegangen«, »Hab ich noch vor zwei Wochen getroffen« und »Gut, daß er nicht leiden mußte«. Zwischendurch war es manchmal ganz still, als wenn die Erwachsenen auch nicht so recht wüßten, was sie sagen sollten.

Ich sagte gar nichts. Und obwohl es gar nicht so kalt war, fror ich in meinem Kommunionanzug.

Gegen neun Uhr hielt eine gläserne Kutsche vor dem Haus, mit schwarzen Rahmen und schwarzem Dach. Die beiden Pferde mit den schwarzen Scheuklappen waren viel dünner als die Emma. Auf dem Kutschbock saß der Kutscher mit seinem schwarzen Zweispitz ganz gerade.

Der Sarg vom Opa wurde von vier schwarzgekleideten Männern mit weißen Handschuhen durch das zerbombte Treppenhaus auf die Straße getragen. Wir machten alle Platz, und der Sarg wurde in die gläserne Kutsche geschoben.

Dann setzte sich die Kutsche in Bewegung, durch die Schonnebecker Straße zum Friedhof.

Der Klaus und ich gingen direkt hinter der Kutsche, und wir konnten auf den braunen Sarg sehen. Hinter uns folgten die Oma und meine Mutter, dann die anderen Verwandten und Nachbarn. Alle Menschen, an denen der Opa in der Kutsche vorbeikam, blieben stehen, die Männer nahmen ihre Hüte ab, manche machten ein Kreuzzeichen.

Und dann geschah das Unfaßbare:

Plötzlich mußte ich lachen. Würgend, verkrampft und verzweifelt lachen. Fast so, als wenn ich hätte brechen müssen.

Und dabei schämte ich mich vor dem Opa so. Was sollte der jetzt wohl von mir denken? Sicher sah er mich jetzt von da oben und war ganz niedergeschlagen. Denn er wußte ja gar nicht, warum ich so bescheuert lachen mußte. Ich wußte es ja selbst nicht. Ich wollte ja gar nicht lachen. In Wirklichkeit war ich doch so unheimlich traurig, daß mein Opa tot war. Mein Opa, den ich so gerne gehabt hatte, der ja mein bester Freund war.

Die zehn Mark, die der Opa mir damals geschenkt hat, habe ich nie ausgegeben.

19. Kapitel

Von einer hohen Hürde, die sich gewaschen hat, und einem mörderischen Giftzettel, der auf sich warten läßt

»Da müßt ihr aber ganz fein aufpassen. Das wird eine ganz hohe Hürde, die Aufnahmeprüfung. Die hat sich gewaschen. Aber eigentlich seid ihr beiden ja immer schön artig und fleißig gewesen.«

Das Fräulein Osterfeld hatte gnädig genickt, als sie uns mitteilte, daß der Klaus und ich die Aufnahmeprüfung für das Gymnasium machen sollten. Und sie war auf einmal ganz menschlich gewesen, gar nicht mehr so wie eine Lehrerin. Sie hatte uns sogar viel Glück gewünscht für die Prüfung, und die ganze Klasse würde uns die Daumen drücken.

Die vier Jahre auf der Volksschule waren fast die Hälfte meines zehnjährigen Lebens, eine lange Zeit für mich. Und plötzlich wurde mir klar, daß ich vielleicht all die Schüler bald nicht mehr wiedersehen würde, mit denen ich die ganzen vier langen Jahre soviel zusammen erlebt hatte. Ich würde nicht mehr über den Blödsinn vom Willi lachen können, der Pannekauken würde mich nicht mehr zaghaft verhauen, ich würde keine Heiligenbilder vom Fräulein Osterfeld mehr sammeln können, in der Adventszeit keine Strohhalme mehr in die Krippe legen dürfen, wenn ich mal artig oder ganz besonders fleißig gewesen war, damit das arme Jesuskind es später einmal schön weich und kuschelig in der Krippe hätte.

Doch das Allertraurigste war, daß ich in den Pausen die Heidi nicht mehr sehen konnte.

Die Heidi spielte in den Pausen immer neben dem Schultor. Hüpfen, Seilchenspringen, Bälle an die Wand werfen und wieder aufschnappen und all die anderen Mädchenspiele. Wir Jungen dagegen machten Hahnenkämpfe, spielten Pinnchenkloppen, Fangen oder Fußball.

Trotzdem gelang es mir in jeder Pause, wenigstens einmal unauffällig in ihre Nähe zu kommen. Denn mit der Zeit hatte ich mir so einige raffinierte Tricks einfallen lassen. Ich schlug das

Pinnchen mit drei Schlägen in ihre Richtung, schoß den Fußball versehentlich gegen das Schultor oder rannte beim Fangen auf sie zu.

Wenn ich dann wirklich in ihrer Nähe war, sah ich verstohlen zu ihr rüber und beobachtete, wie sie spielte. Und manchmal bekam ich ganz genau mit, wie sie auch schon mal heimlich zu mir rüberblinzelte. Dann war ich richtig glücklich und zufrieden. Dann wußte ich, die Heidi hatte mich wohl immer noch ganz gerne.

Das alles würde aber vielleicht bald vorbei sein. Für immer vorbei sein.

Neugierig war ich allerdings schon darauf, was mich so alles erwarten würde auf dem Gymnasium, das so weit weg war, viel weiter weg als der Hauptbahnhof. Ungefähr doppelt so weit. Da mußte ich schon mit der »4« hinfahren.

Als ich am ersten Tag der Prüfung die Stufen hinauf durch das Portal des Gymnasiums ging, zog ich unwillkürlich meinen Kopf ein und mußte ganz tief durchatmen. Hier war alles viel größer als an unserer Volksschule. Über dem Eingangsportal prangte ein kreisrundes, großes steinernes Relief, darüber ein dicker Lorbeerkranz, den zwei kleine, nackte Steinfiguren trugen. Obwohl sie den schweren Kranz schleppen mußten, lächelten die beiden süß und streckten ihre dicken Bäuche vor.

Ich war frisch gebadet, meine Mutter hatte mich vorher noch schnell zum Lentzki geschickt, und der Lentzki hatte wieder seine »S-päße« gemacht, wieder »dat« und »wat« gesagt, zum Schluß noch mal »Kucken, kucken, nix geseh'n«. Genau wie vor vier Jahren, vor meinem ersten Schultag.

Und trotzdem, heute war mir viel mulmiger zumute als damals. Damals war meine Mutter dabei, damals kannte ich schon vorher fast alle Kinder, vor allem den Willi, damals hatte ich auch nicht diese blöde Aufnahmeprüfung vor der Brust.

Endlich entdeckte ich den Klaus. Wir sahen uns beide etwas belemmert an, hatten auch überhaupt nichts zu erzählen, blieben aber von nun an zusammen. Dann wurden wir Neuen in die »Aula« geführt. Die Aula war ein riesiger Saal mit vielen Stühlen und einem Pult auf einem erleuchteten Podium. Wir setzten uns in eine der letzten Reihen, schwiegen verschüchtert und warteten. Alle anderen Kinder schwiegen auch verschüchtert.

Nur dem Jungen mit dem ganz kurzen Fassonschnitt in der Reihe vor mir, dem schien das alles überhaupt nichts auszumachen. Er war größer als ich. Solche Jungen saßen im Kino meistens vor mir. Dann mußte ich immer um die Ecke gucken, wenn ich den Dick und Doof-Film mitbekommen wollte.

Sein kurzgeschorener Hinterkopf stand nicht still. Jetzt stieß er seinen linken Nachbarn an, flüsterte ihm etwas ins Ohr und grinste breit. Da der nicht mitlachte, drehte er sich zu seinem rechten Nachbarn, flüsterte ihm auch etwas zu, lachte dann, nickte dabei mit seinem Kopf wie ein Huhn und bekam auch nicht im mindesten mit, daß der andere überhaupt nicht reagierte. Der wagte nämlich kaum, sich zu bewegen. Genau wie ich.

Schließlich erhob sich aus der ersten Reihe ein glatzköpfiger Mann, der etwas Ähnlichkeit mit einer Kugel hatte. Er betrat das Podium, zwängte sich hinter das Pult, stellte sich vor als der Direktor und hieß uns ganz herzlich willkommen auf dem Gymnasium. Er sah ganz anders aus als der Herr Esser, unser Volksschulrektor, viel dicker und viel älter. Der konnte auch bestimmt nicht so gut mit einem Damenfahrrad fahren.

Er sprach von dem neuen Lebensabschnitt, der uns erwartete, von einer neuen Umgebung, die wir kennenlernen sollten, und von neuen Lehrern, an die wir uns sicher schnell gewöhnen würden. Aber er erinnerte uns auch an unsere bewundernswerten Eltern, die uns, sicherlich unter mancherlei Entbehrungen, den Aufenthalt hier auf diesem Gymnasium ermöglichten. Auch daran sollten wir doch mal denken, nicht alles nur so als reine Selbstverständlichkeit hinnehmen.

Während seiner schönen Rede leuchtete seine Glatze hell im Licht eines Scheinwerfers, als ob er sie mit Bohnerwachs eingeschmiert hätte. Und ich wurde unwillkürlich an unser altes Taschenlampenfangspiel erinnert. Auf den Direktor schien nämlich einer der Strahler, die über dem Pult hingen. Und der Schein des Strahlers bildete einen glitzernden Kreis, der auf seiner spiegelglatten, glänzenden Glatze herumwanderte. Wenn der Direktor seinen Kopf nach vorne beugte, wanderte der Strahl nach hinten, beugte er ihn nach links, wanderte der Strahl auf seinem Schädel nach rechts. Plötzlich stieß mich der Klaus an und deutete mit dem Kopf auf meine rechte Hand. Die hatte ganz unwillkürlich angefangen zu zucken. Als wenn sie immer wieder einen unsichtbaren Lichtstrahl fangen wollte, wie damals bei dem Herrn Munka.

Nach der Begrüßungsrede wurden wir in Gruppen aufgeteilt. Für mich kam der Aufruf: Gruppe 2, Raum 27.

Der Raum 27 war ein Klassenzimmer, sah aber ganz anders aus als alle Klassen, die ich kannte. Die Tafeln hinter dem Pult waren grün und glatt. Gar keine schwarzen Schiefertafeln wie auf der Volksschule. Sie hingen hintereinander an der Wand und ließen sich in Holzschienen rauf und runter schieben. Wenn eine Tafelseite vollgeschrieben war, brauchte der Lehrer sie nur hochzuziehen, und die leere Tafelseite erschien. Die konnte er dann auch noch vollschreiben.

Die Tische und Stühle waren getrennt, da kam man sich gleich ganz anders vor als auf der Volksschule mit den festverbundenen Bänken. Mit losen Stühlen würde sich auch mehr anfangen lassen: auf und ab wippen, hin und her schieben, oder, wenn man den Bogen raushatte, auch mal auf den hinteren beiden Stuhlbeinen vor und zurück wandern, erst mit dem linken, dann mit dem rechten auftretend.

In Raum 27 wurde die Gruppe 2 drei Tage lang auf Herz und Nieren geprüft. »Und jeder, der die Aufnahmeprüfung besteht, kommt in die Sexta«, versicherte uns der Lehrer. Alle Schuljahre auf dem Gymnasium hatten lateinische Bezeichnungen. Sexta, Quinta, Quarta, das ging noch weiter bis zur Prima. So weit wollte ich aber noch gar nicht denken. Erst mal die Aufnahmeprüfung bestehen. Und die hatte sich tatsächlich gewaschen. Genau wie Fräulein Osterfeld es uns prophezeit hatte.

Die Rechenaufgaben waren noch ganz in Ordnung, und das Einmaleins machte sogar richtig Spaß. Das hatte uns Fräulein Osterfeld ja auch gründlich eingetrichtert. Da zeigte sich schnell, wer bei ihr denn fein aufgepaßt hatte. Aber dann das Diktat! »Der alte Kreis fütterte die Tauben im Park.« – »Der alte Kreis«? –

»Der alte Greis«? Ja, wer denn nun? Da sollte sich noch einer auskennen!

Mit der Zeit allerdings verschwand die Aufregung der ersten Stunden ganz automatisch, und ich ging am zweiten und dritten Tag viel gelassener durch das wuchtige Portal ins Gymnasium.

Doch dann, als die drei Tage vorbei waren und ich auf das Ergebnis warten mußte, da kam die Aufregung zurück, schneller und stärker als zuvor. Denn auf einmal wußte ich ganz genau: Ich war durchgefallen.

Jetzt half nur noch eins. Mein Wundermittel. Das hatte auch in ausweglosen Situationen schon öfter geklappt. Und das – so beschloß ich – sollte jetzt wieder einmal zur Anwendung kommen.

Das Wundermittel hatte einen ganz einfachen Namen: Beten. Das hörte sich einfach an, hatte es aber in sich. Denn mit drei Vaterunsern wie nach der Beichte, zur Sühne für meine Sünden, war es nicht getan. Nein, hier mußte es schon etwas mehr sein. Hundert Vaterunser, einzig und allein für die Aufnahme auf das Gymnasium. Damit der Liebe Gott mal sehen konnte, was ich doch so alles für ihn auf mich nahm. Vielleicht würde er dann ja ein Auge zudrücken und auf den Lehrer einwirken, der meine Arbeit korrigierte. Vielleicht so, daß der den einen oder anderen Fehler übersehen würde. Eine kleine Ablenkung, eine kleine Unachtsamkeit nur, die konnte da schon reichen. Den Lehrer dazu bringen, mal kurz seinen Kaffee über das Heft zu schütten, so daß er gar nichts mehr lesen konnte, ein Tor für Schalke 04 im Radio, wo er vor lauter Begeisterung glatt drei Fehler übersah, alles Möglichkeiten, die dem Lieben Gott zur Verfügung standen. Und solche Ablenkungen konnte kein anderer besser beeinflussen als er.

Die hundert Vaterunser mußten unbedingt sein. Und so murmelte ich sie dann vor mich hin, als ich an einem Sonntagabend mit dem Bus von Heisingen nach Hause fuhr.

Ich war am Wochenende beim Pittermann gewesen und hatte ihm lange mit meinen vermaledeiten Vorahnungen in den Ohren gelegen. Doch der Pittermann hatte nur gelacht und gemeint, das

Gefühl kenne er ja nun auch von seiner eigenen Aufnahmeprüfung. Aus dem Effeff. Und jetzt? Jetzt komme er schon in die Quinta. Hoffentlich.

»Son Gefühl kommt bei mir eigentlich nach jeder Arbeit. Ganz automatisch. Anschließend hat man dann sein Fett weg. Ne Fünf oder Sechs.« Der Pittermann grinste breit.

»Wie warst du denn auf der Volksschule, so von den Zensuren her?« fragte er mich.

»Ganz gut.«

»Gut? Na, dann kannst du dich schon mal auf jede Menge Fünfen und Sechsen gefaßt machen.«

»Wieso?«

»Ja nun, Zensuren auf dem Gymnasium sind immer so drei bis vier Noten schlechter als auf der Volksschule.«

Ich bekam einen Schrecken. Da stand mir ja wohl noch so einiges bevor. Also mußte ich mich schleunigst ans Werk machen, mein Wundermittel anzuwenden, auf der Rückfahrt im Bus, da hatte ich ja die meiste Zeit.

Bei jedem Vaterunser konnte ich einen Finger weiter zählen, nach jeweils zehn Vaterunsern einen Finger weiter für die Zehner. Und schon nach kurzer Zeit hatte ich auch die ersten zehn Vaterunser heruntergeleiert. Jetzt durfte ich eine kleine Pause einlegen.

Ich blickte hoch und – sah in lauter grinsende Gesichter.

Ich verstummte.

Da hatte ich wohl vor lauter Eifer so richtig laut vor mich hin gemurmelt. Und alle Umstehenden hatten meine Gebete brühwarm miterlebt.

Ich hätte mich am liebsten in den Hintern gebissen und stierte auf den Boden. Vielleicht sah man dann meinen roten Kopf nicht so genau.

Trotzdem, ich ließ nicht locker. Spätestens hinter der Haltestelle »Zornige Ameise« allerdings, beim siebenundzwanzigsten Vaterunser, wurde mir klar, was ich da auf mich genommen hatte. Drei Vaterunser nach dem Beichten, da konnte man nichts gegen sagen. Aber hundert Vaterunser? Das würde schon noch ein schöner Schlauch werden.

Das war aber nun mal mein Los, ohne Anstrengung kommt nichts. So hielt ich eisern durch, und kurz vor der Zeche Ernestine hatte ich die hundert Vaterunser tatsächlich geschafft. Da ich bis Rotthausen noch etwas Zeit hatte, schob ich für alle Fälle noch schnell drei Vaterunser hinterher, schaden konnte das sicher nicht. Es konnte ja gut sein, daß ich mich irgendwo verzählt hatte, und schon wäre die ganze mühselige Plage umsonst gewesen.

Nach der Aufnahmeprüfung dauerte mein Heimweg von der Schule jeden Tag eine Ewigkeit. Ob diesmal der Giftzettel vom Gymnasium zu Hause angekommen war?

Der Giftzettel ließ auf sich warten.

Eines Mittags aber war es dann passiert. Da lag der mörderische Giftzettel mit dem Schulstempel auf dem Küchentisch. Und vom Herd kam auch schon meine Mutter auf mich zu.

»Na, Thomas? Was meinst du wohl, was da drin steht?«

Mir wurde ganz schwindelig.

Dann nahm sie mich in den Arm. »Herzlichen Glückwunsch! Unserem Sextaner!« lachte sie und drückte mich, daß mir die Luft wegblieb.

20. Kapitel

Von einem Skatspiel mit Karwendel-Beilage, einer Zahnarztpraxis mit musikalischen Gebissen, von roter Hippenmilch und einem Plumpsklo mit Verweileffekt

»Na, dann komm mal mit in den Keller.« Meine Mutter nickte mir aufmunternd zu.

Im Keller wollte ich zuerst meinen Augen nicht trauen. Da stand ein nagelneues, blitzblankes, blaues Fahrrad. Außer »Boh« brachte ich kein Wort heraus. Ich sah meine Mutter ungläubig an. Die schmunzelte und meinte dann: »Als Belohnung für die bestandene Aufnahmeprüfung.«

Ich konnte mein Glück nicht fassen. Ein eigenes Fahrrad, für mich ganz alleine. Da konnte ich ja jetzt durch die Weltgeschichte fahren, jederzeit, wohin ich wollte. Und die ganze nächste Woche hatte ich ja noch Osterferien. Ich war überwältigt. Ehrfürchtig strich ich über den silberglänzenden Lenker, über den Sattel und über den Gepäckträger. Schließlich stammelte ich ein leises »Boh, ist das Klasse«.

Und dann schleppte ich das Fahrrad auf die Straße und machte meine allererste Fahrt mit meinem eigenen Rad. Quer durch Rotthausen, durch ganz unbekannte Straßen. Und ich spürte den Fahrwind und war aufgeregt und überglücklich.

Fahrradfahren, das hatte mir der Hans-Hermann damals bei Bopp beigebracht. Auf dem alten Herrenrad seines Vaters. Der Hans-Hermann hatte das Rad immer hinten am Gepäckträger festgehalten, wenn ich bei Bopps auf dem Hof losgefahren bin. Doch eines schönen Tages lief er auf einmal neben mir her und tönte breit grinsend: »Tatü-tata, tatü-tata, der Fahrradfahrer ist da.« Zuerst wußte ich überhaupt nicht, was los war. Der Hans-Hermann lief ja neben mir her. Doch dann brüllte ich los: »Ich ... ich kann ja ..., ich kann ja Fahrradfahren.«

Und welche Möglichkeiten ich jetzt hatte. Ein Auto mit Pedalen oder mit dem Holländerantrieb, das brauchte ich ja überhaupt nicht mehr, mein Fahrrad war ja noch viel schneller als so ein Auto. Und ich brauchte nicht mehr nur in Rotthausen zu bleiben, jetzt konnte ich fahren, wohin ich wollte. Ich konnte nach Essen fahren oder zur Ruhr oder in den Schellenberger Wald.

Oder, daran hatte ich noch gar nicht gedacht, ich konnte ja auch einfach mal den Pittermann in Heisingen besuchen.

Und als ich am Abend meine Eltern danach fragte, hatten die komischerweise nichts dagegen. Ich mußte ihnen nur versprechen, schön vorsichtig zu fahren. Und sie erlaubten mir sogar, die letzten Tage der Osterferien in Heisingen zu bleiben.

So stand ich also am anderen Morgen in aller Herrgottsfrühe auf, viel früher als sonst, holte mein Fahrrad aus dem Keller und machte mich auf den Weg nach Heisingen. Der würde Augen machen, der Pittermann.

Zwei Stunden später stand ich vor der Haustür meines Vetters.

Rechts neben der Haustür war das Blumengeschäft vom Opa Beisenberg.

Kein Nachbar wurde vom Pittermann so bewundert wie der alte Opa Beisenberg. »Der kann auf Kommando furzen. Ganz bestimmt. Der ist die ganze Treppe raufgegangen und hat auf jeder Stufe einen fahrengelassen.«

Ich winkte durch die Fensterscheibe, und der Opa Beisenberg kam zur Tür.

Er sah mich ungläubig an. »Wo kommst du denn her?«

Ich machte eine lässige Handbewegung. »Jaah. Aus Rotthausen. Mit dem Fahrrad.«

»Is ja nicht zu glauben«, meinte der Opa Beisenberg nur und hatte überhaupt keinen Blick für mein neues Fahrrad.

Ich stieg die alte, knarrende Holztreppe rauf. Hier im Flur roch es wieder nach Bohnerwachs und Desinfektionsmittel.

Als ich plötzlich im Türrahmen stand, sah mich die Tante Maria ganz entgeistert an. Der Pittermann sprang sofort vom Küchenstuhl auf und fragte genau das gleiche wie der Opa Beisenberg: »Wo kommst du denn her?«

Ich antwortete, genau wie beim Opa Beisenberg: »Jaah. Aus Rotthausen. Mit dem Fahrrad.«

Dann erzählte ich von meinem neuen Fahrrad, und der Onkel

Josef in seinem weißen Kittel staunte: »Donnerwetter«. Der Onkel Josef war Zahnarzt, und seine Praxis lag direkt hinter dem Wohnzimmer.

Der Pittermann aber hatte sofort ganz konkrete Pläne. »Dann können wir ja die ganze Woche durch die Gegend fahren, nach Steele, in den Schellenberger Wald, überallhin.«

»Und an der Ruhr entlang«, erinnerte ich ihn.

Und genau das machten wir dann auch.

Noch am selben Nachmittag fuhren wir um den ganzen Stausee herum, über die Kampmannsbrücke, dann am Bootshaus und Haus Scheppen vorbei, über die Werdener Brücke auf die andere Ruhrseite, dann weiter über Jagdhaus Schellenberg und zurück, bis wir schließlich wieder in Heisingen auskamen. Während wir am Stausee entlang fuhren, hatte ich wieder den schönen, angenehm-modrigen Geruch der Ruhr in der Nase. Genau wie vor zwei Jahren, als ich hier am Bootshaus mit dem Pittermann schwimmen gelernt hatte. In der Ruhr mit ihren glitschigen Steinen, manchmal auch mit toten weißen Fischen, die auf der Wasseroberfläche schwammen, und mit der Schwanenfamilie, der man beim Schwimmen besser nicht zu nahe kam, damit sie einen mit ihren kräftigen Flügeln nicht auf einmal einen Kopf kürzer machten.

Am Abend kamen der Opa Beisenberg und der Herr Radtke aus der zweiten Etage zum Onkel Josef. Skatspielen. Und während der Herr Radtke von dem Mann aus Recklinghausen sprach, der sich schon mal totgemischt hatte, erinnerte sich die Tante Maria an die reizende Familie, die mit ihnen im letzten Urlaub in der gleichen Pension gewohnt hatten. Die kamen auch aus Recklinghausen. Und dann geriet die Tante Maria ins Schwärmen. Und Schwärmen konnte die Tante Maria. Ach, was konnte die Tante Maria schwärmen von ihrem Karwendel. »Nee, wenn ich in meinem geliebten Karwendel bin! Wenn ich so vor meinem ›Wilden Kaiser‹ stehe. Ma – jes – tätisch, gell, Josef?«

Selbst das »Gell« hatte sie von ihrem »Wilden Kaiser« nach Heisingen mitgenommen.

Der Onkel Josef sah auf sein Skatblatt und nickte. »Ja, ja.«

»Und der Busfahrer, Josef, erinnerst du dich noch an den Busfahrer?«

Der Opa Beisenberg meinte: »Karte oder 'n Stück Holz«, der Onkel Josef machte: »Hm, Hm«, und die Tante Maria lächelte versonnen und fuhr fort: »Der war ja vielleicht lustig.« Der Onkel Josef murmelte wieder etwas und spielte ungerührt weiter.

Da mußte die Tante Maria laut vor sich hin kichern. »Einmal sagte der Busfahrer: Und da links vorne, da sehen Sie die Zugspitze.«

»Beim Grand spielt man Asse, oder man hält die Frasse«, brummte der Opa Beisenberg, und die Tante Maria erinnerte sich immer deutlicher: »Also, sagt der Busfahrer: Und da links vorne, da sehen Sie die Zugspitze. Wir starrten aufgeregt nach vorne. Und da hinten das Zugende! Verstehste? Zugspitze und Zugende. Da war nämlich ein Zug.« Die Tante Maria gickelte vor sich hin. »Wir haben vielleicht gelacht.«

»Warum hast du denn nicht geschnibbelt?« knurrte der Opa Beisenberg, und die Tante Maria schüttelte ihren Kopf. »Aber so Dinger hatte der immer drauf. Zugspitze hätte ja auch gar nicht sein können, war ja erst vor München.«

Am nächsten Morgen drückte die Tante Maria dem Pittermann einen Eimer in die Hand. »Da, holt mal Kartoffeln aus dem Keller.« Sie wollte nämlich zur Feier des Tages tatsächlich Reibekuchen machen, »Reibekuchen mit lecker Kraut«. Extra für mich. Mein Leibgericht.

Wir kletterten in den finsteren Keller. Und da zeigte der Pittermann auf einen alten, verstaubten Sack und meinte beiläufig: »Hat mein Vater noch von seinem Studium. Faß mal rein.« Ich griff hinein, holte etwas Rundes heraus und erblickte einen echten, grauen, staubigen Totenkopf in meiner Hand. Der Pittermann fing an zu lachen, sein tiefes, röhrendes Lachen. Wenn der aber gedacht hatte, ich hätte vor Entsetzen aufgeschrien, dann konnte er lange warten. Mit Skeletten kannte ich mich nämlich aus. In unserer Volksschule stand auch so ein Skelett herum. »Unser niedlicher kleiner Oskar«, meinte das Fräulein Osterfeld immer.

Also verzog ich nur etwas meine Mundwinkel und sagte, ohne im geringsten mit der Wimper zu zucken: »Der Kürbis vom Oskar.«

Die Reibekuchen gab es zum Abendessen, und die Tante Maria mußte drei Pfannen zusätzlich braten, weil mir die Reibekuchen so gut schmeckten.

Nach dem Abendbrot gingen Tante Maria und Onkel Josef runter in die Gaststätte Beisenberg, die einem Sohn vom Opa Beisenberg gehörte. Zum Singen. Sie waren nämlich im Gesangverein. Dadurch konnte die Tante Maria ja auch so herrlich singen und tirilieren. »Wir sind im Gesangverein ›Dicke Backe‹«, meinte der Onkel Josef jedesmal. Die Tante Maria lächelte dann immer wieder mild. »Der macht immer so komische Witze, der Onkel Josef, ne, Thomas?« Sie sagte mir aber nicht, wie der Gesangverein nun wirklich hieß. Das war mir allerdings auch vollkommen egal. Sie hatten jetzt zweimal das Singen versäumt, da sie erst vorgestern aus dem Urlaub zurückgekommen waren. Zurück von Tante Marias Karwendel-Gebirge.

Jetzt endlich, wo seine Eltern weg waren, hatten der Pittermann und ich alle Räume ganz für uns alleine. Der Pittermann schloß heimlich die Praxis vom Onkel Josef auf. In der Praxis war alles spannend. Der schwarze Sessel für die Patienten, den wir nach hinten schwenken konnten, der Spucknapf, in den wir bei unserem Weitspucken fast immer hineintrafen, und der Bohrer, der über dem Sessel hing und der um so heller summte, je schneller er sich drehte. Interessant waren auch die Gegenstände auf Onkel Josefs Arbeitstisch, der hinter einer Stoffwand stand. Echte Zähne, Wachsabdrücke, Feilen, sogar ein Bunsenbrenner. Am allermeisten aber konnte man mit den Kieferabdrücken anfangen. Wir befestigten sie mit einem Gummifletscher an Finger und Daumen, und wenn wir jetzt unsere Hände öffneten und schlossen, wurden die Kiefer lebendig. Dann konnten unsere Gebisse schnappen, sich küssen, in die Tischplatte beißen oder dem Pittermann in den Hintern. Sogar Geschichten konnten sie erzählen und laut mit den Zähnen klappern wie das Krokodil aus meinem Kasperletheater.

Nachdem sie eine ganze Zeitlang gebissen und geküßt und geklappert und erzählt hatten, meinte das Gebiß vom Pittermann plötzlich: »Einmal ›Mein herrliches Karwendel, du‹?«

Da fing meins ganz wild an zu klappern und stöhnte vor sich hin: »Nee, lieber ›Madame Butterfliege‹.«

Unsere Gebisse sprachen nämlich von den Schallplatten der Tante Maria. Also gingen wir zurück ins Wohnzimmer. Denn hier stand Tante Marias neuer Schallplattenschrank aus schwarzem Rauchglas.

Der Pittermann kramte daraus die »Madame Butterfliege« hervor. Die dicke Sängerin auf der Plattenhülle hatte ihren Mund weit aufgerissen und machte vor lauter Anstrengung ein ganz verkniffenes Gesicht. Sie hatte sich lange, dunkle Schlitzaugen angemalt, schwarze Strohhaare mit Stricknadeln auf ihren Kopf gestülpt und war wohl vollkommen davon überzeugt, jeder würde sie in der Verkleidung für eine leibhaftige Chinesin halten.

Das Pittermann-Gebiß knabberte ein wenig an ihren Stricknadeln, meins hangelte sich derweil »Mein herrliches Karwendel« aus dem Plattenschrank. »Das möchte doch der Thomas so gerne hören«, bettelte mein Gebiß.

Das Pittermann-Gebiß bekam plötzlich eine ganz tiefe Stimme wie der Nikolaus. »War er denn auch immer artig, der Thomas?«

Mein Gebiß klapperte vor Angst: »Ja, ja, der war immer ganz artig, der Thomas, ganz bestimmt.«

Da war des Gebiß vom Pittermann endlich beruhigt und befahl seinem Besitzer barsch, »Mein herrliches Karwendel« aufzulegen.

Und das hörten sich unsere Gebisse jetzt gemeinsam an.

Und sie waren entzückt. Sie jubelten »ma – jes – tätisch« und »Oh, du Wilder Kaiser, du« und gerieten bei jedem Jodelgesang außer sich vor Entzücken.

Dann allerdings mußten wir mit den Gebissen ein wenig schimpfen. Bei dem rührenden Lied »Steig in das Traumboot der Liebe, fahre mit mir nach Hawaii« sangen sie so mir nichts, dir nichts »Steig in das Schaumbad von Suwa, wasch dir die Mauken mit Rei.«

Die nächste Platte, wo ein Soldat am Wolgastrand stand, ließ der Pittermann dann langsamer laufen, so daß unsere Gebisse im tiefsten Baß ihr »Wooolgaastraand« nur so vor sich hin schmetterten. Dann wünschte sich mein Gebiß sehnsüchtig die Platte mit dem »Goldengelein« Die lief jetzt ganz schnell, und auch jetzt sangen unsere Gebisse laut und hingebungsvoll mit, das »Goldengelein« allerdings immer einen Tick schriller als auf der Platte. Und nach jedem Lied schnatterten sie unermüdlich Beifall:

»Oh, nee, wie schön.«

»So süß.«

»Herrlich, herrlich, herrlich.«

Und ich war sicher, daß sich unsere Gebisse in ihrem Leben noch nie so wohl gefühlt hatten wie bei den Platten von der Tante Maria. Sie waren schließlich so hingerissen, daß sie sich sogar in die Tür des Plattenschrankes verbissen.

Dann fragte mich das Pittermann-Gebiß, ob wir nicht morgen früh mal zur Tante Anna fahren sollten.

Und meins war sofort Feuer und Flamme, biß vor lauter Freude in die Stehlampe mit den drei Lampenschirmen und ließ sie bedenklich wackeln. Ich hatte einen richtigen Schreck bekommen und schimpfte es natürlich ganz gehörig aus.

Am nächsten Morgen fuhren wir dann mit unseren Rädern zur Tante Anna. Die Tante Anna war unsere Großtante und lebte mit ihrem Mann, dem Onkel Fritz, in Rodberg, zwischen Kupferdreh und Werden. In einem windschiefen, urgemütlichen Haus am Waldrand, inmitten von großen, wildwuchernden Wiesen. Und hier waren der Pittermann und ich immer unheimlich gerne. Denn die Tante Anna und der Onkel Fritz hatten immer Zeit für uns. Viel mehr als unsere Eltern.

Der Wald hinter dem Haus von Tante Anna hieß bei allen nur »der Busch«. Im Busch konnten wir herrlich spielen: den dahinplätschernden Bach stauen, Verstecken spielen, auf die Bäume klettern, die hier noch viel höher waren als bei uns in der Schemannstraße, oder »THOMAS« in die Baumrinde schnitzen. Einmal habe ich übrigens auch »HEIDI« in einen Baumstamm geritzt.

»Wir«, das waren meistens der Pittermann, die Ulla und ich. Die Ulla war jünger als wir, sie konnte aber wie ein Affe auf alle Bäume klettern. Und die Ulla konnten wir immer so schön ärgern.

»Ulla mitte Pulla, hat 'n Furz im Bauch,
Löcher inne Buxe, wo der Wind durchsaust.«

Manchmal durften wir sogar bei Tante Anna übernachten. Dann allerdings mußten wir uns am nächsten Morgen über dem weißen Emaillewaschbecken mit dem eiskalten Wasser waschen.

Das Wasser war eigentlich viel zu kalt zum Waschen. Mein Waschtrick: Wasser ins Gesicht und prusten. So konnte man das kalte Wasser im warmen, schlaftrunkenen Gesicht halbwegs ertragen. Als ich dem Pittermann den Trick erklärte, meinte er »Gute Idee«, nur, den Hals, den dürfe man sich unter keinen Umständen waschen, der könnte ja auch nicht prusten. Das Waschbecken mit dem dünnen blauen Rand und den vielen Roststellen hing im Flur, direkt neben dem Hauseingang. Auch das Stück Seife, zerfurcht und immer irgendwie schmutzig, hing mit einem Magneten an der Wand.

Jeden Morgen machte die Tante Anna zuerst den Herd mit dem schönen, glänzenden Geländer an, zuerst mit Zeitungspapier, dann mit Holz; wenn alles schön brannte, kamen Kohlen drauf.

Im Stall, neben dem Platz für die Ziege, standen zwei Plumpsklos direkt nebeneinander. Zeitungsseiten, fein säuberlich in vier Teile geschnitten, hingen als Klopapier an dem Zwischenbalken. Wenn man lange genug suchte, fand man auf ihnen sicher die Witze von Klein-Tinchen und ihrem Vetter Flax oder die raffinierten Suchbilder. Die sahen wie ganz normale Bilder aus, irgendwo in ihnen waren aber Menschen oder Tiere so geschickt versteckt, daß man schon lange und geduldig suchen mußte, um sie überhaupt zu entdecken.

Auf dem letzte Teil des Weges zu Tante Anna mußten wir unsere Räder schieben, die Strecke wurde jetzt holperig und steil und endete schließlich in einem matschigen Wiesenweg, der von

Brennesseln überwuchert war. Wie an jedem Morgen hatte der Onkel Fritz auch heute seine Ziege an einen Holzpflock auf der abschüssigen Wiese angebunden. Sie fraß kreisrund um den Holzpflock herum das Gras weg. Da der Holzpflock jeden Tag an einer anderen Stelle in den Boden gesteckt wurde, war die ganze Wiese mit runden, sich überlappenden weggefressenen Kreisen besprenkelt.

Tante Anna kam gerade aus dem Wald geschlurft, in ihrer Schürze einige lange Äste, die sie im Wald gesammelt hatte. Sie wischte sich mit dem Handrücken ihre schlohweißen Haare aus der Stirn und nestelte an ihrem Haarknoten herum.

Als sie uns sah, strahlte ihr faltiges Gesicht. »Das ist aber schön, daß ihr eure alte Tante Anna mal wieder besuchen kommt.«

Sie lehnte die Äste gegen den Holzpflock, der neben dem Stall stand. Auf dem habe ich oft stundenlang und mit wachsender Begeisterung Holz gehackt. Wenn meine Eltern mich dabei beobachtet hätten, hätten sie mich bestimmt schon ohne Daumen durch die Gegend laufen sehen.

Tante Anna deutete mit dem Kopf nach links. »Dann gehn wir mal zum Onkel Fritz. Der ist hinter dem Haus bei den Kaninchenställen und verkauft dem Ollen Herwig gerade son paar Karnickel.«

Wir gingen hinter das Haus. Hier hatte der Onkel Fritz einen Kaninchenstall gebaut. Auf mehreren Etagen mümmelten die Kaninchen vor sich hin. Durch das Drahtgeflecht hindurch konnte man sie mit Möhren füttern, und wenn man vorsichtig die Drahtverhau-Tür öffnete, auch streicheln.

Der Onkel Fritz strahlte genauso wie die Tante Anna. »Dat is aber schön, dat ihr euch mal wieder sehen laßt.«

Er war weißhaarig und dünn, und die Geschichten, die er in seiner bedächtigen Art erzählte, begannen immer mit »Eck wöll ma seggen, dü«. Ich konnte ihm stundenlang zuhören.

Und der Onkel Fritz war der größte Zaubermeister, den ich kannte. Er konnte einen Groschen durch die Tischplatte schlagen, rote Kugeln verschwinden lassen oder alle Karten eines Kartenspiels in Herz-Damen verwandeln. Und jedesmal, wenn wir bei ihm waren, hatte er wieder einen neuen Zaubertrick auf Lager. Auch heute.

»Eck wöll ma seggen, dü, is kein Zaubertrick, nur, eck kann Gedanken lesen.«

Wir platzten vor Spannung. Hoffentlich war der Olle Herwig bald damit fertig, ein Kaninchen nach dem anderen zu untersuchen. »Dürfen aber nur Männken sein«, murmelte er. Dabei fummelte er fachmännisch zwischen den Hinterbeinen der Karnickel rum.

»Nix ..., 'n Weibchen!« – Gefummel – »Auch nix ..., 'n Weibchen!« – Gefummel – »Endlich, 'n Männken!«

Der Pittermann und ich sahen uns an und grinsten.

Nachdem der Herwig endlich seine drei Männchen gefunden hatte, gingen wir ins Haus.

Hier im Flur waren die Fliesen ganz ausgetreten, schwarz und gelb, die meisten zerbrochen und mit Rissen, alle uneben und abgewetzt. Ich hatte mir nie vorstellen können, daß sie vom bloßen Drüberlaufen so abnutzen konnten. Ich jedenfalls konnte mit meinen Schuhen stundenlang auf ihnen rumschaben, ohne daß auch nur die geringste Delle entstanden wäre.

Die Tante Anna wusch sich über dem Emaillewaschbecken die Hände, wischte sie an ihrer Schürze ab, und wir gingen in die Küche. Hier roch es immer wie in einer Bratkartoffel-Pfanne.

Wir setzten uns gemütlich auf das rote, verschlissene Plüschsofa mit den beiden messingfarbenen Löwenköpfen an den Lehnen.

Da meinte die Tante Anna: »Da werdet ihr ja einen gehörigen Durst auf ein Glas Hippenmilch haben bei der Hitze«.

Das hatte sie schon immer als erstes gesagt, wenn wir früher mit unseren Eltern bei ihr aufgetaucht waren, selbst im Winter. Und wir wußten, was uns jetzt blühte. Sie machte uns nämlich »rote Hippenmilch« – Himbeersirup, mit Wasser verdünnt. Unser Lieblingsgetränk. Und da wir so einen Durst hatten bei der Hitze, tranken wir sofort das ganze Glas aus wie immer, die Tante Anna lachte wie immer und machte uns wie immer eine neue Hippenmilch fertig.

»Kannst du wirklich Gedanken lesen, Onkel Fritz?«

»Eck wöll ma seggen, dü, kann eck schon lange, dü, hev eck als Soldat gelernt.«

»Im Krieg?«

»Nö, nö, nich im Krieg, im Manöver, eck wöll ma seggen dü, manövermäßig, vor dem ersten Weltkrieg.«

Und dann zeigte uns der Onkel Fritz, daß er wirklich Gedanken lesen konnte: »Denk di ne Zahl, gut, noch mal soviel dazu, und acht dazu, dann, eck wöll ma seggen, davon die Hälfte, und jetzt die Zahl, die de di gedacht häss, abziehen.«

Der Onkel Fritz wartete, bis wir fertig gerechnet hatten, und sah jedem von uns scharf und konzentriert auf die Stirn.

Tante Anna fragte ihn, ob wir nicht ganz feste an die Zahl denken müßten. Der Onkel Fritz nickte bedächtig, und ich dachte inständig an die Zahl, die ich mir ausgedacht hatte.

»Du häss jetzt, eck wöll ma seggen dü, du häss jetzt vier raus.«

»Boh, stimmt!«

Ich verstand die Welt nicht mehr. Konnte er wirklich Gedanken lesen? Wußte er, daß der Pittermann und ich uns immer ein wenig über die Tante Anna lustig gemacht haben, wenn sie in ihren Pinkelpott gepinkelt hat? Wußte er, daß wir jedesmal, wenn wir sie pinkeln hörten, in unseren Gesang eingestimmt sind: »Leise rauschet der Missouri!«

Abends, zum Abschied, schenkte die Tante Anna noch jedem von uns zwei Glas rote Hippenmilch ein, und wir machten uns auf den Heimweg. Und unterwegs stimmte der Pittermann die Lieder an, die unsere Gebisse gestern so hingebungsvoll gesungen hatten. Wir jodelten ausgelassen das Karwendellied, sangen vom Wooolgaastrand, aber auch »Unser Oma fährt im Hühnerstall Motorrad«, »O mia Donna, kratz mich mal« und »Ulla mitte Pulla hat 'n Furz im Bauch«.

Als die Ferien zu Ende waren und ich wieder nach Hause fahren mußte, meinte der Pittermann, wir hätten in den letzten Tagen bestimmt fünfhundert Kilometer abgegrast mit dem Fahrrad. Vierhundert aber mindestens.

Und zum Abschied standen der Pittermann, die Tante Maria, der Onkel Josef und sogar der Opa Beisenberg an der Haustür und winkten mir lange nach. Bis ich in die Heisinger Straße einbiegen mußte.

21. Kapitel

Von einem großen, mächtigen Tarzan, von der barmherzigen Zuwendung zu einem armen Würstchen und dessen alberner Gegenleistung

Der Junge, der auf dem Schulhof auf mich zu kam, war viel größer und bulliger als ich. Er hatte überhaupt keinen Hals, sein Kopf saß direkt auf seinen Schultern. Und er sah viel stärker aus als wir; der war bestimmt schon in der Quarta.

Er blieb ganz nahe vor mir stehen. »Na, auch son Neuer. Willste ma Muckis sehen? Vom Tarzan, dem Rächer der Enterbten?«

Ich hielt die Arme verschränkt und versuchte, ihn gar nicht zu beachten.

Tarzan aber hielt mir seinen Arm unter die Nase und spielte eindrucksvoll mit seinen Muskeln. Er sah sich grinsend zu seinen drei Freunden um. Die grinsten zurück. Dann musterte er mich von oben bis unten. »Dem Neuen müssen wir unbedingt mal eben ›Flieg, Vögelchen, flieg‹ beibringen.«

Ich sagte keinen Ton, das Spiel kannte ich ja schon längst.

Er flatterte mit seiner Hand nah an meinem Gesicht vorbei. »Na, du Angsthase, warum flackerst du denn so mit den Augen? Machst dir wohl vor Angst in die Buxe. Hat das kleine I-Männchen doch tatsächlich Angst vor sonem kleinen Vögelchen.«

»Hab ich ja gar nicht«, wagte ich zu murmeln.

Da schien er zu platzen vor Lachen. »Hat keine Angst vor kleinen Vögelchen, das I-Männchen. Ist ja toll.«

Und er flatterte wieder vor meinem Gesicht herum, jetzt ganz nah und ganz schnell.

Ich riß meine Augen weit auf. Alles, nur jetzt nicht mit den Augen zwinkern. Aber so krampfhaft ich auch die Augen aufhalten wollte, es war nichts zu machen. Wie von selbst gingen meine Augenlider auf und zu.

Und dann geschah es.

Ganz automatisch schlug meine Hand seinen schwingenden Arm vor meinem Gesicht weg, einfach so.

Rundherum wurde es still.

Der Tarzan sah mich erstaunt an. »Was war das denn? Da schlägt der Windelscheißer doch tatsächlich Tarzan, den Rächer der Enterbten!«

Ich ging vorsichtshalber einige Schritte rückwärts. Dabei merkte ich, daß mein linkes Bein zitterte.

Der Tarzan sah sich zu seinen Freunden um. »Habt ihr gesehen, Freunde, daß ich das I-Männchen berührt habe?«

»Nee, nie.«

»Habt ihr denn gesehen, Freunde, daß das I-Männchen mich geschlagen hat?«

»Jaa, und wie!«

»Na gut, dann nimmt Tarzan den Kampf an.« Und Tarzan lachte, und alle seine Freunde lachten mit.

Er stieß seine Fäuste gegeneinander, anschließend schlug er ein paar kurze Haken in die Luft. Seine Kumpanen johlten. Dann tänzelte er grinsend auf mich zu, ganz langsam. Schließlich stand er nur noch so knapp einen Meter vor mir.

Ich starrte geradeaus auf seine Brust, traute mich nicht, ihm ins Gesicht zu sehen.

Tarzan spuckte auf den Boden und rieb sich die Hände. Dann trommelte er mit seinen Fäusten auf die Brust und forderte mich auf, doch mal ganz nah an ihn ranzukommen. Wenn ich kein Feigling wäre. »Dann hast du wohl deinen letzten Köttel geschissen.«

Jetzt merkte ich, daß auch mein rechtes Bein zitterte. Und auch meine Arme, eigentlich alles an mir.

In diesem Moment der höchsten Not watschelte eine lange, schlaksige Gestalt auf uns zu. Ihr Oberkörper war nach vorne gebeugt, die Arme baumelten nach links und rechts, die Beine tapsten schwerfällig wie bei einem Bär. Die schlaksige Gestalt sang voller Hingabe und dabei laut und falsch: »Und so geht der Bauer mit den Klotschen durche Stadt, einundfünfzig, zweiundfünfzig, drei- vier- fünf- und sechundfünfzig!« Als sie uns erreicht hatte, schaukelte sie mit dem Oberkörper wie ein Stehaufmännchen und stieß erst gegen die Brust vom Tarzan, dann gegen meine. Anschließend blieb sie genau zwischen uns stehen. Die lange, schlaksige Gestalt war kein anderer als der Günter, der zappelige, lang aufgeschossene Junge, der in der Aula vor mir gesessen hatte.

Er beendete seinen Gesang und sah uns erwartungsvoll grinsend an. Tarzan blickte immer verständnisloser.

Da holte der Günter tief Luft und rief uns wie Schwerhörigen zu: »Und so geht der Bauer mit den Klotschen durche Stadt«. Er klatschte dabei in die Hände und wiederholte: »Bauer, Bauer!«

Da endlich ging dem Tarzan ein Licht auf. Er kam grinsend auf mich zu. »Hat das I-Männchen nicht verstanden, ne?« Dann nickte er dem Günter zu: »Klasse, Mensch, richtig Klasse. Merkt der doofe Bauer gar nicht, wenn wir ihm das als Ständchen bringen.« Der Bauer war nämlich unser neuer Klassenlehrer. Tarzan kriegte sich überhaupt nicht mehr ein vor Begeisterung.

Dann ergriff der Günter Tarzans Arm, beide drehten sich im Kreis wie ein Brummkreisel, schließlich trollten sie sich davon, laut »Und so geht der Bauer mit den Klotschen durche Stadt« singend.

Und auch ich traute mich nach einiger Zeit zu lachen.

In der nächsten Pause saß ich mit dem Günter auf der Schulhofsmauer.

»Wenn du nicht wie son komischer Bauer aufgekreuzt wärst, hätte mich der Tarzan zu Hackfleisch verarbeitet.« Ich sah den Günter an und grinste.

Der schüttelte nur den Kopf. »Eigentlich schade, den Tarzan hättest du nämlich dreimal aus den Latschen gehauen. Bei dem mußt du nur hin und her tänzeln und genau auf das Weiße in seinen Augen achten, mit der Linken einige kurze Haken schlagen und dann ganz unverhofft eine lange Gerade austeilen.«

Der Günter führte mir vor, wie man die schnellen Geraden losschießen konnte. Bäng, bang, bumm.

»Oder ihm mal so ganz blitzschnell die Beine wegschubsen, dann hätte der Sterne gesehen, der Tarzan!«

Er zeigte mir, wie man ganz überraschend nach einem Ausfallschritt seinen rechten Fuß gegen die Beine vom Tarzan schleudern mußte, bis der schwer angeschlagen auf der Erde lag. Stöhn, stöhn.

Und mir fiel es wie Schuppen von den Augen. Mit dieser Methode hätte ich den Tarzan wirklich ganz locker aus den Socken hauen können.

Also führte ich dem Günter vor, wie ich Tarzan mit rechten Haken bearbeitet hätte. »Bis er die zwölf Apostel für ne Räuberbande gehalten hätte.« Schließlich, wenn sich Tarzan hilflos im Staub des Schulhofs gewälzt hätte, hätte ich meine linke Augenbraue hochgezogen, ihn ganz ruhig und freundlich angelächelt und ihm gesagt: »Nun, wohl etwas schmutzig da unten im Staub, was Tarzan?« Dann hätte ich mit meinem kleinen Finger meinen Pullover entstaubt, hätte mich ganz langsam und lässig umgedreht und wäre ruhigen, gemessenen Schrittes von dannen geschlendert. Ohne den Tarzan auch nur noch eines Blickes zu würdigen. Und der Angeberquatschkopf aus der Quarta, der Tarzan, der Rächer der Enterbten, wäre beschämt gewesen. Fast wortwörtlich konnte ich hören, was er gemurmelt hätte: »Harter Bursche, dieser Neue! Verdammt harter Bursche!« Und seine Kumpanen hätten ganz nachdenklich genickt.

Der Günter freute sich so sehr über meinen Sieg, daß er sein berühmt-berüchtigtes »Hoarch, hoarch« anstimmte. Sein Lachen, das wie das tosende Gemisch aus dem Blöken eines Schafes und dem Grunzen eines Schweines klang, nur viel lauter.

Sein »Hoarch, hoarch« hatte er aus »Akim« und »Sigurd« und »Fulgor«, den bunten, schmalen Piccoloheften, die er sich heimlich für zwanzig Pfennig kaufte. Genau wie sein »Stöhn, stöhn«, sein »Würg, würg«, sein »Urg, urg«, sein »Uuuuuaaaah« oder sein »Kicher, kicher«.

Während der Günter sein »Stöhn, Stöhn« erschallen ließ, rannte der Tarzan brüllend auf uns zu. Wir verstummten. Doch kurz vor uns machte Tarzan einen Bogen und nahm Kurs auf den kleinen Bastian. Seine Freunde hinterher.

Der Bastian war auch in meiner Klasse. Er saß in der letzten Reihe, blickte immer ganz ängstlich und schüchtern in die gefahrvolle Welt, hielt stets die Arme auf dem Rücken verschränkt und traute sich kaum, den Mund aufzumachen. Jetzt kniete er gerade alleine an der Sprunggrube in der Ecke des Schulhofs und ließ den Sand durch seine Finger rieseln.

Der Tarzan strich dem Bastian über den Hinterkopf, fast zärtlich.

Um den Bastian hatte sich mittlerweile eine Traube von Schülern geschart, und wir gingen ebenfalls zur Sprunggrube.

Der Bastian saß mit dem Rücken zu uns, sein Hinterkopf schien jetzt noch größer als sonst zu sein, und er zog und zupfte ununterbrochen mit beiden Händen an seinen Haaren.

Der Tarzan hatte dem Bastian sein abgekautes Kaugummi in die Haare geschmiert

Und der Bastian versuchte, es wieder aus den Haaren herauszubekommen. Aber je mehr er an der klebrigen Masse zippelte und zupfte, um so mehr verteilte sich das Kaugummi auf seinem Kopf. Es machte sich lang und länger, bildete lange Schlieren und Fäden, fand auf dem Weg über den Bastian-Kopf, folgsam an seinen Fingern klebend, immer neue interessante Haare, um die es sich mit List und Tücke herumwand, als gäbe es für unser Kaugummi keinen schöneren Platz auf der Welt als so einen Schülerhinterkopf. Am Ende war der Haarschopf vom Bastian durch und durch mit Kaugummifäden und -schlieren und -bändern und -klumpen und -krümeln durchwebt.

Wie schmal und dünn und lang sich doch so ein kleines, unscheinbares Kaugummi machen konnte.

Doch dann drehte der Bastian plötzlich sein Gesicht zu uns um. Er sagte keinen Ton. Er weinte auch nicht. Er schluckte nur ununterbrochen, und sein Adamsapfel wackelte rauf und runter.

Ich wußte, wie unglücklich und elend sich der Bastian fühlen mußte. Das Gefühl kannte ich auch, ganz genau kannte ich das. Damals, als die blöde Marlies mich noch so ärgern konnte, bevor ich den Trick mit dem Hahnenfuß erfunden hatte. Damals hatte ich auch immer so verzweifelt versucht, nur ja nicht loszuheulen. Regelmäßig ging das Heulen dann aber nach einiger Zeit von ganz alleine los. Und genauso verzweifelt sah mich jetzt der Bastian an.

Am liebsten hätte ich dem Bastian jetzt geholfen, wenn nur der blöde Tarzan nicht mit im Kreis gestanden hätte. Im Moment hatte ich nämlich alle Ausfallschritte schon wieder vergessen.

Plötzlich ging der Kalle an dem grölenden Tarzan vorbei auf den Bastian zu. Der Kalle war mein Banknachbar, er trug eine kleine Nickelbrille, hatte rote, gemütliche Pausbacken und dunkle, lockige Haare. Die waren nach hinten gekämmt, doch irgendein Haarbüschel stand immer ab.

»Zeig mal her, deinen Kopf.«

Der Bastian wich erschrocken zurück und hielt seinen Hinterkopf fest umschlungen, als ob er befürchtete, ein weiteres Kaugummi könnte eine Irrfahrt durch seine Haare machen.

Der Kalle aber meinte nur: »Ich mach dir die Krümel raus aus den Haaren.«

Da senkte der Bastian den Kopf wie ein Meßdiener und hielt ihn nun ganz still dem Kalle hin. Der begann, vorsichtig und bedächtig am Hinterkopf vom Bastian zu zupfen, nahm sich geduldig jedes Haar vor. Dann sah er zu mir rüber und rief: »Sind schon Ärsche, sonem Kleinen Kaugummi in die Haare zu schmieren.«

Mir blieb fast das Herz stehen. Mit »Arsch« hatte er den bulligen Tarzan gemeint. Der würde jetzt wohl aus dem Kalle Hackfleisch machen.

Aber Tarzan stand nur still auf dem Fleck, hielt die Arme verschränkt. Sein blökendes Lachen war längst verstummt, er sah verbiestert zum Kalle. Dann murmelte er etwas, was sich wie »Anscheißer« anhörte.

In dem Moment muß mich wohl der Hafer gestochen haben. »Stimmt, richtige Ärsche.« Tarzan blickte mich erstaunt an. Ich sah schleunigst wieder zum Bastian.

»Noch son Anscheißer!« brummte Tarzan. Er vergrub die Hände in den Hosentaschen, schob seinen Kopf vor und kam ganz langsam auf mich zu.

Die umstehenden Schüler machten Platz. Durch die Gasse kam Tarzan Schritt für Schritt näher. Er schob seine Hände aus den Taschen, zog die Hose umständlich hoch und rieb seine rechte Faust. Um uns herum war es still geworden. Ich starrte auf den Bastian.

Jetzt stand Tarzan genau neben mir. Er rempelte mich mit der Schulter an und – drehte sich um und trottete murmelnd davon.

Es dauerte eine ganze Zeit, bis ich mich wieder rühren konnte, dann ging ich auf den Bastian zu. Der Kalle zupfte nun an dem linken Hinterkopf, ich an dem rechten. Schließlich erschien auch der Günter, und zu dritt bearbeiteten wir den Hinterkopf vom Bastian. Ab und zu zog der vernehmlich die Luft ein, doch wenn wir ihn fragten: »Zieht es?«, schüttelte er nur stumm den Kopf.

In dieser und in der nächsten Pause waren wir drei damit beschäftigt, dem kleinen Bastian die Kaugummireste aus den Haaren zu pulen. Die verstreuten Reste waren zwar äußerst widerspenstig, doch am Ende hatten wir so viele Fäden aus seinen Haaren herausgefriemelt, daß von einem Kaugummi kaum noch etwas zu ahnen war. Und als wir dann noch die langen Haare von seinem Wirbel glattzogen, über die Kaugummistellen klappten und andrückten, sah er schon fast wieder normal aus.

Als die Schule an diesem Tag zu Ende war, gingen wir vier gemeinsam über die Bahnhofstraße nach Hause. Der Kalle wohnte am Hauptbahnhof, der Günter konnte vom Bahnhof nach Heßler und der Bastian nach Rotthausen fahren. Und ich schob mein Fahrrad vor mir her. Wir unterhielten uns über den doofen Tarzan und seine Angeberart, schilderten noch mal ausführlich, mit welch raffinierten Methoden man ihn besiegen konnte. Den Bastian allerdings warnten wir eindringlich, solche Sachen besser uns zu überlassen.

Der nickte eifrig.

Eigentlich war ich rundherum zufrieden. Wie dankbar der Bastian doch war. War ja auch nicht so ganz selbstverständlich, was ich für ihn getan hatte. Da hatte die Tante Maria schon ganz recht: Geben war manchmal seliger denn nehmen.

Und ohne lange zu überlegen, setzte ich noch einen drauf:

»Weißt du was, Bastian, setz dich mal auf den Gepäckträger, ich schieb dich mal so ein bißchen durch die Bahnhofstraße.« Mir wurde ganz warm ums Herz vor so viel Güte.

Der Bastian sah mich ungläubig an. Doch dann setzte er sich vorsichtig auf den Gepäckträger, und ich kutschierte ihn über die Bahnhofstraße bis zum WEKA, dem größten Kaufhaus Gelsenkirchens. Und die ganze Zeit spürte ich, wie glücklich ich den Bastian gemacht hatte. Der lächelte mich verschämt an.

Ob er wirklich so beschämt war? Sicher, ich hatte ihn mit meiner Güte ja fast zugeschüttet. Bestimmt wollte er einen kleinen Teil davon wieder gutmachen. Und dazu gab ich ihm jetzt die Gelegenheit: »Jetzt steig mal ab, und dann, dann fahr mal mit dem Fahrrad durch das WEKA.«

Der Bastian schluckte, schaute betrübt zu dem riesigen grauen Bau mit seinen Steinfiguren und Säulen hoch. »Ich kann gar nicht Fahrradfahren.«

Ich war etwas traurig, daß er mich so enttäuschte, zeigte es ihm aber nicht. »Dann kannst du ja ... äh, dann kannst du ja das Fahrrad durch das WEKA schieben.«

»Wie denn?«

»Hier, am Eingang Bahnhofstraße rein und hinten, auf der Weberstraße wieder raus. Klar?«

Ich öffnete dem Bastian mit einem tiefen, feierlichen Diener die Glastür zum WEKA, und der Günter klatschte schallend in die Hände.

Der Bastian schob zögernd das Fahrrad hinein, blieb stehen und sah auf den gebohnerten, spiegelblanken Parkettboden. Auch ich blickte in den vornehmen, schummerigen, riesigen Raum. Gedämpftes Stimmengewirr klang uns entgegen. Ich schob mein Fahrrad am Gepäckträger an, der Bastian wäre beinahe gestolpert, die Tür hinter uns pendelte zu, und wir standen stumm im WEKA.

Zunächst ging das Treiben im WEKA weiter. Dann erblickte uns die Kassiererin und vergaß, die Beträge in die Kasse zu hämmern. Die Verkäuferin rechts von uns beendete ihren Satz nicht und wedelte das Sommerkleid, das sie gerade einer Kundin anhielt, über den glänzenden Parkettboden. Die Kundin selbst drehte sich zu uns um und öffnete stumm den Mund. Vor der Rolltreppe gab es ein Gedränge, weil die Menschen auf einmal stehenblieben, sich gegenseitig anstießen und ihre Köpfe zu uns drehten. Das Stimmengewirr im ganzen Raum verstummte. Es schien so, als gäbe es im ganzen WEKA nichts Interessanteres als vier Jungen und ein Fahrrad.

Der Bastian drehte sich zu uns um und kicherte.

Der Günter lachte aufmunternd zurück: »Nu schieb mal los. Und klingel auch mal kräftig, Bastian!«

Da wurde der Bastian geradezu ausgelassen. Er schob das Fahrrad über den Parkettboden, klingelte und lachte kindisch.

Wir anderen zogen, ebenfalls kindisch lachend, hinter ihm her.

Und als wir an den Kleiderstangen voller Herrenhosen vorbeikamen, kannte der Mut vom Bastian plötzlich keine Grenzen mehr. Mit der rechten Hand lenkte er das Fahrrad mitten durch die Hosenreihen hindurch, mit der ausgestreckten linken schüttelte er die ganze Hosenreihe hin und her. Die Hosen pendelten wie der Akkordeonbalg, den der Opa Bopp früher zum Schützenfest gespielt hatte. Der Bastian führte das Fahrrad nun im Zickzack durch die Zeitschriftenabteilung, beachtete die sprachlosen Verkäuferinnen gar nicht und lenkte es dann kreuz und quer an den Handarbeiten vorbei. Das entzückte den Günter so sehr, daß sein »Bravo, Bravo« nun buchstäblich in jubilierende Höhen schoß.

Der Bastian kicherte jetzt nicht mehr, er lächelte nur noch vor sich hin. Bis ich ihm schließlich mit tiefem Diener die Tür zur Weberstraße öffnete. Und mit lautem Klingeln und anschwellendem kindischen Lachen, aber ganz unbehelligt von allen Verkäuferinnen und Kunden, denen nichts Besseres einfiel, als uns sprachlos hinterherzusehen, zogen wir am anderen Ausgang, an der Weberstraße, wieder aus dem WEKA hinaus.

Da überreichte der Bastian mir stolz mein Fahrrad, und ich freute mich herzlich mit ihm, daß er einen kleinen Teil seiner Schuld hatte abtragen können.

22. Kapitel

Von einer roten Rose, die nicht verschenkt wird, einem roten Kopf, den keiner sehen soll, und einer Weltmeisterschaft, bei der ein Kopf ins Radio will

Im Sommer 1954 zogen wir um. Von der Schemannstraße in unser neues Haus, nur einige Kilometer weiter. Es war der 5. Juli, und ausgerechnet an diesem Tag sollte Deutschland zum ersten Mal Fußballweltmeister werden.

Schon seit einigen Wochen hatten meine Mutter und ich immer mal wieder den einen oder anderen ATA- und IMI-Karton von Bopps mitgenommen. Und in einen hatte ich mein ganzes Spielzeug gepackt. An die Sammeltassen und Porzellantänzerinnen ließ mich meine Mutter allerdings nicht ran. Am Abend vor dem Umzug hatte meine Mutter meine kleinen Geschwister, die Maria und den Martin, zur Oma gebracht.

Eigentlich war so ein Umzug nichts Weltbewegendes. Ich würde nun einige Kilometer von der Schemannstraße entfernt wohnen. Von da konnte ich jeden Tag ruck, zuck mal zum Trümmergrundstück oder zum Hans-Hermann oder zum Franz fahren. Oder zur Heidi. Jetzt, wo ich ja sogar ein Fahrrad hatte.

Das hatte ich auch der Heidi am Abend vor unserem Umzug klargemacht. Ich mußte mich richtig kaputtlachen, als sie mich fragte, ob ich denn auch mal ab und zu in die Schemannstraße kommen würde.

»Ab und zu? Immer! Jeden Tag!«

Schon früh am Morgen des 5. Juli fuhr der Herr Bopp mit seinem Goliath vor. Herr Munka und der Franz saßen schon wartend auf den Umzugskisten.

Das Aufladen ging schneller, als ich es mir gedacht hatte.

Im Laufe des Vormittags trudelte auch noch der Günter in unserer Wohnung ein. »Hier kommt der größte Umzugskünstler aller Zeiten!« Als erstes griff sich der Günter den gelben Blumenübertopf aus dem Wohnzimmer und grinste mich an. »Paß mal auf, was jetzt passiert: Klimper, klimper.« Er streckte seine

Arme mit dem Blumentopf weit von sich. Dann ließ er ihn los. Der Blumentopf bewegte sich erst langsam, dann immer schneller auf den Wohnzimmerteppich zu. Meine Mutter erstarrte. Ich auch. Doch in allerletzter Sekunde, bevor der Topf in tausend Stücke zerschellte, fing der Günter ihn blitzschnell wieder auf. »Dem Ingeniör ist nichts zu schwör. Schnapp, schnapp.« Dann lachte er und langte nach der Kiste mit der Aufschrift »Geschirr«.

»Moment, Günter!« Die Stimme meiner Mutter wurde etwas lauter. »Laß mal stehen, die Kiste da. Äh ..., schnapp dir mal die mit den Büchern. Die sind richtig schwer. Da muß schon so ein starker Kerl wie du ran. Und eigentlich, Günter, eigentlich bist du genau der richtige, der ab jetzt die Kisten auf die Ladefläche stapeln könnte. Unten, beim Goliath.«

Und das machte der Günter dann auch. Er ließ sogar eine richtige Kuhle zwischen den Kisten, und als die Ladefläche vom Goliath voll war, nahmen wir alle darin Platz und fuhren zu unserem neuen Haus.

Nur der Franz wollte nicht mitfahren. Er setzte sich auf die Haustreppe. »Ich warte lieber, bis ihr wieder zurück seid.«

Der Franz winkte uns jedesmal nach, wenn wir losfuhren, er winkte auch, wenn wir zurückkamen.

Dann endlich, kurz nach Mittag, waren alle Zimmer in der Schemannstraße leer. Insgesamt hatten wir sechzehn Fuhren gebraucht. Ganz zum Schluß wurden die Teppiche aufgerollt und auf die Ladefläche geschoben.

Als alles aufgeladen war, kam der Franz auf mich zu gehumpelt und setzte sich neben mich auf die Haustürtreppe. Da saßen wir eine Zeitlang schweigend, schließlich meinte er: »Willst du unsere Krippe haben?«

»Nee, Franz, die guck ich mir lieber bei dir an.«

Der Franz nickte, dann sah er mich fragend an. »Kommst du mich denn auch noch mal besuchen? Deinen alten Freund Franz?«

Mir lief es vor Stolz den Rücken herunter. »Deinen alten Freund Franz« hatte er gesagt. Das hatten alle gehört, auch der Günter.

»Klar, Franz!« Ich atmete tief ein. »Klar, komm ich dich besuchen. Meinen alten Freund. Jeden Tag.«

»Ja, ja, aber, jetzt, wo du auf dem Gymnasium bist? Da denkst du vielleicht mal, der Franz, der ist ja viel doofer als ich.«

»Du bist doch hundertmal schlauer als ich, Franz!«

Und der Franz lachte.

Noch bevor wir mit unserer Ladung losfuhren, kam die Heidi mit ihrer Mutter vom Einkaufen zurück.

»Fährst du mit, Heidi?« fragte ich sie.

Die Heidi nickte und kletterte auf die Ladefläche. Wir winkten dem Franz zu, bis wir hinter der Ecke verschwunden waren.

Als wir die Fuhre in unserem neuen Haus ausgeladen hatten, stieg der Herr Bopp in das Fahrerhaus seines Goliaths und überreichte mir die rote Plastikrose, die in einer langen Vase am Armaturenbrett steckte. »Zum Abschied. Bringt dir Glück.« Es war die Rose, die ich immer so bewundert hatte, wenn er mich mal mitgenommen hatte auf seinen Fahrten.

Eigentlich wußte ich ganz genau, wem ich die Rose am liebsten geschenkt hätte. Nur, wie sollte ich das hinkriegen? Vorsichtig hielt ich die Rose in der Hand und ging langsam auf die Heidi zu. Sie saß auf einer Umzugskiste in unserem neuen Wohnzimmer und sah zu mir hoch. Ich setzte mich neben sie, und wir sagten lange nichts. Den Rosenstiel rollte ich zwischen meinen Fingern.

Auf einmal sah die Heidi mich nur an und meinte: »Jetzt wohnst du ja gar nicht mehr in der Schemannstraße«.

»Nee, jetzt nicht mehr.«

»Schade.«

Das sagte sie ganz leise, und auf einmal spürte ich, wie ich schlucken mußte. Und ich wußte, daß ich wieder einen knallroten Kopf hatte. Das war mir aber ganz egal, auch wenn der Günter jetzt so neugierig zu uns herübersah. Mir war nämlich klar geworden, daß die Heidi mich auch noch gern hatte. Vielleicht sogar genauso gerne wie ich sie. Denn obwohl ich angestrengt durch das Wohnzimmerfenster sah, bekam ich ganz genau mit, daß die Heidi auch einen roten Kopf hatte. Einen genauso roten wie ich.

Wir saßen weiter schweigend nebeneinander. Irgendwann berührten sich dann zufällig unsere Arme. Und ich zog meinen rechten Arm gar nicht weg, und die Heidi ihren auch nicht. Meinen Arm hielt ich jetzt ganz still, und die Rose rollte ich jetzt auch nicht mehr. Und ich spürte fast andächtig ihren Arm, der sich so warm und weich anfühlte, und ich hoffte, daß sie den Arm nie mehr wegziehen würde.

Am Nachmittag, als wir schon fast die Hälfte der Kisten im neuen Haus ausgepackt hatten, holten wir für meinen Vater und für den Herrn Munka eine Flasche Glückauf Bier von der Bude an der Ecke. Wir Kinder bekamen jeder eine Flasche Selterswasser.

Dann zündete sich mein Vater seine Zigarre an, setzte sich neben uns auf eine Umzugskiste und sah den Munka an. »Wollen wir mal zum gemütlichen Teil übergehen, was, Heinz? Komm mit, ich zeig dir mal das Feld, wo später der Garten hin soll. Und die Apfelbäume.«

»Quatsch, Alwis, jetzt doch nicht! Mach mal das Radio an. Gleich ist doch Fußball. Endspiel in Bern!«

»Ach so, ich dachte ja nur.« Mein Vater schmunzelte und schaltete das Radio an.

Heute war also das Endspiel Deutschland gegen Ungarn. Der Günter und ich, wir hatten alle Spiele der deutschen Mannschaft verfolgt, uns über die Siege gegen Österreich und gegen die Türkei gefreut, uns dann über die Riesenschlappe gegen Ungarn schwarz geärgert. 8:3 hatten wir verloren, damals. Wir kannten die Schwächen und Stärken aller deutschen Spieler, allerdings auch die der ungarischen. Nur, die hatten gar keine Schwächen, die hatten nur Stärken! Vor allem der Puskas, dieser Teufelsbraten. Und jetzt sollte also das Endspiel sein, wieder gegen Ungarn.

Nach kurzer Zeit stand es schon 2:0 für die Ungarn, und der Herr Munka schwadronierte: »Für die geb ich keinen Pfifferling mehr, die kriegen mal wieder ne Abreibung, da war das 8:3 noch harmlos gegen.« Dann knurrte er: »Den Berni hätte er aufstellen sollen, der Herberger, die Flasche.« Klar, mit Berni Klodt von Schalke 04 wäre bestimmt alles anders gelaufen.

Doch irgendwie stand es auf einmal 2:2, und wir krochen vor Aufregung immer näher an das Radio heran. Selbst der Günter schwieg und brachte kein einziges »Urg, urg« mehr heraus.

Am aufgeregtesten aber war der Herr Munka. Der schien regelrecht durchzudrehen. Er hielt sein Ohr direkt vor den Lautsprecher, hatte die Unterlippe vorgeschoben und schnippte ununterbrochen mit den Fingern. Bei jedem Angriff der Ungarn grunzte er: »Mrrr«, einmal sogar: »Hmmm, Hmmmm«, wie damals die Olle Pohle, als sie sich in die Hose gepinkelt hatte, nur viel tiefer, mit tiefem Brummbaß. Als Toni Turek, der Fußballgott, dann selbst noch einen unhaltbaren Ball dem Puskas so eben von den Füßen wegnehmen konnte, schien alle Luft aus dem Herrn Munka zu entweichen. Er machte nur noch »Pffft, pffft« und ließ seinen Kopf auf die Brust fallen.

Das Spiel ging weiter, der Herr Munka drehte sein Ohr fast in den Lautsprecher hinein.

Mein Vater stieß ihn an. »Zieh mal den Kopf ein, Heinz, der saugt ja alle Radiowellen auf. Da versteht ja kein Mensch mehr was.«

Der Munka blickte verwirrt zu meinem Vater auf, »Jau, jau, stimmt«, und zog seinen Kopf zurück.

Aber nur für einige Momente, dann berührte sein Ohr wieder den Lautsprecher.

Mein Vater stieß ihn wieder an, zeigte auf den Lautsprecher, der Herr Munka nickte schnell und zog wieder seinen Kopf zurück. Für weitere fünf Sekunden.

Doch dann geschah es. Die Stimme des Reporters überschlug sich:

»Flanke auf Rahn, Rahn schießt und – – Tooor – – Tooor – Tooor! Tor für Deutschland!!«

Wir alle sprangen jubelnd von unseren Kisten auf, und ich merkte plötzlich, daß auch ich aus vollem Hals »Toooor, Toooor« schrie. Später kam dann das erlösende »Aus – aus – aus – das Spiel ist aus! Deutschland ist Weltmeister!«

Da war der Herr Munka so außer sich, daß sein Kopf dunkelrot anlief, so knallrot wie meiner vorhin bei der Heidi. Er hatte seine feuchten Augen weit aufgerissen und stotterte: »Hab ich nicht gesagt, äh, der Rahn? Glatt zwei Tore schießt der! Hab ich schon gedacht, die geht uns am Hintern vorbei, die Weltmeisterschaft. Konnte doch keiner noch 'n Krümel für geben, nach dem 2:0. Sei doch mal ehrlich, Alwis. Nee, der – der Rahn. Mann-o-mann.«

Abends, als ich ins Bett mußte, dachte ich immer noch an das Fußballspiel. Aber auch an die Heidi. Und jetzt erst wurde mir bewußt, daß ich ihr die Rose immer noch nicht geschenkt hatte.

23. Kapitel

Von Tannenzapfen am Halterner Stausee, einem durchgesessenen Motorradsattel und einer Dick und Doof-Szene, bei der nicht gelacht werden darf

Am nächsten Tag in der Schule gab es nur ein Thema: die Fußballweltmeisterschaft. Selbst unsere Lehrer begannen fast alle den Unterricht mit: »Na, war ja spannend, gestern?«

Unser Mathelehrer, Herr Buddekötter, hatte das Spiel sogar im Fernsehen gesehen, bei Reichstein, in der Kneipe. »Alßo, Jungs, dat war ja so wat von spannend, dat Spiel. Da is aber son Edgar Wallace, also der is dagegen 'n Waisenknabe. Aber, Jungs, habt ihr dat gesehen? Zwei zu Null. Hab ich schon gedacht: Wiedersehen Weltmeisterschaft. Aber dann kamen unsere Jungs ja so wat von in Fahrt! Is aber inner Kneipe doch ganz wat anderes. Siehste doch alles ganz genau. Alßo, auf son Fernsehapparat, mein ich. Nee, Jungs, war also richtig ... also ... richtig interessant war dat.«

Nur der kluge Heiko schwieg sich aus. Der Heiko saß in der ersten Reihe, war lang und schmal, sehr wohlerzogen, sehr sauber, sehr adrett, sein blondes Haar war stets akkurat gescheitelt. Dem kam nie ein schmutziges Wort über die Lippen, der stellte kluge Fragen und machte kluge Bemerkungen. Und der Heiko konnte nur seinen blonden Kopf darüber schütteln, daß irgend jemand wegen eines lächerlichen Fußballspiels so völlig aus dem Häuschen geraten konnte.

Und auch unser Herr Bauer verlor kein einziges Wort über das Fußballspiel. Herr Bauer gab bei uns Erdkunde und Latein und war unser Klassenlehrer.

Im Anfang hieß er bei uns »Porree«, weil seine Beine unter seinem Kleppermantel wie Porreepiepen hervorragten. Unter seinem Kleppermantel trug Herr Bauer nämlich grundsätzlich seine Knickerbockers. Interessant für uns war auch seine Glatze mit dem Kranz von Haaren drumherum. Und auf der Glatze, keck und etwas schief, saß seine schwarze Baskenmütze mit dem dünnen, kurzen Stiel in der Mitte. Die nahm er in den Schulstunden allerdings ab und hängte sie auf den Kartenständer. Über seinen Kleppermantel.

Erst dachte ich, er hätte das Fußballspiel schon längst wieder vergessen. Der Bauer war nämlich sehr vergeßlich. So konnte er fünfmal hintereinander dasselbe erzählen und uns anschließend fragen, ob er schon darüber gesprochen hätte. Irgendein Lehrer hat mal erzählt, der Bauer habe im Krieg was abbekommen. Und darum hieß er bei uns manchmal auch »Dachschaden-Bauer«.

Der Herr Bauer legte seine Glatze in Falten. »Hab ich euch schon geschildert, daß ich mir ne alte Zündapp gekauft hab?«

»Nee, Herr Studienrat, wann denn?«

Und Herr Bauer erzählte uns zum sechsten Mal, daß er sich eine gebrauchte Zündapp zugelegt hätte, im letzten Jahr, daß die bei seinen Nachbarn im Stall steht, neben den Kaninchen, damit sie nicht geklaut wird, wird ja alles geklaut, was nicht niet- und nagelfest ist, und daß er jetzt in aller Ruhe frühstücken kann, weil er jetzt später zur Schule fahren kann, mit seiner Zündapp.

Doch was er dann erzählte, setzte uns in Erstaunen. Die Geschichte hörten wir nämlich wirklich zum allerersten Mal.

»Hab ich schon erzählt, daß ich jetzt Tannenzapfen zu Hause habe?«

Diesmal konnten wir ihm ganz wahrheitsgemäß zurufen: »Nein, Herr Studienrat.«

»Also, ich war gestern mit meiner Zündapp am Halterner Stausee, da hab ich dann einige Tannenzapfen gesammelt. Für die Fenster.«

»Haben Sie sich denn nicht das Fußballspiel angehört, Herr Studienrat? Gestern?«

»Fußballspiel?«

»Das Endspiel.«

»Nee, hab ich nicht gehört. Ich war gestern nämlich mit meinem Motorrad am Halterner Stausee. War vielleicht ne Fahrerei dahin. Mein Sattel ist nämlich ganz durchgesessen. Aber es hat sich gelohnt. Auf jeden Fall! Ist ja voller Tannenzapfen, da am Stausee, da liegen die massenhaft herum. Wenn die aufgehen, wird das Wetter schön, wenn die zubleiben: Regen, Regen, Regen. Die hab ich an meine Fenster gehängt, mit sonem Stück

Draht, und jetzt kann ich jeden Morgen sehen, ob die Sonne scheint oder ob es regnet.«

Der Bauer wackelte mit seinen Knickerbockern hin und her. »War vielleicht ne Fahrerei dahin. Der Motorradsattel ist nämlich richtig ausgeleiert. Bei jedem Huckel spürt man die Sprungfedern. Aber wie!« Er sah sich fragend in der Klasse um. »Hat denn keiner von euch son alten Motorradsattel im Keller?«

»Nein, Herr Studienrat.«

»Kann er auch son paar Tannenzapfen haben.«

Auch für Tannenzapfen hatten wir keine Motorradsättel.

»Und eure Väter? Haben die denn 'n Motorrad? Brauchen den Sattel ja vielleicht nicht mehr.«

Wir Schüler schwiegen einfach.

»Also, wer mir morgen 'n Sattel mitbringt, der kriegt ne Eins auf'm Zeugnis!«

Der Herr Bauer ging neben dem Pult auf und ab. »Also, seht alle mal im Keller nach und guckt mal, ob da nicht so ein alter ...«

Der Kalle flüsterte mir zu: »Jetzt weiß ich, warum der sich nicht hinsetzt. Wegen dem Sattel. Der hat bestimmt einen ganz wunden Hintern.«

Ich mußte lachen, der Günter fing an, laut zu prusten.

Und das hätte er besser gelassen.

Der Bauer unterbrach seinen angefangenen Satz, streckte seinen Kopf vor und wurde dann von einem seiner Anfälle übermannt. Von einem seiner gefürchteten, urplötzlichen Wutausbrüche. Die überkamen ihn manchmal wie aus heiterem Himmel.

Er zog zweimal vernehmlich die Luft durch die Nase, dann stürmte er wutschnaubend auf den Günter zu. Und da er so schnell wie möglich bei ihm sein wollte, suchte er einfach den direkten, kürzesten Weg. Querfeldein durch das ganze Klassenzimmer.

Daß auf dem kürzesten Weg noch Tische und Stühle standen und daß auf den Stühlen auch noch Schüler saßen, nahm der Bauer überhaupt nicht mehr wahr bei seinem Sturmlauf Richtung Günter. Stühle, die ihm im Weg waren, fielen polternd um, die Tische nicht, die waren ja auch größer und stabiler. Und an den schweren Tischkanten stieß er sich ununterbrochen und laut rumpelnd die Oberschenkel. Und obwohl wir uns alle in einen fidelen Dick und Doof-Film versetzt fühlten, war keiner von uns so tollkühn, laut zu lachen.

Irgendwie erreichte der Bauer aber dann doch den Günter. Der wußte genau, was ihm blühte und hatte seinen Kopf sofort zwischen seinen Armen in Deckung gebracht.

Der Bauer schlug los. Auf die Oberarme, auf die Ellbogen, auf den Rücken vom Günter. Wuff – puff – wuff. Die vorgestreckten Ellbogen vom Günter wackelten hin und her.

Der Kalle neben dem Günter war auf der Hut. Noch während der Bauer den Günter bearbeitete, hatte er schon die Brille abgenommen und den Kopf tief in seine Arme versteckt. Denn er wußte genau, wenn der Bauer einmal in Fahrt war, bekamen ganz automatisch auch die nächsten Nachbarn ihr Fett weg. Und der nächste Nachbar, das war der Kalle. Auch er wurde nach Strich und Faden durchgewämst.

Dann hörte der Bauer urplötzlich auf. Er blickte erschrocken auf den Günter und den Kalle, schließlich sah er sich in der Klasse um wie ein Dieb.

Der Kopf vom Kalle erschien aus seiner Armdeckung. »Aber, ich hab doch gar nichts gemacht!«

Der Bauer ging gebeugt zur Tafel zurück und sah aus dem Fenster. Erst nach einiger Zeit brummelte er vor sich hin: »Der Günter hat mich irgendwie so in Fahrt gebracht. Mußt du verstehen, manchmal muß auch ein Unbeteiligter dran glauben. Was meint ihr, wie es damals im Krieg zuging. Tut mir jetzt ja auch leid. Äh, müßt ihr ja nicht unbedingt weitererzählen?«

Er schabte seinen Hals an seinem Hemdkragen hin und her. »Äh ... hab ich ... äh schon erzählt, daß ich jetzt Tannenzapfen zu Hause habe? Hab ich am Sonntag mit meinem Motorrad geholt. Am Halterner Stausee. Aber der Sattel von der Kiste, der ist vielleicht durchgesessen. Kommen schon die Sprungfedern durch. Hat nicht jemand von euch son Ding im Keller? Kann er morgen mitbringen, gibt ne Eins.«

24. Kapitel

Von einem Kaufhaus voller Kostbarkeiten, einem Fahrstuhlführer mit Schalke-Beziehungen und einem Fußballspieler, der ein ganz normaler Mensch sein kann

»Den Brocker?« Der Kopf vom Günter fuhr hoch.

Der Kalle wiederholte mit Nachdruck: »Ja, den Günter Brokker.«

Der Günter fragte sicherheitshalber noch mal nach: »Den Günter Brocker, der zusammen mit dem Catcher Sadlowski in Schalke Verteidiger ist?«

»Ja, genau den. Den hab ich gestern gesehen. Der verkauft hier Fußballschuhe.«

Wir standen vor der riesengroßen Eingangstür vom WEKA und sahen den Kalle ungläubig an.

Das WEKA übte schon immer eine magische Anziehungskraft auf uns aus. Vor allem die Spielzeugabteilung in der vierten Etage. Und ganz besonders jetzt, so kurz vor Weihnachten. Und dann war da noch die dritte Etage, die mit der Sportabteilung. Und mit unserem Günter Brocker.

Daß das WEKA WEKA hieß, habe ich erst durch den Kalle erfahren. Für meiner Mutter war das WEKA immer noch Alsberg. Irgendwann vor dem Krieg hat das WEKA nämlich mal den Gebrüdern Alsberg gehört. Die waren Juden, und von denen hat man es dann wohl im Krieg übernommen. Was aus den Alsbergs geworden ist, wußte keiner so genau. Selbst meine Mutter nicht. Und auch nicht der Kalle, der sich sonst immer am besten von uns auskannte.

Der Kalle war der Zweitbeste in der Klasse, und er war gutmütig. Wenn ich ab und zu mal meine Hausaufgaben vergessen hatte, konnte ich mich hundertprozentig darauf verlassen, daß er mich bereitwillig abschreiben ließ. Und wenn ich mal meine Lateinvokabeln nicht gelernt hatte, sagte sie mir der Kalle jedesmal eifrig vor. Doch er konnte auch seinen Dickkopf aufsetzen. Ein Turnhemd in den Farben des Gymnasiums besaß der Kalle bis gestern noch nicht, obwohl der Sportlehrer ihn oft ermahnt hatte, eigentlich in jeder Turnstunde. Der Kalle flüsterte uns dann zu: »Als wenn ich in meinem Unterhemd langsamer laufen würde.«

Doch gestern hatte er sich endlich dazu entschlossen, ein Turnhemd zu kaufen, weiß, mit grünem Streifen über der Brust. Und bei der Gelegenheit hatte er tatsächlich den Günter Brocker entdeckt.

Den Günter Brocker kannten wir alle drei ganz genau. Der Kalle hatte sogar im Korridor Photos von ihm. Die hatte er im Schaufenster der WAZ-Redaktion entdeckt, und die Redaktion hatte sie ihm geschenkt. Echte Fotos, die vorher in der WAZ veröffentlicht worden waren. Kalles Vater hatte nichts dagegen, daß die Fotos im Korridor hingen, er selbst hatte früher mal in der Verbandsliga gespielt. Damals, als sie noch in Breslau lebten.

Der Kalle ist mit seinen Eltern am Ende des Krieges aus Breslau vertrieben worden, doch er war gar nicht böse deswegen. »Wenn es keinen Krieg gegeben hätte, würden wir uns gar nicht kennen«, hatte er uns mal erklärt.

Wir hatten ihn daraufhin ungläubig angesehen, der Kalle aber hatte uns dann deutlich gemacht, wie er die Geschichte sah. »Ja, wenn es keinen Krieg gegeben hätte, hätten wir den nicht verloren. Dann hätten die Russen meine Eltern nicht aus Breslau vertrieben, und ich säße jetzt in Breslau und wüßte gar nicht, daß es euch gibt.«

Der Günter hatte seine Stirn in Falten gelegt, dann ging ihm ein Licht auf: »Jau, stimmt. Und ich wäre jetzt in Danzig.«

Ich blieb gelassen: »Und ich wäre trotzdem jetzt hier in Gelsenkirchen, wir sind ja nicht vertrieben worden.«

Daß der Kalle nicht hier in Gelsenkirchen geboren war, konnte man schon noch merken. Der sagte meistens »das« und »was«, nicht »dat« und »wat«. Und statt »Omma« sagte er »Ohma«. Wir übten zwar ab und zu mit ihm, aber sein »dat« und »wat« klang immer noch irgendwie gekünstelt.

Also, wenn der Krieg nicht gewesen wäre, würden wir alle zusammen heute nicht den Günter Brocker besichtigen können.

Voller Erwartung gingen wir ins WEKA. Am Eingang stand ein Mann, der ein neuartiges, raffiniertes Kartoffelmesser vorführte. Aus dem Schaft kam eine halbrunde Führung, ganz knapp darüber lag eine kleine Klinge. Wenn der Verkäufer damit an den Kartoffeln vorbeischabte, konnte er fast so lange, dünne Kartoffelschalen schälen wie damals mein Opa. Das Kartoffelschälmesser interessierte uns allerdings nicht, wir sahen vielmehr zu, daß wir so schnell wie möglich in die dritte Etage kamen, in die Sportabteilung. Hier standen vereinzelt Erwachsene herum, keiner von denen aber war der Günter Brocker. Den hätten wir auf tausend Meter erkannt mit seinen dunklen, nach hinten gekämmten Haaren.

So fuhren wir erst einmal mit der Rolltreppe in die Spielzeugabteilung. Vor uns standen etwa zehn Leute, die sich an dem schwarzen Gummiband festhielten, das rechts und links am Geländer mitrollte.

Der Kalle sah uns an. »Wie viele ziehen heute die Hand weg?«

Ich überlegte kurz. »Acht.«

Der Kalle hielt dagegen: »Alle zehn.«

»Wetten? Für 'n Tacken?«

Der Günter hatte kein Geld mehr, der Kalle und ich aber wetteten.

Der Kalle zählte bis drei, und bei drei zogen tatsächlich alle zehn Leute vor uns ruckartig ihre Hände vom Band. Wie Marionetten, die sich plötzlich an dem Gummiband verbrannt hatten. Wir lachten. Der Trick vom Kalle war ganz einfach und klappte jedesmal. Der Kalle hatte nur kurz und feste an dem schwarzen Gummiband am Geländer geruckt, das Band hatte gestockt, und von dem Moment an befand sich keine einzige Hand mehr auf dem schwarzen Band. Und ich hatte meine zehn Pfennig verloren.

In der vierten Etage landete die Rolltreppe direkt neben der Spielzeugabteilung.

Jetzt, vor Weihnachten, gab es da einen Stand unter einem riesigen Plakat: »Das einzige Auto der Welt, das auf deine Stimme hört!« Ein Mann mit schütterem Haar und einem grauen Kittel, auf dem noch die Bügelkniffe zu sehen waren, demonstrierte das

Wunderauto. Er setzte es in Bewegung, und es fuhr direkt auf den Abgrund am Thekenrand zu. Wir sahen gebannt auf das Auto, das gleich mit Karacho in die Tiefe stürzen und unten zerschellen würde. Da rief der Mann laut »Stopp«, und das Auto stand still. Das Auto fuhr in die andere Richtung. Kurz vor dem Abgrund rief der Verkäufer wieder »Stopp«. Das Auto stand wieder. Das fiel überhaupt nicht an der Tischkante herunter. Wie es sich eigentlich für ein vernünftiges Auto gehört hätte.

Der Verkäufer kraulte seine dürftige Haarpracht und sah auf das Auto, als hätte er soeben das größte Wunder aller Zeiten erlebt. Dann lächelte er mit hochgezogenen Augenbrauen beflissen in die Runde und verbeugte sich wie ein Artist im Zirkus.

Wir waren so fasziniert von dem »einzigen Auto der Welt, das auf deine Stimme hört«, daß wir die Artisten-Verbeugungen des Verkäufers mindestens zehnmal mitkriegten.

Der Kalle vermutete, daß in dem Auto vielleicht irgendein Mikrofon versteckt war, ich aber konnte nur staunen über ein Auto, das Stimmen verstehen konnte.

Eigentlich war es schon längst Zeit für uns, nach Hause zu fahren. Trotzdem, etwas Zeit nahmen wir uns noch für die anderen Theken in der Spielzeugabteilung. Und wir betrachteten sehnsüchtig die kleinen Siku-Autos hinter der Glasscheibe, bei denen jedes noch so kleine Detail ganz genau zu erkennen war. Die nagelneue Isabella von Borgward, das kleine Goggomobil, den Janus, bei dem die hinteren Fahrgäste nach hinten, durch das Rückfenster rausguckten, den Lloyd, mit dem der Herr Buddekötter jeden Tag zur Schule kam und dann jedesmal von den größeren Schülern mit »Wer den Tod nicht scheut, fährt Lloyd« empfangen wurde. Aber auch große Kutschen standen da, der Opel Kapitän oder der schwarze Mercedes 300. Und altmodische, wie der viereckige, offene Renault. Den gleichen hatte sich der Kalle vor einer Woche gekauft für sein ganzes wöchentliches Taschengeld.

Wir schlenderten weiter. Der Kalle knatterte mal eben mit einem blechernen Knackfrosch, der Günter blieb vor den Glasmurmeln stehen und meinte, wenn er am nächsten Montag wieder Geld hätte, würde er sich davon sofort eine ganze Handvoll kaufen. Ob er sich vorsichtshalber schon mal vier davon zurücklegen lassen sollte? Ich aber hielt mal kurz das Antriebsrad der Dampfmaschine an: Da klemmte die Säge, da blieb der Holzfäller in seiner gebückten Haltung stehen, da drehte sich das Mühlrad nicht mehr. Und in dem Augenblick stand natürlich auch schon die lange Verkäuferin mit den schmalen Lippen hinter mir und schüttelte den Kopf. »Tst, tst, man kann doch hier nicht einfach alles anfassen. Geht doch alles kaputt.«

Schnell kramte der Günter seinen Lieblingsspruch hervor: »Amo te.« Die lange Verkäuferin fragte: »Wie bitte«, der Günter kicherte, und der Kalle meinte, er müsse ja noch etwas kaufen. Er suchte gewissenhaft zwei Metallförmchen aus, für zehn Pfennig. Die drückte er mir in die Hand und meinte etwas verlegen: »Fischformen. Für deine Geschwister. Eins für die Maria und eins für den Martin. Sind ja deine zehn Pfennig. Hab ich ja gerade auf der Rolltreppe gewonnen. Können sie dir immer lekkeren Fisch backen.«

Der Kalle war Einzelkind, und er hatte meinen Geschwistern schon oft Kleinigkeiten geschenkt. Er war gerne bei uns zu Hause. »Bei euch ist immer Leben in der Bude«, meinte er oft.

Schließlich fuhren wir mit dem linken der beiden Fahrstühle wieder runter ins Erdgeschoß, anschließend mit dem rechten noch mal bis ganz nach oben in die Lebensmittelabteilung. Und von da wieder runter in die »Dritte«. Mit dem linken Fahrstuhl.

Der Fahrstuhlführer, einarmig und mit grauem Anzug und Schirmmütze, wunderte sich schon nicht mehr, daß er uns gerade unten ausgeladen hatte und jetzt schon wieder oben in Empfang nahm. Der kannte unser Spiel schon.

Er war ein wichtiger Mann. Er konnte allen Leuten sagen, wo es was gab: »Erdgeschoß: Oberbekleidung; erster Stock: Kurzwaren; zweiter Stock: Haushaltswaren; dritter Stock: Sportabteilung; vierter Stock: Spielwarenabteilung; fünfter Stock: Lebensmittelabteilung.«

Jetzt, wo keine anderen Fahrgäste im Fahrstuhl waren, wagte ich, ihn anzusprechen: »In der Dritten verkauft der Günter Brocker Fußballschuhe!« Wir sahen ihn erwartungsvoll an. Ob der das wohl wußte?

Der Fahrstuhlführer lachte und schwenkte seinen Armstumpf. »Na klar. Den Günter hab ich doch schon an seinem allerersten Tag mit dem Fahrstuhl gefahren. Ja, und die anderen Knappen, die kenne ich alle, wie sie da sind. In der Kneipe an der Glückaufkampfbahn, da steht immer mindestens einer von denen an der Theke. Ganz patente Kerle. Der Berni, der andere Günter, der Otto und der Manni. Tja, sogar den Fritz und den Ötte und den Ernst kenn ich noch.«

Der kannte ja tatsächlich alle Spieler, den Berni Klodt, den Günter Siebert, den Otto Laszig und den Manni Orzessek. Und nicht genug damit, selbst die alten Schalker Legenden kannte er, den Fritz Szepan, den Ötte Tibulski und den Ernst Kuzorra.

Wir sahen ihn ehrfurchtsvoll an.

In der »Dritten« angekommen, führte uns der Kalle wieder schnurstracks in die Sportabteilung. Da sahen wir uns dann verstohlen um.

Hier war es viel ruhiger als in der Spielzeugabteilung. Einige Verkäufer unterhielten sich leise mit ihren Kunden, keiner von ihnen sah aus wie Günter Brocker.

Plötzlich flüsterte der Kalle: »Da drüben.« Er deutete mit dem Kopf in die Ecke mit dem Schild »Wintersport«.

Und tatsächlich, da stand er, der Günter Brocker. Er sah genauso aus wie auf dem WAZ-Photo. Auch wenn er hier keine kurze Fußballhose anhatte, sondern einen grauen Anzug trug, hier im ehrwürdigen WEKA.

Er zeigte gerade einem Kunden ein Paar Schlittschuhe.

Wir gingen gleichgültig an ihm vorbei, unbeteiligt schauend, ihn dabei aber unauffällig und ehrfürchtig beobachtend.

Da blieb der Kalle plötzlich stehen, machte seinen leichten Diener und grüßte: »Guten Tag.«

Der Günter Brocker sah erstaunt auf, antwortete etwas abwesend mit »Guten Tag« und widmete sich wieder den Schlittschuhen.

Der Kalle blickte versonnen durch seine Brille, und wir drehten unauffällig noch eine Runde durch die Sportabteilung, immer mal wieder klammheimlich den Günter Brocker betrachtend.

Wie zufällig kamen wir wieder an Günter Brocker vorbei. Er sprach noch immer mit seinem Kunden.

Da ging der Günter auf beide zu, immer langsamer, wurde ganz ernst und andächtig und rief dann, jede Silbe betonend: »Guten Tag, Herr Brocker.«

Der unterbrach seine Beratung und sah den Günter amüsiert an. »Guten Tag.« Und dann meinte er überflüssigerweise: »Kennt ihr mich denn?«

Wie hätten wir sonst wohl seinen Namen gewußt, wenn wir ihn nicht gekannt hätten. Ich gestand mir ein, daß selbst ein Brocker blöde Fragen stellen konnte, nicht nur unsere Lehrer.

Doch jetzt kam meine große Stunde. »Ja, von Schalke.«

»Ist ja prima«, nickte er.

Jetzt hatte der Günter Brocker auch mit mir gesprochen.

Am nächsten Tag konnten wir der Klasse dann ganz beiläufig erklären, daß der Günter Brocker von Schalke 04 eigentlich wie ein ganz normaler Mensch sprach. Als unsere Klassenkameraden neugierig fragten, woher wir das wüßten, antworteten wir lässig, er hätte sich ja schließlich mit uns unterhalten. Mit jedem von uns.

25. Kapitel

Von einem Zappelphilipp am Klavier und einem Röslein auf der Heide, von Geschwisterglück und Geschwisterleid

»Herr Studienrat, singen Sie uns heute mal wieder was vor? War so schön feierlich in der letzten Woche.«

Ich war richtig gut drauf, als ich den Maiwald das fragte. Es war Samstag in der vierten Stunde, der Günter und der Kalle würden heute nachmittag zu mir kommen, und in dieser letzten Stunde vor dem Wochenende hatten wir Musik bei Herrn Maiwald.

Herr Maiwald war ein zappeliges, fahriges und hochnervöses Männchen, aus dessen Mund nur wohlformulierte, geschliffene Sätze sprudelten. Und alle endeten mit: »Nicht wahr?«

Ganz vornehm.

Ganz zappelig.

Ganz schnell.

Allerdings auch so, daß der Günter meinte, der Maiwald spreche immer so, als habe er einen Liter Spucke im Mund hin und her zu schieben.

»Nun, äh, ja, ja, aber ich kann doch nicht die ganze Stunde singen, nicht wahr? Na ja, vielleicht ein kleines Liedchen, nicht wahr?«

Und dann setzte sich Herr Maiwald ans Klavier, hielt die Hände gespreizt über den Tasten, etwa einen halben Meter darüber, lockerte sie ausgiebig, starrte fest und voller Ernst geradeaus auf die Wand und saß für einen Moment ganz stocksteif da, der Maiwald, der Zappelphilipp. Sodann schlackerte er seine Arme aus, lockerte auch seine Nackenmuskulatur durch Drehen des Kopfes, nach links, nach rechts, nach oben und unten, hielt die Hände wieder über den Tasten, noch eine leichte Bewegung aller Finger, noch ein kurzes Schlackern der Arme, ein winziges Drehen des Kopfes.

Und dann legte Herr Maiwald los:

»Ssa ain Knaab ain Röößlain stähn, Röößlain ahauf derr Haide.«

Die ganze Klasse starrte gebannt auf sein Gesicht. Denn das geriet jetzt in Bewegung. Und ganz besonders sein Mund.

Beim »Knaab« riß er den Mund so weit auf, als wolle er den Knaab mit Haut und Haaren verschlingen, formte ihn anschließend, beim »Röößß«, zu einem kreisrunden Trichter, um beim nachfolgenden »lein« sein Gebiß zu zeigen wie ein Orang-Utan. Bei allen Grimassen vergaß es der Maiwald nicht, seinen Kopf bei hohen Tönen zu heben und bei tiefen zu senken. Dabei wakkelte sein Kopf bedenklich nach rechts und links. Manchmal, besonders bei der »Haide«, pickte er auf das Klavier wie ein Huhn.

Die Stimme des Herrn Maiwald wurde lauter und lauter, jubilierte schließlich, und sein Gesicht verklärte sich zusehends.

Und je lauter Herr Maiwald jubilierte, um so schneller bewegten sich die Schultern meiner Vorderleute auf und ab, um so lauter hörte ich aus allen Ecken unterdrücktes Glucksen und plötzlich auftretende Hustenanfälle.

Als die Darbietung zu Ende war, zeigte der liebe Heiko freudig auf. Er übertönte die Hustenanfälle: »Herr Studienrat, als Sie gerade das Lied gesungen haben, da habe ich sofort bei mir gedacht, der Herr Studienrat, der singt genauso wie der Mann im Radio.«

»Na ja, etwas besser wird der Herr im Radio schon so ein Lied vortragen können, nicht wahr?« Herr Maiwald spitzte lächelnd den Mund.

»Nein, entschuldigen Sie, Herr Studienrat. Ich hab sofort gedacht, der Herr Studienrat singt genauso wie der Mann im Radio.«

Und das erfreute den Herrn Maiwald so ungemein, daß er uns den Vorschlag unterbreitete, doch unter seiner Leitung gemeinsam zu singen: »Das schöne deutsche Liedgut nicht wahr? Den ›Jäger aus Kurpfalz‹. Und ihr, ihr singt kräftig mit, nicht wahr?«

Und dann ließen wir unseren Gesang erschallen, angeleitet von den höchst schwungvollen Armbewegungen des Herrn Maiwald.

Doch während die ganze Klasse aus vollem Herzen »Der Jäger aus Kurpfalz« sang, sangen der Günter und ich laut und vernehmlich die allseits beliebte Melodie von »Hänschen klein«.

Ganz unverkrampft.

Schon nach kurzer Zeit glücklichen Dirigierens merkte der Maiwald auf, horchte nach links und nach rechts, zog seine Mundwinkel tief nach unten. Das eben noch freudige Gesicht verkrampfte sich wie ein verschrumpelter Apfel, seine schwungvollen Dirigentenarme sackten schlaff herunter. Herr Maiwald winkte müde und resigniert unseren Gesang ab: »Irgendwer singt doch hier falsch. Der melde sich doch um Gottes Willen, nicht wahr?«

Da meldete sich aber keiner.

»Der Jäger aus Kurpfalz« wurde von neuem angestimmt, der Günter und ich sangen wieder unser »Hänschen klein«, Herr Maiwald brach wieder unwillig ab, sah jetzt aus, als wären ihm sämtliche Zähne gezogen worden. Auch jetzt die fast flehentliche Bitte, der unmusikalische Schüler möge sich doch melden, nicht wahr?

Da meldete sich aber immer noch keiner.

Als alles Flehen nichts nützte, schrumpelte sein Gesicht zusehends zusammen. Doch auf einmal huschte ein triumphierendes Lächeln über seine eben noch eingefallenen Miene. Denn nun wandte der Maiwald einen genialen Trick an. Er ließ jedes Viertel der Klasse für sich singen.

Erst das vordere linke Viertel.

Der Gesang war glockenklar und rein.

Dann das vordere rechte Viertel, anschließend das hintere linke und zum Schluß das hintere rechte.

Der Gesang war glockenklar und rein.

Der Maiwald strahlte.

Bis zum nächsten gemeinsamen »Jäger aus Kurpfalz«, da schlugen die unmusikalischen Schüler voller Heimtücke wieder zu.

Meine Schwester Maria war inzwischen fünf, mein Bruder Martin drei Jahre alt. Meistens trug er eine wollene Gamaschenhose, der untere Teil war über die Schuhe geklappt wie bei den alten Preußen in Meyers Universallexikon Nr. 12. Und er hatte jetzt überhaupt keinen Schrumpelkopf mehr, dafür aber widerspenstige Haare, die meine Mutter immer vergeblich mit Wasser zu bändigen versuchte.

Und gewöhnt hatte ich mich mit der Zeit tatsächlich an ihn. Oft war es sogar richtig lustig mit so einem kleinen Bruder. Zum Beispiel beim Mittagessen. Da saß der Martin neben mir und paßte höllisch auf sein »Gebiet« auf. Mit einem Messer hatte ich nämlich die Stelle im Tisch tief eingekerbt, bis wohin jeder seine Ellenbogen beim Essen ausbreiten konnte, ohne in das Gebiet des anderen zu kommen. Damit konnte man den Martin herrlich auf die Palme bringen.

»Määnsch, du Blödmann, bist ja schon wieder auf meinem Gebiet!«

»Nö. Ach so, doch. Hab ich gar nicht gemerkt.«

»Määnsch, schon wieder!«

»Jau, ach du Deiwel, vergeß ich doch immer!«

Klar, dann konnte der Martin wütend werden. Aber umgekehrt, da schien es nichts Schöneres für ihn zu geben, als meine Unachtsamkeit bei jeder Gelegenheit auszunutzen. Ich brauchte nur mal zufällig aus dem Fenster sehen, schon ging das Glucksen und Gickeln meiner Geschwister los. Wenn ich dann allerdings meinen Blick wieder gemächlich über den Küchentisch schweifen ließ, rutschte der Martin zwar ungeduldig auf seinem Stuhl herum, sein Arm aber lag brav auf seinem Gebiet.

So manches Mal allerdings erlebte der Martin auch, wie überaus wichtig ein so großer und starker Bruder sein konnte. Manchmal kam er nämlich heulend angerannt: »Die großen Kinder wollen mich wieder verkloppen.« Wenn ich ihm dann großzügig auf die Schultern klopfte: »Da muß dann wohl dein großer Bruder wieder ran«, wurde aus seinem Weinen ein Strahlen. Und daß der »große Bruder wieder ran« mußte, machte mir richtig Spaß. Bei seinen großen fünfjährigen Feinden. Bei denen brauchte ich nur mal wild mit den Augen zu rollen, mit den Armen zu fuchteln und kurz »Uhhiiii« zu rufen, schon waren die Dötzchen in alle Winde zerstreut. Wie ich mir das früher bei der blöden Marlies immer erträumt hatte.

Und wenn ich einmal nicht zur Stelle war, konnte der Martin sich voll und ganz auf die Maria verlassen.

Die kam eines Tages ganz aufgeregt zu meiner Mutter gerannt.

»Son Doofmann wollte den Martin verkloppen!«

»Und was hast du gemacht?«

»Ich? Ich hab den Doofmann verkloppt.«

»Was hast du denn da in der Hand? Mach mal auf!«

Maria hatte einen dicken Büschel Haare vom Doofmann in der Hand.

So konnte der Martin unter der Obhut seiner Schwester und seines großen Bruders ein ganz sorgenfreies Leben führen.

Nun war es allerdings nicht so, daß böse Doofmänner jedesmal grundlos den lieben, netten Martin verkloppen wollten. Grund hätten sie vielleicht manchmal schon gehabt.

Einmal waren wir älteren Kinder gerade im Gespräch über die Skalpiersitten und die gespaltenen Zungen der Sioux vertieft, als mein Vetter Klaus plötzlich wie von der Tarantel gestochen zur Seite sprang und aus Leibeskräften »Du Arsch« brüllte. Es dauerte einige Sekunden, bis wir anderen die Situation erfaßt hatten, dann mußten wir alle aus vollem Hals mitbrüllen. Martin hatte dem Klaus stillvergnügt gegen das Bein gepinkelt, einfach so. Da ich stärker war als der Klaus, blieb dem nichts anderes übrig, als schließlich mitzulachen.

Maria und Martin gingen bereits in den Kindergarten. Eines Tages war die Maria verschwunden. Nach langem Suchen fanden wir sie schließlich auf der Polizeiwache. Sie war, wie schon so oft, dem Spielmannszug gefolgt, mit vielen anderen Kindern nach der Musik marschierend. Irgendwann hatte sie dann gemerkt, daß sie sich verlaufen hatte, hatte aufgeregt geheult und war so auf der Polizeiwache gelandet.

Am nächsten Tag kam sie ganz empört aus dem Kindergarten nach Hause.

»Mama, Mama, die Schwester hat ›Fott‹ gesagt!«

»Kann ich mir gar nicht vorstellen, ist doch sone nette Schwester.«

»Doch, Mama, die Schwester, die hat ›Fott‹ gesagt!«

»Also nee, Mariaken, kann ich mir nicht vorstellen.«

»Doch, ganz bestimmt, Mama, die hat ›Fott‹ gesagt.«

»Was hat sie denn sonst gesagt?«

»Oi, Kinder, ihr glaabt es nit, aber das Mariele, das is fottgelaufen.«

Ein andermal brachte die Maria die Schwester zum Lachen, ohne jedoch genau zu wissen, warum. Da sollte nämlich jedes Kind ein Lied vorsingen. Und die Maria sang voller Inbrunst das Lied, das ich ihr beigebracht hatte. Allerdings mit einer winzigen Änderung.

»Lebt denn der alte Adenauer noch,
Adenauer noch, Adenauer noch,
ja, er lebt noch,
er liegt im Bett und zappelt noch.«

Aus meinem »Hagenauer« hatte Maria »Adenauer« gemacht.

Wir saßen noch am Küchentisch und aßen unsere Erbsensuppe, da klingelte es auch schon, und der Kalle und der Günter standen vor der Tür. Sie zwängten sich mit an den Tisch.

Der Kalle schluckte jetzt mehrmals, um reichlich Spucke im Mund zu sammeln, richtete den Blick starr gegen die Decke und sang dann voller Inbrunst: »Ssa ain Knaab ne Erbsensuppe stähn, Erbsensuppe ahauf derr Haide.«

»Spielt ihr heute wieder Kasperletheater?« Mein Bruder Martin baumelte mit den Beinen.

Ehe der Günter oder ich antworten konnten, hatte der Kalle schon zugestimmt: »Klar, spielen wir Kasperle.« Immer noch mit der Spucke im Mund.

Im Keller stellten wir das Kasperlespiel auf und knubbelten uns zu dritt dahinter.

Das Spiel ging los, und meine Geschwister lauschten gebannt, sagten auch nicht einen Mucks.

Als sich aber der bitterböse Räuber Rabenklau ganz heimlich mit seinem Räuberknüppel hinter den arglosen Kasperle geschlichen hatte, überschlugen sich die Warnrufe:

»Hinter dir, Kasperle, hinter dir, Kasperle!«

Unser Kasperle hatte natürlich das Durcheinandergeschrei für Applaus gehalten und verneigte sich auch noch tief. Zum großen Glück. Denn gerade in dem Moment, wo er sich so tief verneigt hatte, hatte der böse Räuber mit seinem Knüppel zugeschlagen, genau dahin, wo gerade noch der Kopf vom Kasperle gewesen war.

Als die Warnrufe des Publikums nicht mehr zu überhören waren, begriff selbst der Kasperle, daß hinter ihm wohl irgendeine Gefahr lauern müßte. Er drehte sich ganz gemächlich um. Der Räuber aber, dieses Luder, blieb immer wieder geschickt hinter dem Rücken vom Kasperle, egal, welche Verrenkungen der auch machte. Es war schier zum Verzweifeln.

In allerletzter Sekunde, als der Räuber mit langem Anlauf gerade zu seinem entscheidenden, vernichtenden Schlag ansetzte, entdeckte ihn unser Kasperle doch noch. Er wurde richtig zornig und schlug den bitterbösen Räuber Rabenklau mit knatternden Schlägen auf dessen Räuberhut in die Flucht.

Lange konnten sich meine Geschwister allerdings nicht über den Sieg vom Kasperle freuen, denn schon nahte zu allem Überfluß die böse Hexe Wackelzahn und verwandelte den Kasperle mit lautem Hokuspokus in ..., ja, das Hexen ging im Moment nicht so schnell über die Bühne. Wir drei mußten hinter dem Kasperletheater erst mal die passenden Requisiten finden. Wir hatten die Auswahl zwischen einem Gummifletscher, einer Erdal-Dose, der Fahrradklammer vom Günter und einer Wäscheklammer.

Während der ganzen Zeit wedelte oben auf der Bühne die Hexe mit ihren Armen und brabbelte ununterbrochen ihr »Hokuspokus Fidibus«. Schließlich, mit dem zehnten oder elften »Hokuspokus«, gelang es der bösen Hexe Wackelzahn doch noch, unseren armen Kasperle in die Wäscheklammer zu verzaubern.

Als aber meine Geschwister felsenfest davon überzeugt waren, daß der Kasperle jetzt den Rest seines Lebens als Wäscheklammer herumlaufen müßte, da verspürte die Prinzessin Morgenschön ganz plötzlich einen unbändigen Drang in sich, die Klammer ganz herzhaft zu küssen.

Und durch diesen wunderschönen Kuß wurde aus der Wäscheklammer tatsächlich wieder unser Kasperle zurückgezaubert.

Mit diesem völlig überraschenden, glücklichen Schluß war aber auch unser Kasperlespiel zu Ende, und darum sangen die Prinzessin und der Kasperle zum Abschied, ehe der Vorhang sich schloß, noch dreistimmig ihr berühmtes Schlußlied.

»Ssa ain Knaab ain Röößlain stähn, Röößlain ahauf derr Haide.«

Dreimal hintereinander.

26. Kapitel

Von einer Paukerei auf Teufel komm raus und wie auf wundersame Weise eine Strafe eine glückliche Wendung nimmt

Die vorletzte Woche vor den Osterferien war die Höllenpein. Am Samstag würden wir nämlich unsere letzte Lateinarbeit vor den Versetzungszeugnissen schreiben. Das Dumme war: Bei meinen bisherigen Lateinzensuren, Fünf, Vier, Fünf, mußte mindestens eine Drei rausspringen. Nur dann konnte ich in aller Seelenruhe mein Zeugnis abwarten. Nicht auszudenken, wenn zu meiner Fünf in Erdkunde noch eine weitere Fünf auf dem Zeugnis erscheinen würde! In Latein. Das würde einen Papptus mit Pauken und Trompeten geben!

Den Ernst der Lage hatte ich auf Anhieb begriffen. Hundert Gebete würden hier überhaupt nicht weiterhelfen, das war so sicher wie das Amen in der Kirche. Hier half nur noch eins: eisernes, unerbittliches, gnadenloses Pauken.

Schon seit Anfang der Woche rauchte mein Schädel auf Teufel komm raus. Ich übersetzte »die Herrin befiehlt« und »die Hühner gackern« und pfropfte voller Verzweiflung Lateinvokabel auf Lateinvokabel in mein Gehirn.

Über deren Bedeutung machte ich mir natürlich so meine Gedanken:

gaudium	alles klar	Gaudi
circus	aha: Kirkus mit Kaesar und Kikero	Zirkus
locus	Ort, wo der Kaiser zu Fuß hingeht	Ort
caput	Knüppel auf den Kopf, Kopf kaputt	Kopf
alpes	das war ja leicht	Alpen

Ja, nach langer Mühsal stand sogar die folgende Übersetzung in meinem Heft:

»Der wilde Hannibal war zuerst jenseits der Alpen (aha, alpes). Er überquerte sie mit vielen Pferden und Elefanten. Also, nun war er diesseits der Alpen. Diesseits der Alpen siegte er neben der kleinen Stadt Cannae. Dann stand er mit vielen Elefanten vor der großen Stadt Rom. Alle ängstlichen Einwohner riefen: Hannibal vor den Toren!«

All das stopfte ich in mein zermartertes Hirn hinein, kramte es wieder hervor, mischte all mein Gelerntes fein säuberlich wieder zusammen, bis ich dachte, mein Hirn müsse zerplatzen wie ein Luftballon.

Am Samstagmorgen lag ich schon lange, bevor mich meine Mutter weckte, wach in meinem Bett, anstatt gemütlich zu schlafen. Mir muß wohl die ganze Nacht nichts anderes durch den Kopf gegangen sein als die verteufelte Arbeit.

Die Lateinarbeit schrieben wir in der ersten Stunde. Als der Dachschaden-Bauer die Übersetzungstexte verteilt hatte, sah ich auf meinem Zettel nur unzusammenhängende Wörter flimmern. Eigentlich konnte ich mein Heft schon jetzt abgeben. Keinen einzigen Satz würde ich übersetzen können. Ich stützte meinen Kopf auf meine Hand und starrte auf die Hieroglyphen. Ganz allmählich beruhigten sich die tanzenden Wörter und standen schließlich still.

Und siehe da: Der erste Satz konnte ja doch noch klappen. Eventuell sogar auch der zweite. Ja, bei richtigem Licht betrachtet: eigentlich alle Sätze.

Wie üblich, stieß mich der Kalle nach kurzer Zeit an: »Willst du abschreiben?«

Ich schüttelte heftig den Kopf. Dann übersetzte ich mutig drauf los.

Als wir die Arbeiten am Ende der Stunde abgeben mußten, hatte ich ein richtig gutes, zufriedenes Gefühl im Bauch. Alles war auf meinem eigenen Mist gewachsen, kein Wort hatte ich vom Kalle abgeschrieben. Und ich war sicher, eine Zensur so zwischen Zwei und Drei mußte da wohl rausspringen.

Schon am Montag darauf knallte der Bauer die Lateinhefte auf das Pult. »Nee, ist die Arbeit schlecht ausgefallen!«

Die beste Arbeit hatte der Kalle. Das war schon klar, bevor der Bauer überhaupt seinen Mund aufmachen konnte. Vom Bastian da vorne in der ersten Reihe wußten wir mittlerweile, daß das Heft vom Kalle ganz oben auf dem Stapel lag. Beim Bauer lag die beste Arbeit immer ganz oben, dann ging es abwärts, bis zur schlechtesten ganz unten. Und in der Reihenfolge wurden die Hefte verteilt.

Hoffentlich hatte ich wenigstens heute mal etwas Glück, hoffentlich hielt ich meine Arbeit in der Hand, bevor die erste Fünf verteilt war.

Die drei besten Arbeiten waren ausgeteilt, da drehte sich der Bastian ungläubig zu mir um, deutete zunächst auf den Stapel und dann auf mich. Meine Arbeit lag jetzt oben: Die Viertbeste von allen!

Als ich mein Heft in den Händen hielt, konnte ich mich gar nicht satt sehen an meiner wunderschönen Drei. Es kam mir fast so vor, als lächelte sie mich an.

Und plötzlich spürte ich ungeahnte Fähigkeiten in mir. Nie geahnte Kräfte.

Denn in der nächsten Stunde galt es, auch noch die allerletzten Zweifel an meinem Papptus zu beseitigen. Da hatten wir nämlich Erdkunde beim Bauer. Und darauf hatte ich mich so gründlich vorbereitet, wie es sich sicher kaum jemand vorstellen konnte. Ich hatte mir alle Städte Deutschlands in meinen gemarterten Schädel hineingepaukt, so daß ich schließlich zu jedem Punkt auf der Deutschlandkarte den Städtenamen nennen konnte. Wie aus der Pistole geschossen. Ja, man konnte mich schon fast als Experten für Städtenamen bezeichnen. Ich wußte ganz genau, wo Westerland war, daß der dicke Punkt rechts Berlin war, der unten über den Alpen München und der an dem langen See ganz unten Konstanz. Da war ich aber bestens präpariert, da mußte wenigstens eine Zwei rausspringen.

Daß ich dabei noch mit äußerster Pfiffigkeit vorging, verstand sich fast von selbst.

Der Bauer hatte nämlich neben seiner Vergeßlichkeit noch eine zweite, wirklich hervorragende Eigenschaft an sich. Er nahm grundsätzlich den Schüler dran, der zu spät zum Unterricht erschien. »Wer zu spät kommt, muß es eben büßen.«

Und nach der Pause, lange, nachdem ich den Bauer in die Klasse hatte gehen sehen, klopfte ich zaghaft an die Tür, lächelte Herrn Bauer schüchtern an, entschuldigte mich durchaus höflich, zugleich bescheiden, fast zerknirscht wegen meines Zuspätkommens und hörte, wie der Dachschaden-Bauer eiskalt sagte: »Na, dann bleib mal sofort hier vorne stehen.«

Gott sei Dank, er hatte sie nicht vergessen, seine heilige Prozedur.

Ich war zwar aufgeregt, aber frohen Mutes. Städtenamen, die haute ich ihm um seine Baskenmützen-Ohren, daß ihm Hören und Sehen vergehen mußte. Und als er mich dann heimtückisch fragte, wo denn Kassel läge, zeigte ich blitzschnell und ganz eindeutig auf den Kassel-Punkt.

Und damit war die Zwei in dieser Stunde tatsächlich Wirklichkeit geworden, mit einem Schlag hatte ich meine beiden mündlichen Fünfen ausgeglichen. Und der Bauer staunte Bauklötze.

Meine frühere Angst vor dem Papptus konnte ich jetzt kaum noch verstehen. Das einzige, was mich etwas ärgerte, war meine unendliche, völlig überflüssige Plackerei vor der Lateinarbeit. Ein Tag Pauken hätte bestimmt gereicht. Dicke hätte der gereicht. Und ich Blödmann hatte vier kostbare Tage meines Lebens mit sinnloser, öder Paukerei vertan.

Aber weshalb sich darüber noch ärgern? Jetzt war ja zum Glück alles überstanden. Und weil ich die vermaledeite Arbeit so prima hingekriegt hatte, weil ich dem Bauer all die Städtenamen links und rechts nur so um die Ohren gehauen hatte, weil die ganze Aufregung von mir abgefallen war, weil drei Wochen Osterferien vor der Tür standen, drei Wochen ohne Dachschaden-Bauer, ohne Kaesar und Kikero, ohne »Alßo, Jungs«, drei lange, glückliche, freie Wochen ohne Schule, ja, darum war ich in den letzten Stunden so richtig fröhlich, man konnte fast sagen, ausgelassen.

27. Kapitel

Von leichtsinnigen Cowboys, von Strauchdieben, die eine fette Beute machen und schließlich von drei Helden im Hühnerstall

Schon für den ersten Tag in den Ferien hatten wir uns beim Günter verabredet. In den letzten Monaten waren der Günter, der Kalle und ich fast jeden Tag zusammen. Irgendwann ist mir dann aufgegangen, daß ich jetzt gar nicht mehr so oft in die Schemannstraße fuhr, eigentlich überhaupt nicht mehr in der letzten Zeit.

Beim Günter war ich mehrmals in der Woche. Auf alle Fälle an jedem Freitagabend. Günters Eltern hatten nämlich ein Radio mit UKW, und da lief jeden Freitagabend ab neun Uhr »Paul Temple« von Francis Durbridge. Viele, viele Folgen lang. Paul Temple, der Detektiv mit der rauchigen Stimme. Mit ihm gemeinsam ging uns in der »Neptun Bar« ein Licht nach dem andern auf, – grübel, grübel –, wir fühlten genau, wie sich mit Paul Temples logischen Folgerungen die Schlinge um den Mörder immer enger zog, lauschten auf die hohlen, lauten Schritte über das nächtliche Straßenpflaster von London, – tock-tock-tock –, hörten die schrille Zwischenmusik und schließlich, so gegen viertel vor zehn, die triumphierende Stimme von Paul Temple:

»Na endlich, Stiefelchen, endlich weiß ich, wer Mr. Harris umgebracht ... aaaaaoooooooo!« Klatschen. Lauter Aufschlag.

Das verzweifelte Kreischen von Stiefelchen: »Pool ..., Poool ..., Poooooool!«

Dann die Schlußmusik und eine weitere Woche Warten, Raten, Zittern und der Fortsetzung entgegenfiebern.

Hatte ich mal eine Folge versäumt, erzählte der Günter sie mir am anderen Morgen geduldig bis in die winzigste Einzelheit. Den Schluß immer wortwörtlich. So gingen die Musikstunden am Samstagmorgen wie im Flug vorbei.

Heute erwartete der Günter den Kalle und mich schon an der Flurtür und reichte uns drei alte Hüte seines Vaters. Die setzten wir auf, klappten die Hutkrempen nach unten und gingen schnurstracks hinter das Haus.

Hier begann ein riesiges Wiesengelände, uneben, voller Sträucher und Disteln, überall lagen Bretter herum und aller möglicher Schutt, an manchen Stellen zerfallene, verwilderte Mauerreste.

»Schnick, schnack, schnuck.« Der Kalle hatte gewonnen und war jetzt Hopalong Cassidy, ich wurde Tom Mix, der Günter Winnetou. Also waren wir von jetzt an echte Cowboys und Indianer. Jeder von uns trug in der Rechten seinen gewichtigen Colt, einen neumodischen Colt natürlich, mit roten Patrönchenrollen, mit denen man ununterbrochen schießen konnte. Und nicht mit den altmodischen runden Patrönchen, die man nach jedem Schuß einzeln auf den Amboß legen mußte.

An der zerfallenen Mauer trennten sich unsere Wege. Ich kroch nach rechts, schlich dann vorsichtig nach links, immer geduckt von Busch zu Busch, stets mal wieder lauschend, ob nicht von irgendwo eine Gefahr drohte.

Plötzlich erblickte ich Hopalong Cassidy! Er schlich auf allen vieren auf einen Brombeerbusch zu, spähte ununterbrochen in alle Richtungen. Ich donnerte los: »Hei, Hoppy!« Er erschrak, sah sich um und warf sich hinter den Brombeerbusch. Ich ging hinter den Mauerresten in Deckung.

Jetzt folgte mein Trick, den ich vom »Schatz im Silbersee« her kannte. Ich legte meinen Hut so auf die Mauer, daß Hopalong Cassidy noch so eben meine Krempe sehen konnte. Dann robbte ich los, schlängelte mich an den Büschen vorbei, hörte Hopalong wild um sich schießen und tauchte kurze Zeit später urplötzlich in seinem Rücken auf. Er nahm immer noch meinen Hut auf der Mauer unter Beschuß, ich aber brüllte ihn von hinten an: »Hände hoch!«

Er verstand die Welt nicht mehr, vor ihm der Hut, hinter ihm sein Todfeind. Er brummte verdattert »Scheiße«, hob dann aber folgsam die Arme und ließ die Waffe auf den Boden fallen.

Aber auch in dieser Situation mußte ich noch höllisch aufpassen. Wie leicht konnte Hopalong eine zweite Pistole aus seinem Hut zaubern, und meine Brust wäre nur noch ein Sieb. Und ich wurde hellwach, als er plötzlich seinen harmlosen Schlafzimmerblick bekam. Da wußte ich, er führte garantiert einen seiner fiesen Tricks im Schilde.

Ich aber ließ mich nicht einlullen und donnerte ihn an: »Hände oben lassen, sonst knallt's!« Da wußte Hopalong: Das Spiel war aus. »Zum Hühnerstall, aber etwas plötzlich!« schleuderte ich ihm entgegen. Und Hopalong ließ sich widerstandslos in den Hühnerstall sperren.

Doch wenn er gedacht hatte, hier müsse er jetzt schmoren, bis er schwarz würde, hatte er mit einem nicht gerechnet: mit meiner Großmütigkeit. Einer Großmütigkeit, die ich stets auch meinen ärgsten Feinden zuteil werden ließ. Kaum hatte er mich fünf Minuten durch die Latten des Hühnerstalls beobachtet, erhob ich meine rechte Hand zum indianischen Friedenszeichen. »Hoppylein kann sich bei Manitu bedanken, er ist frei!«

Hoppylein rannte verdattert davon.

Später, als es dämmerte, zeigte Winnetou-Günter auf das Feuer am Ende des Wiesengeländes. »Unsere Todfeinde feiern wieder mit Feuerwasser vor ihren Wigwams.«

Der Feuerschein kam von drei windschiefen Baracken. Davor, auf dem huckeligen Hof, lagen alte, ölverschmierte Motoren, Latten mit brauner, blasig abblätternder Farbe, zersprungene Fensterscheiben, Schuttberge, Geröll und ganz verzogene Türrahmen. Dazwischen Wäscheleinen mit Hosen und Hemden.

Auch heute ging es da hinten hoch her. Wie immer. Um das Feuer herum hockten die schrägen Vögel aus den Baracken, von denen alle Nachbarn erzählten, die würden nur krumme Dinger drehen, die hätten eine Menge Dreck am Stecken, nichts, was nicht niet- und nagelfest sei, sei vor ihnen sicher, kein Autoreifen, keine Fahrradpumpe, rein gar nichts. Die reinsten Galgenvögel seien das.

Wir hörten, wie sie lachten und grölten. Ab und an wurde es für einen Moment still, dann johlten sie wieder los: »Na, denn Prost!« und schlugen ihre Bierflaschen gegeneinander, daß es bis zu uns herüberklimperte.

Winnetou hob die Hand. »Meine tapferen weißen Brüder Hopalong Cassidy und Tom Mix mögen sich gemeinsam mit Winnetou an die Schurken heranschleichen. Am Lagerfeuer mögen wir dann ihren gespaltenen Zungen lauschen. Hough, ich habe gesprochen.«

»Hough!« stimmte ich ihm zu. Was blieb mir auch schon anderes übrig. Denn meine Begeisterung hielt sich in engen Grenzen. Ich hatte ein ganz komisches Gefühl in der Magengegend. Und auch der Kalle guckte etwas belemmert aus der Wäsche.

Wir schlichen uns in der Dunkelheit durch das hohe Gras, Winnetou vorneweg. Lautlos, uns nicht mit der ganzen Hand aufstützend, sondern nur mit den Fingerspitzen, wie wir es von »Unter Geiern« kannten. Unsere Hüte hatten wir zum Schutz in die Stirn gezogen, die Augen, die den Feuerschein hätten zurückspiegeln können, fast geschlossen. Unsere Colts steckten sicher im Gürtel.

Und so näherten wir uns denen, die mal so laut johlten, im nächsten Moment wieder flüsterten. Meter um Meter, immer vorsichtig den Boden vor uns mit den Händen nach morschen Zweigen abtastend. Denn aufpassen mußte man schon höllisch, daß nicht plötzlich irgendein Ast knackte, daß sich die Grashalme neben und vor einem nicht zu wild bewegten und daß man alle Grasflächen bis zum nächsten Gebüsch lautlos und unsichtbar und doch so schnell wie möglich durchrobbte.

So lagen wir schließlich einige Meter vor den Baracken platt im Gras und lauschten, was die Banditen so alles erzählten. Komischerweise hörten wir kein Wort von geplanten Raubzügen, von geklauten Autos oder zusammengeschlagenen Polizisten:

»Drei zu zwei schlagen die Knappen Preußen Münster.«

»Und der Orzessek. Der fischt sich doch so gut wie jede Pille aus dem Winkel.«

»Der hält doch sein Gehäuse blitzsauber.«

Strauchdiebe, die von Schalke schwärmten!

Und dann passierte es.

Da mußte der Kalle wohl voll in eine Distel gefaßt haben, und er stöhnte in sich hinein. Das hatte schon gereicht. Am Feuer erstarben die Gespräche, die Spitzbuben erhoben sich lauschend von ihren Sitzen und spähten in unsere Richtung. Dann schwärmten sie aus.

Wir sahen ihre dunklen Schatten im Feuerschein näherkommen, langsam, aber sicher, vorsichtig das Gras vor ihnen mit Stöcken auseinander wedelnd. Einige Meter vor uns blieben sie unschlüssig stehen. Dann wendeten sie sich suchend nach rechts. Gott sei Dank! Kurze Zeit später blieben sie abermals stehen, lauschten und kamen wieder zurück, direkt auf uns zu.

Ich lag platt im Grase, mein Herz klopfte dröhnend, ich wagte nicht zu atmen. In wenigen Minuten mußten sie über uns stolpern. Konnte ich noch wegrennen? Dazu schien es viel zu spät. Und dann, wenn sie über uns stolperten, dann Gnade uns Gott.

Irgendwann muß ich dann die Nerven verloren haben. Ich sprang auf und rannte los, wie vom Teufel persönlich verfolgt. Der Günter und der Kalle, als wenn sie nur darauf gewartet hätten, rasten auf und davon. Die Strauchdiebe stießen ein triumphierendes Gejohle aus und liefen brüllend hinter uns her.

Die konnten nicht unbedingt schneller rennen als wir, die kamen uns auf den ersten Metern auch nicht näher, aber nicht auszudenken, wenn einer von uns jetzt stolpern würde.

So rannten wir also um unser Leben, ohne einen Laut von uns zu geben, hinter uns das triumphierende Gegröle unserer Todfeinde, vor uns Hügel und grasbewachsene, heimtückische Mulden und Dornenbüsche.

An der Mauer, an der ich vorhin Hopalong Cassidy überrascht hatte, war ich kurz durch einen Brombeerbusch verdeckt. Verzweifelt warf ich mich hinter die Mauerreste und schmiegte mich ganz flach in die Senke. Ich hörte das Gebrüll näher und näher kommen. Schließlich konnten die Verfolger nur noch ein, zwei Meter von mir entfernt sein. Wenn sie jetzt zufällig nach rechts sahen, war ich geliefert. Hoffentlich hörten sie mein Herz nicht dröhnen. Ich wagte nicht, mich zu rühren, und merkte plötzlich, wie sich meine Nackenhaare sträubten.

Endlich wurde das Grölen leiser, sie schienen an der Mauer vorbeigerannt zu sein. Gott sei Dank.

»Na, du König der Anschleicher?«

Die Stimme hinter mir tropfte nur so vor Hohn.

Im nächsten Moment hatten mich zwei Pranken auf die Beine gestellt. Ich erstarrte. Drei Strauchdiebe lachten mich hämisch an.

»Der hat ja 'n richtigen Colt im Gürtel. Paß bloß auf, der Wyatt Earp schießt uns noch alle über den Haufen!«

Das Lachen wurde zum dröhnenden Brüllen.

»Mensch, guck mal, wie dem das Hemd schottert. Das ist ja Old Schlotterhemd!«

Einer der Lumpen umfaßte meinen Arm. Und ich ließ mich ganz freiwillig zu ihrem Lagerfeuer führen. Ich merkte, wie mir kalter Schweiß den Rücken herunterfloß.

Am Lagerfeuer überlegten die Strauchdiebe: »Den binden wir am besten an den Marterpfahl. Als Brathähnchen.«

»Oder wir sperren ihn heute nacht in den Taubenschlag. Morgen kann er dann am Marterpfahl schmoren.«

Eigentlich war ich richtig erleichtert, daß ich für heute noch im Taubenschlag übernachten durfte und erst morgen geröstet wurde.

Dann ging das Verhör los:

»Warum habt ihr euch denn so leise an uns rangeschlichen?« – »Bist du vielleicht bei der Kripo?« – »Vielleicht Rip Korby, der große Detektiv?« – »Den Old Schlotterhemd sollten sie in Schalke aufstellen. Dann nehmen alle Gegner kreischend Reißaus.«

»Ich, ... äh ... ich kenn aber den Günter Brocker!« Ich wunderte mich selbst, daß ich den Satz rausbekommen hatte.

»Günter Brocker?« Um mich herum wurde es etwas ruhiger. Der, der mich am Arm gepackt hatte, ließ mich los.

»Ja, äh, der arbeitet im WEKA. Mit dem hab ich schon gesprochen!«

»Wieso?«

»Ja, den kenn ich.«

»Woher?«

»Ja, äh, der ... ist manchmal bei ... bei uns zu Hause. Is ... is der äh, der Onkel Günter!«

Noch ehe ich mich selbst darüber wundern konnte, was ich da eben von mir gegeben hatte, schlug mir die Pranke von vorhin krachend auf die Schulter. »Der scheint ja ganz in Ordnung zu sein, der Köttel.«

»Wir Schalker müssen auch zusammenhalten, was? Willst du 'n Bier?«

»Ich? Äh, nö.«

»Komm, trink mal 'n Schluck.«

Ich trank einen Schluck und mußte husten.

Die Gangster lachten. »Na, Old Schlotterhemd, dann sieh mal zu, daß du nach Hause kommst. Sonst wirst du noch von so Typen wie uns gefangen genommen.«

»Nach Hause« hatten die gesagt. Würden die mich doch nicht schmoren? Ich wußte nicht, wie mir geschah.

Ich stand auf und ging langsam davon.

Die Strauchdiebe riefen mir nach: »Tschüs. Und grüß mal den Brocker.«

Als ich nicht mehr im Feuerschein war, rannte ich los. Erst langsam, dann immer schneller.

Vor Günters Elternhaus drehte ich mich in alle Richtungen um. »Günter? Kalle?«

Keiner meiner Freunde war zu sehen.

Irgendwann hörte ich ein leises Rufen: »Thomas?«

Es kam aus dem Hühnerstall auf dem Hof. Da hatten sich Hopalong Cassidy und Winnetou, die Helden der Prärie, versteckt und zitterten leise vor sich hin. Und ich hockte mich zu ihnen und zitterte ordentlich mit.

28. Kapitel

Von einer großen Langeweile im Krankenhaus und wie man sie vertreiben kann, von einer Operation und einer schrecklichen Entdeckung

»Ich hab sone Krankheit am Knie, da muß ich wohl operiert werden.« Der Kalle zuckte die Schultern. »Ich merk aber gar nichts, tut überhaupt nicht weh, mein Knie. Und wenn ihr mich mal besucht, ich liege in Zimmer 34, das weiß ich schon. Und dann ...!« Er wackelte mit dem Kopf, sah uns bedeutungsvoll an, mehr verriet er aber nicht.

Es war einen Monat nach den Osterferien, und der Kalle mußte am nächsten Montag ins Knappschaftskrankenhaus.

An diesem Montag gingen der Günter und ich nach der Schule nicht zu »Spielwaren Koch«, wie sonst immer, sondern direkt den Kalle besuchen.

Bei »Spielwaren Koch« hatten wir drei irgendwann das Eishockeyspiel entdeckt. Es hatte in der Mitte des Raumes gestanden, auf einem Tisch, so, als hätte es schon auf uns gewartet. Für den stolzen Preis von neunundvierzig Mark.

Wir waren jeden Tag nach der Schule um das Eishockeyspiel herumgeschlichen, haben uns die Hebel und die Spieler angesehen, haben uns den Mechanismus klargemacht. Die Eishockeyspieler konnten an langen Stangen unter dem Spielfeld vor- und zurückgeschoben werden; wenn man an den Stangen drehte, drehten sich auch die Eishockeyfiguren mit ihren Eisenschlägern und donnerten den Puck ins Tor. Und weil die Verkäuferinnen so nett und freundlich waren, hatten wir uns eines Tages ein Herz gefaßt: »Dürfen wir mal mit dem Eishockeyspiel spielen?« – »Na ja, weil ihr es seid«, hatten die Verkäuferinnen gesagt, und seit dem Tag waren wir nach der Schule jeden Tag bei »Spielwaren Koch« und spielten Eishockey, immer bis einundzwanzig.

Als der Günter und ich den Kalle im Knappschaftskrankenhaus fanden, blieb uns die Spucke weg. Der Kalle saß auf der Bettkante und – spielte mit einer Krankenschwester unser Eishockey.

»Boh, wem gehört das denn?« konnte ich nach einiger Zeit fragen.

»Mir!« grinste der Kalle breit. »Hat mir meine Mutter gekauft. Extra für das Krankenhaus. Damit es mir hier nicht langweilig wird.«

»Boh, dein eigenes Eishockey! Mensch, Klasse! Da kannst du ja jetzt den ganzen Tag spielen. Jetzt, wo du nicht in die blöde Schule brauchst.«

Aber auch dem Günter und mir hatte Kalles Mutter eine Riesenfreude gemacht. Da konnten wir ja jeden Tag stundenlang Eishockey spielen.

Die Schwester hatte sich mittlerweile stillschweigend aus dem Zimmer gemacht. Der Kalle grinste immer breiter. »Die kann gar nicht richtig spielen. Und wenn sie merkt, daß sie verliert, muß sie ganz schnell wieder weg: ›Die andere Patienten warten.‹«

Und so spielten wir im Krankenhaus Eishockey, der Kalle, der Günter und ich. Und natürlich wurde der Kalle Sieger des ganzen Turniers.

Zwei Tage vor seiner Knieoperation waren wir wieder beim Kalle, und wir stöhnten ihm von der blöden Schule und den blöden Lehrern die Hucke voll: »Hast du ein Schwein, daß du den Mist nicht mitmachen mußt!«

Der Kalle grinste. »Nix da, ich lerne ja auch!« Dabei zeigte er auf das Bild über seinem Bett, auf das Bild mit dem frommen Gedicht, und sprach stolz grinsend Lateinisch.

Wir verstanden nur »Bahnhof«. Doch dann ging uns ein Licht auf: Der Kalle hatte den Spruch über dem Bett ins Lateinische übersetzt.

Jetzt endlich dämmerte es uns langsam, jetzt wurde uns endlich so allmählich klar, wie stinklangweilig es dem Kalle doch im Krankenhaus sein mußte, trotz seines Eishockeyspiels. Der mußte immer im Krankenzimmer liegen, der konnte nicht nach draußen gehen und rennen und spielen, der mußte alles essen, was man ihm vorsetzte, der war die ganze Zeit mutterseelenallein. Der hatte eine solche Langeweile, daß er schon freiwillig Lateinübersetzungen machte. Freiwillig Lateinübersetzungen!

Der Günter flüsterte mir zu: »Komm mal mit auf den Gang.«

Auf dem Gang schmissen wir unser Taschengeld zusammen, drei Mark von mir und vier Mark vom Günter. Der Günter rannte los wie ein geölter Blitz, und nach kurzer Zeit kam er in das Krankenzimmer zurück. Er hatte die Arme hinter seinem Rükken versteckt. »Hier seht ihr den größten Zauberer aller Zeiten.« Ganz langsam nahm er seine Arme nach vorne, erst den linken: »Leer!«, dann den rechten: »Zauber, zauber, hex, hex!« Und in seiner Hand hielt er eine ganz besondere Kostbarkeit: den grünen Karl-May-Band 14: »Old Surehand 1«. »Old Surehand 1«, meinte der Günter, käme gleich hinter »Unter Geiern«, weit vor Winnetou 1 bis 3. Und »Old Surehand 1« überreichten wir dem Kalle dann feierlich.

Da mußte der Kalle vor Freude heulen.

Drei Tage später, nach der Operation, standen der Günter und ich vor Kalles Krankenbett und betrachteten, wie er friedlich schlief. Der Günter grunzte »Schnarch, schnarch«, der Kalle öffnete kurz die Augen, schloß sie aber sofort wieder.

»Macht ganz schön müde, sone Operation, müder als die Schule«, kicherte der Günter und setzte sich auf die Bettkante am Fußende. »Sollen wir den mal mit Indianergeheul wecken?«

»Nee, lieber nicht. Sonst wirft uns die Schwester noch achtkantig raus. Aber rück mal 'n Stück.«

Der Günter schlug die Bettdecke zurück. Und blieb regungslos auf der Bettkante sitzen.

»Nu rück schon endlich. Ich steh mir ja sonst die Beine in den Bauch.«

Der Günter bewegte sich immer noch nicht.

Dann sah er mich an. Er öffnete den Mund, wollte etwas sagen, schloß ihn wieder.

Er sah aus wie ein Gespenst. Ganz weiß.

Er deutete mit dem Kopf auf die Bettdecke.

Und dann sah ich es.

Unter der aufgeschlagenen Bettdecke ragte der linke Unterschenkel vom Kalle hervor. Nur der linke. Der rechte fehlte.

Die hatten dem Kalle das rechte Bein abgenommen!

Mir wurde schwindelig. Die konnten dem Kalle doch nicht einfach ein Bein abnehmen! Da mußte er ja von jetzt an nur noch mit einem Bein rumhumpeln. Sein ganzes Leben lang.

Ich merkte, wie mir schwarz vor Augen wurde, und mußte mich an der Bettkante festhalten.

So kam der Kalle also eines Tages mit seinen Krücken in die Schule zurück. Er zeigte uns seinen Beinstumpen, bei dem die Ärzte die Haut ganz geschickt über den Stumpf gezogen und am Ende vernäht hatten wie einen Strumpf.

Und der Kalle versetzte uns alle in Erstaunen, als er meinte, er habe manchmal das Gefühl, sein rechter großer Zeh würde jucken, obwohl es den ja gar nicht mehr gab. »Sind die Nerven.«

Wir selbst probierten dann aus, wie anstrengend das Laufen auf einem Bein doch war, nur mit seinen Krücken. Und wir bewunderten den Kalle aufrichtig. Der meinte aber, man gewöhne sich schnell daran, ihm käme das überhaupt nicht mehr anstrengend vor, das Laufen auf einem Bein. »Und jetzt kriege ich auch so komische Knickerbockers wie der Bauer. Ist praktischer mit dem Bein«, grinste der Kalle.

Später merkten wir dann gar nicht mehr, daß der Kalle nur noch ein Bein hatte, er machte ja auch alles mit uns gemeinsam, genau wie früher.

Nur, als wir beim Günter wieder Cowboy spielten, war Hopalong-Kalle schon nach allerkürzester Zeit mein Gefangener.

»Du wußtest ja auch genau, wo ich war. So weit konnte ich mit meinem einen Bein ja gar nicht kommen.«

Er hatte ja recht, der Kalle.

Also beschlossen wir gemeinsam, daß er schon fünf Minuten vor uns verschwinden dürfte. Und von jetzt an durften sich alle Cowboys nur noch auf Händen und Füßen anschleichen. So waren die Chancen wieder gerecht verteilt.

29. Kapitel

Von Heinz Rühmann ohne Nietenhosen, von Zorro, dem großen Leinwandhelden, und vom kleinen Zorro, dem ein freundlicher Herr helfen will

Jeden Tag nach der Schule kamen wir am »Industrie« und am »Bali« vorbei. Da bewunderten wir dann die Plakate über den Eingangshallen. Riesige, farbige Bilder, bei denen wir immer nur staunen konnten, wie lebensecht sie doch gemalt waren. Und wir betrachteten sehnsüchtig in den Schaukästen die glänzenden Filmfotos mit den spannenden Filmszenen von Förstern und Ungeheuern, von Dick und Doof, von Piraten und von Cowboys. Filmszenen, von denen wir liebend gern gewußt hätten, wie sie denn weitergehen würden.

Kinos hatten es uns sowieso angetan. Im »Industrie« waren der Günter und ich vor zwei Wochen sogar in einem Film ab Sechzehn gewesen, in einem Gruselfilm. Da hat keine Maus nach dem Personalausweis gefragt. Allerdings hatten wir damals auch die Kragen hochgeschlagen und dunkle Sonnenbrillen auf, die der Günter vor dem Kino verteilt hatte. »Damit sehen wir bestimmt drei Jahre älter aus«, hatte er gemeint.

Warum der Film ab Sechzehn war, wurde uns im Kino klar. Da fing ein verrückter Wissenschaftler schöne Frauen ein, zerstückelte sie, mischte die Einzelteile durcheinander und setzte die Frauen aus unterschiedlichen Einzelteilen wieder zusammen. Der Günter meinte am nächsten Tag, er hätte die ganze Nacht vor lauter Gruseln und Gänsehaut nicht schlafen können. Ich sah ihn erstaunt und mitleidig an: »Ach du Deiwel! Deswegen konntest du nicht schlafen?« Und gab nicht zu, daß es mir nicht anders ergangen war.

Und wir drei gehörten zu den ganz wenigen auf der Welt, die wußten, wann eine neue Filmrolle eingelegt wurde. Das hatte uns nämlich Onkel Johann verraten. Onkel Johann war ein Onkel vom Günter. Wir brauchten nur rechts oben im Film auf einen weißen dünnen Ring zu achten, eine Warnung an den Filmvorführer. Einige Sekunden später erschien ein zweiter Ring, und genau in dieser Sekunde lief die nächste Rolle an. Onkel Johann betonte, daß das nie einer von den Zuschauern mitbekäme, weil alles so schnell ginge. Nur ein paar Eingeweihte, die wüßten Bescheid. Und zu diesen wenigen Eingeweihten gehörten von nun an auch wir.

Onkel Johann war ein außergewöhnlicher Mann. Onkel Johann war nämlich nicht einfach Schreiner oder Maurer oder Pauker, Onkel Johann war leibhaftiger Filmvorführer. Im Roxy in Essen-Kray. Onkel Johann kannte sich also aus: »Hollywoodfilme, wenn ich das schon hör! Habt ihr schon mal nen Hollywoodfilm gesehen, in dem nicht in jeder Szene Whisky getrunken wird? Und alle laufen in Nietenhosen rum. Hab ich beim Hans Albers noch nie gesehen, und beim Heinz Rühmann schon mal gar nicht. Und die kenn ich ja persönlich, die beiden. Lernt man ja so im Laufe der Zeit kennen, wenn man beim Film arbeitet.«

Der Günter hatte eine Frage, die uns brennend interessierte: »Wie ist denn ›Im Zeichen des Zorro‹, Onkel Johann?«

Onkel Johann prustete los: »Genau son Schinken. Typisch Hollywood. Läuft übrigens am Sonntag bei uns im Roxy. In der Jugendvorstellung. Um zwei.«

Das wußten wir nun schon lange, ich war ja vor zwei Tagen extra mit dem Fahrrad zum Roxy gefahren und hatte die Vorankündigungen studiert. Und der Günter hatte ja auch nicht ohne Grund nach »Zorro« gefragt.

»Also, wenn ihr wollt, könnt ihr ja am nächsten Sonntag kommen. Kommt ihr ganz umsonst rein. Laßt euren Onkel Johann mal machen.«

Wir jubelten im Chor. Endlich würde ich alles über den Mann erfahren, der damals in der Schemannstraße unserer Bande seinen Namen gegeben hatte. Über Zorro. Und wir verabredeten uns für Sonntag im Roxy, wo Zorro unerbittlich mit allen Bösewichtern Schlitten fahren würde.

Vor den Kassen des Roxy standen schon lange Schlangen von Jungen, die aufgeregt durcheinander redeten. Das Plakat über dem Eingang zeigte unseren Zorro, lächelnd und in voller Größe.

Den hatte ich mir allerdings ganz anders vorgestellt. Damals in der Schemannstraße, als der Hans-Herrmann unsere Zorro-Bande gegründet hatte, hatte er für mich so ähnlich ausgesehen wie Siegfried in den deutschen Heldensagen. Groß, stark, mit riesigem Schwert und Helm. Der Zorro aber, der uns von dem Plakat aus anlächelte, war schlank, hatte einen schmalen Schnurrbart, eine schwarze Maske mit dünnen Schlitzen vor den Augen und trug einen Hut mit breiter, gerader Krempe.

Kurz vor zwei erschien Onkel Johann in einem grauen Kittel auf der Treppe zum Vorführraum und winkte uns zu sich nach oben. Im Vorführraum war alles eng. Vollgestopft mit Apparaten, Instrumenten und Geräten, hinten in der Ecke ein Stapel riesiger Aluminium-Rollen.

»Hier ist mein Reich«, meinte Onkel Johann und deutete auf den schwarzen Vorführapparat mit dem Flügelrad vor der Linse. Anschließend zeigte er auf ein flaches Gerät mit Hebel. »Und das kommt heute auch noch einige Male zum Einsatz. Ne Film-Klebemaschine. Wenn der Film mal reißt oder durchbrennt.« Dann öffnete er eine der Aluminium-Schachteln, hob eine riesige Filmrolle heraus und wuchtete sie mit den Händen und einem Knie auf die Stange des Vorführgeräts. »Dann kann es ja gleich losgehen. Da vorne, an den kleinen Fenstern, könnt ihr alles sehen. Besser als Rasierplatz, was?«

Wir sahen durch die Fenster in den Kinoraum unter uns. Er lag im Halbdunkel, nur die schlanken Leuchten an den Wänden tauchten den Raum in dämmriges Licht. Die Platzanweiserin führte die Jungen, die ins Kino kamen, über den dicken Teppich zu ihren Sitzen. Die Jungen, die schon in den Bankreihen saßen, lachten und unterhielten sich aufgeregt. Mit der Zeit verstummten die Gespräche, wir spürten die erwartungsvolle Stimmung da unten.

Der Kalle stieß mich an. »Was für ein Glück, daß der Günter so einen Onkel hat.« Den hörten wir hinter uns herumfuhrwerken, dann, um Punkt zwei, meinte er: »So, geht los.«

Der Gong ertönte dreimal, das Licht im Kino wurde langsam dunkler, das Lachen und Murmeln verstummte, es wurde still. Als dann nur noch die grünen viereckigen Lampen über den

Toiletten und dem Notausgang zu sehen waren, öffnete sich geräuschlos der rote Samtvorhang.

»Die Reklame und ›Fox Tönende ... äh ... Knochenschau‹ kommen mir bald an den Ohren raus«, grinste Onkel Johann und fummelte an dem Vorführgerät herum. Wir aber blickten gebannt auf die Leinwand. Die Typen, die jetzt auftauchten, kannten wir ja schon aus dem Effeff.

Da überschlug sich das HB-Männchen, fiel vom Tisch, schlug sich mit dem Hammer auf den Daumen, sprang fuchsteufelswild in die Luft, fing dann in der Luft seine HB auf und strahlte nun voller ruhiger Zufriedenheit: Jetzt, mit der HB, ging nämlich alles »wie von selbst«. Oder der erbarmenswürdige, arglose Mann, der von einer Menschentraube umringt war. Alle sahen naserümpfend und entsetzt auf seinen Rücken, der über und über bedeckt war mit Haarschuppen, groß wie Konfetti. Diesem Menschen konnte geholfen werden. Mit dem neuen Schuppen-Shampoo von »Schwarzkopf«. Schließlich noch der Mann mit der Jonny-Weißmüller-Figur und den strubbeligen Haaren, der einen Köpper ins Wasser machte, dann aber mitten im Sprung wieder zurückschwebte auf das Sprungbrett, weil er sein »Brillcreme« vergessen hatte.

Nach »Fox Tönender Wochenschau« brüllte der Löwe in dem runden Filmband los, endlich begann der Hauptfilm.

Musik setzte ein, von rechts kam eine Kutsche über die staubige Straße gerumpelt, dann wurde die Musik schneller und schriller. Nicht von ungefähr, denn plötzlich öffnete sich das Gebüsch im Vordergrund, und vier Männer sprangen auf die Straße. Obwohl ihre Gesichter mit Taschentüchern verdeckt waren, erkannte man auf den ersten Blick: Das konnten nur die fiesesten Strauchdiebe aus ganz Kalifornien sein. Sie brachten die Kutsche zum Stehen und rissen brutal grinsend die Kutschtür auf. Die hübsche Frau in der Kutsche preßte ihr weißes Spitzentüchlein vor den Mund und wimmerte: »Hilfe!« Ihre Augen weiteten sich vor Entsetzen.

Uns blieb derweil das Herz stehen. Das alles bekamen wir ganz genau mit, denn auf der riesigen Leinwand war nun nur noch das Gesicht der zu Tode erschrockenen Frau zu sehen.

Doch die schöne Frau und wir hätten überhaupt keinen Grund gehabt, zu Tode erschrocken zu sein, denn aus der Ferne nahte schon der Retter.

Mit wehendem Umhang ritt Zorro auf die Kutsche zu, wie der Teufel ritt er, sprang noch im Galopp vom Pferd, zog seinen Degen, bog ihn, sah lächelnd die vier Strauchdiebe an, die sich vor Lachen über so einen Hänfling nicht einkriegen konnten. Und dann ging alles blitzschnell. Die Strauchdiebe lachten genau bis zu dem Moment, wo Zorro jedem von ihnen, elegant tänzelnd, mit raschem Schwung ein »Z« auf ihr Hemd ratschte, nachdem er ihnen geschickt den Degen aus der Hand geschlagen hatte. Einem nach dem anderen. Und immer noch lächelte Zorro. Die Gesichter der Strauchdiebe aber schwankten zwischen ungläubigem Staunen und Entsetzen. Schließlich ergriffen die Halunken panikartig die Flucht, ihre Sombreros wippten auf ihren Schultern auf und ab.

Nun erfüllte ein Raunen das Kino, dann ging der Sturm los. Alles lachte, grölte, pfiff und rief »Halbzeit«, obwohl sich gar keiner küßte.

Ich pfiff zwar nicht, wischte mir aber die feuchten Hände an meiner Hose ab.

Wie elegant und lässig dieser Zorro doch alle seine Feinde vertrieben hatte. Ich stellte mir auf einmal vor, daß ich der große, unbesiegbare Zorro wäre und die schöne Frau in der Kutsche die Heidi. Und die Heidi würde mich mindestens genauso schmachtend ansehen wie jetzt die hübsche Frau in der Kutsche guckte. Und ich würde ähnlich gelassen zurücklächeln wie Zorro.

Auf dem ganzen Heimweg fochten wir drei mit unsichtbaren Degen gegeneinander wie Zorro, wichen aus wie Zorro, machten einen Ausfallschritt wie Zorro, lächelten wie Zorro. Wie Zorro, der unbesiegbare Held, der eigentlich Don Diego Vega war und dabei immer so unschuldig und treudoof tat.

In der Bahnhofsunterführung unterbrach ich urplötzlich meinen Fechtkampf mit dem Günter und griff ganz unvermittelt den Kalle von der Seite an. Er wollte meinem Degenstoß ausweichen, hüpfte überrascht einen Schritt zurück und ... fiel auf den Hintern. Da saß er da und lachte, und wir lachten mit.

Plötzlich blieben alle Passanten stehen und blickten den Kalle an. Ein freundlicher alter Herr stürzte behende auf ihn zu, und mit einem Wortschwall aus Mitleid und Trost half er dem Kalle wieder auf die Beine.

Und dabei ging mir auf, daß wir ihn ja eigentlich auch hätten aufheben können, daß das aber keinem von uns auch nur entfernt in den Sinn gekommen ist. Der Kalle stand nämlich normalerweise genauso schnell wieder auf wie wir anderen auch.

Der Kalle war stinksauer auf den hilfsbereiten Mann. »Als wenn ich nicht alleine hätte aufstehen können. Und dann noch das olle Getue.«

Da ging der Günter plötzlich kreischend in die Luft wie das HB-Männchen: »Olles Getue, olles Getue«, und der Kalle konnte wieder lachen.

30. Kapitel

Von einer schönen Rede in der Aula, von flatternden Dirigentenarmen und einer Luft, der Hören und Sehen vergeht

Am 17. Juni, dem »Tag der Deutschen Einheit«, versammelten sich wie immer alle Lehrer und Schüler in der Aula. Ich saß in der vorletzten Reihe, neben dem Günter.

Der Schulchor sang »Freude schöner Götterfunken«, dann bestieg der Direktor das Podium. Er begann seine Rede getragen, mit fast belegter Stimme:

»Euch allen ist gegenwärtig, warum wir uns hier zu dieser gemeinsamen Feierstunde versammelt haben. Wie schon im letzten Jahr, so wollen wir auch heute wieder mit feierlichem Ernst unserer Brüder und Schwestern jenseits des Eisernen Vorhangs gedenken.«

Während der Direktor seine Rede hielt und während der Lichtstrahl über dem Podium wieder seine Glatze anstrahlte, betrachtete ich verträumt die schönen bunten Fenster, und meine Gedanken wanderten zu dem, was nach der Rede des Direktors folgen würde, zum Orchester.

»Heute jährt sich zum zweiten Mal der Tag, an dem unsere Brüder und Schwestern sich erhoben haben. Erhoben und heldenhaft gekämpft. Gekämpft gegen einen übermächtigen Feind mit all seinen Panzern, gekämpft gegen ein kommunistisches Regime. Und die tapferen Arbeiter drüben in der Zone haben dem Unrechtsregime gezeigt, daß ein geknechtetes Volk nicht immer und ewig unterdrückt bleiben kann.«

An den 17. Juni 1953 konnte ich mich noch genau erinnern. Ich war damals noch auf der Volksschule, als sich die Arbeiter in der Zone erhoben hatten, um endlich so frei und gemütlich wie bei uns im freien Teil Deutschlands leben zu können. Und nicht wegen jedem Furz sofort ins Gefängnis geworfen zu werden.

»Der Aufstand ist brutal niedergeschlagen worden, trotz des heldenhaften Kampfes der Arbeiter. Viele von ihnen hat Walter Ulbricht verhaften und ins Gefängnis werfen lassen.«

Den kannte ich auch, den spitzbärtigen Ulbricht. Was er aber so alles trieb, wußte ich nicht so ganz genau. Ich wußte nur, daß er immer so tat, als wenn die blöden Russen seine Brüder wären. Die Russen, die mit Russenmütze und feurigen, begierigen Augen auf uns schielten und nur darauf warteten, sich bei nächster Gelegenheit auch den freien Teil Deutschlands unter den Nagel zu reißen. Das kannte man ja von den Wahlplakaten. Aber so blöde, uns in aller Seelenruhe den Sowjets in ihre Pranken zu geben, waren wir ja nun auch wieder nicht. Da achtete schon unser Bundeskanzler Adenauer drauf, der alte Fuchs. Der hatte sogar unsere Kriegsgefangenen von den Russen freigehandelt. Wie ein alter Indianer. Und so sah er ja auch aus.

Der Ulbricht aber hatte eine unschätzbare Eigenschaft. Da kam kein anderer Politiker auf der Welt mit. Er sprach nämlich Sächsisch und dazu mit einer so hohen Fistelstimme, daß wir kaum anders konnten, als ihn immer und immer wieder nachzuäffen.

Am besten konnte das noch der Kalle:

»Nü, saachn ße blöß. Das gabidalistische Imbrialsüsdäm gann dän gerechdn Gampf gägn die Arbeidr ünd Baurn nie ünd nimmr gewinnen.«

Der Günter neben mir stieß mich an. »Gleich kommt wieder die Geschichte mit der Schokolade.«

»Mein Dank, ja meine Anerkennung gilt auch den Anstrengungen der Klassen, die all die vielen schönen Päckchen für unsere Landsleute drüben so liebevoll zusammengestellt haben. Mit Kaffee, mit Schokolade, ja, selbst mit Apfelsinen. Alles Dinge, die für euch vielleicht selbstverständlich sind, die aber für unsere Brüder und Schwestern in der Ostzone eine unendliche Kostbarkeit darstellen.«

Der Günter stieß mich wieder an. »Ich hab richtig Hunger auf Schokolade.«

Ich aber erwartete voller Sehnsucht das Ende des Vortrags. Denn dann würde endlich Herr Maiwald auftreten.

»Und ich rufe euch allesamt inständig auf, niemals in eurem Bestreben nachzulassen. Auf daß Deutschland schließlich wieder ein vereinigtes Vaterland werde. Ein Vaterland mit all den großartigen urdeutschen Gebieten, die man uns im unseligen letzten Krieg abgenommen hat, mit dem schönen Schlesierland, mit der freien Stadt Danzig und mit Allenstein. Allenstein mit seinem berühmtesten Sohn, dem gelehrten Tycho Brahe. Allenstein, mit dem Gelsenkirchen so enge Bande geknüpft hat, Allenstein, das, wie ihr ja alle wißt, mit dem Namen unseres Gymnasiums so unendlich eng verbunden ist.«

Endlich schwieg der Direktor ergriffen, seine Rede war zu Ende. Er verneigte sich und verließ das Podium.

Nun versammelten sich die Orchestermitglieder auf der Bühne. Und mit dem Orchester würde Herr Maiwald erscheinen. Und er würde uns alle in staunendes Entzücken versetzen.

Sein Grimassenschneiden würden wir aus der Entfernung zwar nicht so verfolgen können wie beim »Rööslein«. Trotzdem, wir würden gebannt auf ein einmaliges Schauspiel starren, ein Schauspiel, bei dem wir unwillkürlich an Rumpelstilzchen erinnert würden, mit dessen blindwütiger Gebärde beim »Das hat dir der Teufel gesagt«. Und der armen Luft auf dem Podium würde Hören und Sehen vergehen.

Als das Orchester auf den Klappstühlen saß, bewegte sich der Vorhang im Hintergrund der Bühne, die Falten flatterten, wogten nach links und nach rechts, erst langsam, dann immer hektischer, schließlich teilte sich der Vorhang, und hervor trat unser Musiklehrer, Herr Maiwald. Er war der Leiter des Schulorchesters.

Herr Maiwald hob die Arme wie Hopalong nach meinem »Hände hoch«.

Das Orchester stand auf.

Herr Maiwald verneigte sich vor uns, senkte seine Arme.

Das Orchester nahm wieder Platz.

Dann erhob er die Arme wie Zorro vor seinen Fechtkämpfen, hielt sie eine ganze Zeitlang oben, um sie dann urplötzlich nach unten zu schleudern.

Das Orchester begann zu spielen. Zuerst ganz harmlos.

Dann drehte sich Herrn Maiwalds Oberkörper schlagartig wirbelnd nach rechts, die Arme zerrissen die Luft vor ihm, schlugen sie im nächsten Moment erbarmungslos windelweich.

Die Cellobögen stachen wie wild in die Luft, die Musik wurde laut und schrill.

Im nächsten Moment verbeugte er sich nach links, streichelte die Luft anschließend liebevoll, preßte sie dann Zentimeter um Zentimeter immer tiefer nach unten, so, als stopfe er sie in einen prallgefüllten Sack.

Der ohrenzerreißende Katzenjammer ließ nach, die Musik wurde tiefer und ganz leise, eine richtige Wohltat.

Für einige Sekunden. Dann fiel sein Oberkörper unverhofft zurück, er ließ die Luft aus dem Sack mit schneidigem Schwung wieder frei.

Der durchdringende Katzenjammer begann von neuem.

Herr Maiwald schob die Luft erbarmungslos in die linke Ecke.

Die Posaunen brüllten los.

Sein Oberkörper kreiselte einige Male um seine Hüften und klappte schließlich unvermittelt nach vorne.

Die Cellobögen verstummten.

Anschließend zog er die Luft gemächlich aus dem Sack zurück, quetschte sie entschlossen zusammen, verscheuchte sie dann energisch mit flattrigen Fingern, preßte sie plötzlich gefühlvoll an die Brust.

Die Geigen wimmerten.

Und stieß sie dann wieder abrupt von sich.

Das Becken schepperte, und die Posaunen bölkten vor sich hin. Markerschütternd.

Und zum krönenden Finale flatterten seine Arme jubilierend und hingebungsvoll weit, weit durch die Luft. Und damit spielte das gesamte Orchester. Wie besessen. Alle Instrumente lärmten wild und grell durcheinander. Die Geigen quietschten, die Posaunen tröteten, die Bratschen schräbten. Und während der ganzen Zeit zappelte und ruckelte sein Kopf so schnell hin und her, daß man schon ganz genau aufpassen mußte, wenn man mitbekommen wollte, wo sein Gesicht und wo sein Hinterkopf gerade waren und was sein Kopf sonst noch so alles anstellte. Mal war seine lange Habichtsnase von der Seite zu sehen, im nächsten Moment sein nach hinten geworfener Hinterkopf, dann seine Habichtsnase von der anderen Seite, dann sein Nacken.

Und so war alles vom Rumpelstilzchen-Maiwald ununterbrochen in verwirrender, hektischer, schwirrender, ruheloser Bewegung. Er zappelte und zuckelte und bammelte und strampelte, nur sein Hintern blieb komischerweise die ganze Zeit über ruhend rausgestreckt, eisern zum Publikum hin.

Für uns Schüler grenzte es schon an ein Wunder, daß sein Kopf nicht plötzlich vor ihm auf dem Boden herumhopste wie ein Fußball oder daß seine Arme nicht weit durch die Luft flogen und in der Decke steckenblieben wie Pfeile.

31. Kapitel

Von einem Wiedersehen mit peinlichen Pausen, einem Gipsarm, der gepflegt wird, und einem Spruch, der Bewunderung erweckt

Plötzlich stand die Heidi neben mir. Ich war auf dem Heimweg von der Schule und sah mir gerade die Filmplakate am Bali an, da bemerkte ich sie.

Ich zog an meinem Hemdkragen und wußte kein einziges Wort zu sagen. Idiotisch! Und mir fiel siedendheiß ein: Ich hatte sie nach unserem Umzug nicht ein einziges Mal besucht.

Vorgenommen hatte ich mir das schon oft, dreimal war ich sogar mit dem Fahrrad in die Schemannstraße gefahren, und einmal hatte ich sogar vor ihrer Haustür gestanden. Da hätte ich nur noch schellen müssen. Doch vor der Haustür bekam ich es plötzlich mit der Angst zu tun. Vielleicht hatte die Heidi mich schon längst vergessen? Sicher, auf die Nase binden würde sie mir das nicht, aber womöglich hätte sie dann gedacht, ich würde ihr nachlaufen wie ein treudoofer Schluffen. Also hatte ich mich klammheimlich wieder verdrückt. Zum Glück hatte mich niemand gesehen, wie hätte ich dem auch erklären können, warum ich mich wie ein Dieb vor der Haustür herumtrieb?

Gott sei Dank fragte mich die Heidi jetzt nicht, warum ich sie denn nicht mal besucht hätte. Die Heidi fragte gar nichts, sie blieb genauso stumm wie ich. Wir starrten beide auf das Kinoplakat.

Ob sie auch so erschrocken war wie ich? Nur, die Heidi brauchte überhaupt nicht erschrocken zu sein, ich hatte mich nämlich gar nicht verändert. Die Heidi schon. Ich hatte sie zwar nur ganz kurz angesehen, aber das war mir nicht entgangen. Sie hatte ihre Haare abgeschnitten, und obwohl ich früher ihre langen Locken so gern gehabt hatte, jetzt, mit ihren kurzen Haaren sah sie richtig hübsch aus. Unheimlich hübsch. Allerdings auch etwas fremd. Sie war auch viel größer geworden.

»Tag.«

Mein »Tag« klang irgendwie rostig.

»Tag.«

Ihre Antwort kam etwas tonlos.

Ich sah von der Seite, daß die Heidi mich immer noch nicht anstrahlte, und war leicht enttäuscht. Damals, als wir aus der Schemannstraße weggezogen sind, da hatte sie mich doch so richtig nett angesehen, daß es mir im Rücken kitzelte.

Das Schweigen wurde immer unangenehmer. Ich mußte endlich mal meinen Mund aufmachen.

»Wie geht's dir?«

»Gut.«

»Prima.«

Ich überlegte, was ich sonst noch so fragen konnte.

»Was machst du denn jetzt?«

»Ich bin jetzt auf der Mittelschule.«

»Aha.«

Danach starrten wir wieder auf das Filmplakat und schwiegen.

Wenn mir doch nur ein paar witzige Bemerkungen einfallen würden. Die sind mir doch früher immer ganz automatisch eingefallen, früher, wenn ich mit der Heidi zusammen war. Da hatte ich gar nicht lange zu überlegen brauchen.

Auf dem Filmplakat ritt Randolph Scott, in der einen Hand den Zügel, in der anderen seinen Colt.

»Ich war in ›Zorro‹«

Mein »Ich war in ›Zorro‹« hörte sich genauso bescheuert an wie vorhin mein »Tag«.

Die Heidi sagte leise »Ja« und sah mich dann fragend an.

»Ich war in ›Zorro‹«

»Ach so.«

»War ganz schön spannend!«

»Aha.«

»Und lustig.«

»Ja.«

Dann wieder dieses quälende Schweigen. Was konnte ich ihr bloß noch sagen?

»Ja, tschüs.«

Im selben Moment hätte ich mich in den Hintern beißen können über meine Doofheit. »Tschüs« würde ja bedeuten, daß ich jetzt alleine weitergehen mußte. Dabei wollte ich doch bei der Heidi bleiben.

Jetzt sah mich die Heidi zum ersten Mal an. Ganz erschrokken.

»Wo gehst du denn her?«

»Durch den Wiehagen.«

»Ich auch.«

Und so gingen wir nach langer Zeit wieder gemeinsam durch die Straßen von Gelsenkirchen, die Heidi und ich. Es regnete. Ich sagte »Es regnet«, und sie antwortete »Ja«. Danach fiel mir ums Verrecken nicht ein einziger vernünftiger Satz mehr ein.

Die Heidi hatte mich bestimmt schon längst vergessen. Die war ja auch ein ganz anderes Mädchen geworden, viel größer und mit kurzen Haaren. Jetzt war ich richtig froh, daß sie nie mitgekriegt hatte, wie kindisch ich ihr nachgerannt war. Dann hätte ich aber als schöner Tölpel dagestanden.

Als wir uns dann hinter den Schrebergärten verabschiedeten, war ich im ersten Moment fast erleichtert.

Doch kaum war ich alleine, wünschte ich mir sehnsüchtig, die Heidi würde noch immer neben mir hergehen. Und wenn wir auch nichts sagten, und wenn ich für sie auch nur noch irgend so ein Junge war, das war mir egal. Wenn ich nur neben der Heidi hergehen könnte. Warum hatte ich sie denn nicht gefragt, ob wir uns irgendwann treffen könnten? Wenigstens nach der Schule.

Den ganzen Nachmittag dachte ich an die Heidi. Und ich Idiot wußte mittlerweile ganz genau, was ich ihr alles hätte sagen können. Warum hatte ich nicht vom Buddekötter erzählt, vom Dachschaden-Bauer, von Hannibal, vom Günter Brocker, von unserem Abenteuer beim Günter? Oder von Zorro? Von der schönen Frau in der Kutsche hätte ich allerdings kein Sterbenswörtchen gesagt. All das hätte ich erzählen können. Und was hatte ich erzählt? Nichts. Gar nichts. Die Heidi mußte mich ja für einen Volltrottel halten, der keine drei Sätze rausbrachte.

Trotzdem, ich hoffte inständig, daß wir uns noch einmal zufällig wiedersehen würden. Dabei mußte ich dann unbedingt irgendwie anbringen, daß man sich doch noch ein weiteres Mal treffen könnte. Und wenn die Heidi dann »Nein« sagen würde?

Da würde ich dann schön dastehen. Wie ein begossener Pudel würde ich dastehen.

Doch für den Fall, daß ich sie doch noch einmal treffen würde, legte ich mir eine ganz raffinierte Taktik zurecht. Es hatte ja geregnet, an dem Tag, an dem wir uns gesehen hatten. Zum Glück, da hatte ich ja wenigstens vom Regen sprechen können. Von dem Tag an nahm ich jeden Tag den alten Knirps meiner Mutter mit in die Schule. Der paßte noch gut in meinen Tornister, zusammengeschoben. Und wenn ich die Heidi doch noch mal treffen sollte und wenn es dann wieder regnen würde, dann würde ich »Moment mal« sagen, den Schirm hervorkramen, ihn aufspannen, über die Heidi halten und ihr irgendwie ganz selbstverständlich meinen Arm hinstrecken. Sie wäre dann sicher so überrumpelt, daß sie sich ganz automatisch bei mir einhaken würde. Und ich würde das gleiche Gefühl haben wie damals auf den Umzugskisten, als ich auch ihren Arm an meinem gespürt hatte.

Wenn ich sie doch nur einmal wiedersehen würde!

Von jetzt an trieb ich mich jeden Tag nach der Schule eine ganze Weile am Bali herum. Ich stand lange vor den Filmplakaten, beobachtete heimlich die Bahnhofsunterführung, hoffte, daß mit der nächsten Menschentraube die Heidi auftauchen würde. Aber keine Heidi war zu sehen. Weder am nächsten noch an einem der folgenden Tage.

Manchmal kam der Tarzan auf mich zu. Ich wußte, daß er mit dem Zug nach Rotthausen fuhr. »Müssen aber unheimlich interessant sein, die Filmplakate, ne?« hatte er mich vor einer Woche angegrinst. Ich hatte nichts gesagt. Von da an stellte ich mich lieber an die Ecke zur Hiberniastraße und beobachtete den Bahnhofsvorplatz. Ohne, daß mich der blöde Tarzan sehen konnte.

Vier Wochen später sah ich die Heidi wieder. Sie stand an der Bahnhofsunterführung und sah sich suchend nach allen Seiten um, als wenn sie auf jemanden wartete. Fehlte bloß, daß sie auf einen Jungen wartete. Auf so einen Blödmann, der schon älter war als ich!

Dann sah ich ihren Arm. Er war in Gips. Ich rannte auf sie zu. »Was hast du denn gemacht?«

Die Heidi sah mich überrascht an und hob die Schultern, als hätte sie etwas ausgefressen. »Arm gebrochen. Ich bin hingeflogen.«

Ich muß wohl ein Gesicht gemacht haben, als hätte ich auf Fisch gebissen. Da mußte die Heidi lachen. Zum ersten Mal lachte die Heidi.

»Beim Rollschuhfahren.«

»Mensch, hat weh getan, ne?«

»Und wie.«

Ich hielt krampfhaft meinen Arm. Ich hatte das Gefühl, mein eigener Arm wäre gebrochen.

»Und?«

»Da war ich bis Samstag im Krankenhaus.«

»Tut immer noch weh?«

Da mußte die Heidi wieder lachen. »Nö, jetzt nicht mehr.«

»Zeig mal her«, lachte ich mit.

Die Heidi reichte mir ihren Gipsarm, und ich berührte ihn ganz vorsichtig. »Tut weh, wenn ich den Gips berühre?«

Und die Heidi lachte komischerweise wieder. Sie war richtig munter und fröhlich. »Nee, nee, kannst du ruhig anfassen, spüre ich überhaupt nicht. Ist ja Gips drum.«

»Ist aber schwer, der Arm, ne?«

»Ja. Und juckt. Da, wo man nicht kratzen kann.«

»Soll ... soll ich mal kratzen?«

»Ja, da neben dem Daumen.«

Die Heidi hielt mir den Gipsarm hin, und ich kratzte ihre Hand neben dem Daumen. Ganz vorsichtig. »Tut nicht weh?«

»Nö, kratz ruhig fester.«

Und ich kratzte fester, aber trotzdem vorsichtig. Und ich verriet ihr mit keiner Silbe, daß sie sich ja selbst am Daumen hätte kratzen können.

Endlich wagte ich zu fragen: »Gehen wir zusammen nach Hause?«

»Ja.«

Wir machten uns auf den Heimweg, und ich hütete mich, die Heidi daran zu erinnern, daß sie ja auf irgend so einen Heini gewartet hatte. Im Gegenteil, ich lenkte sie ganz gewitzt ab:

»Soll ich vielleicht deine Tasche tragen? Mit deinem gebrochenen Arm?«

Da lachte die Heidi zum dritten Mal. »Nee, die trag ich ja mit dem anderen Arm.«

Und so gingen wir nebeneinander nach Hause.

Ich war auf einmal ganz glücklich und zufrieden. Jetzt war es ja genauso wie früher in der Schemannstraße. Ganz wohlig war mir, und die Heidi sah gar nicht mehr so fremd aus. Richtig vertraut. Und nachdem wir eine ganze Zeitlang gegangen waren, merkte ich auf einmal, daß ich geredet hatte. Geredet und geredet. Und daß die Heidi mir ganz gespannt zugehört hatte.

Und mit meinem Latein war ich noch lange nicht zu Ende. Da hatte ich noch so einiges auf Lager:

»Unus, solus, totus, ullus,
uter, alter, neuter, nullus
und uterque haben alle
-ius in dem zweiten Falle
und im Dativ enden sie
wie alius mit langem -iiiiiiiiiii.«

Die Heidi starrte mich ungläubig an.

»Ist Latein.«

»Boh, mach noch mal.«

Also rasselte ich noch mal mein »Unus, solus, totus, ullus« herunter.

Dann erzählte ich ihr von unserem Abenteuer mit den Galgenvögeln. Lang und breit und lebensnah. Wie wir uns wie Indianer an die gefährlichen Strauchdiebe herangeschlichen hatten, wie einer von uns plötzlich weggerannt ist, wie ich hinter der Mauer kaltblütig die Verfolgungsjagd beobachtet hatte, nur darauf wartend, in den Kampf eingreifen zu können, wenn es denn nötig gewesen wäre, ja, im Grunde dem Kampf entgegengefiebert hatte; ich gab zu, schon etwas enttäuscht gewesen zu sein, daß es zu keiner Klopperei gekommen war.

Und bei meiner Schilderung sah sie mich schon wieder so komisch an. Für einen kurzen Augenblick hatte ich das Gefühl, sie würde mich bewundern.

32. Kapitel

Von einem neuen Auto und neuen Schlagern, von der Kunst des Küssens und einer großen Sehnsucht nach Venedig

Im Sommer nahm uns ein Arbeitskollege meines Vaters, der Herr Lindemann, an manchen Sonntagen mit zu »Fahrten ins Blaue«. Mit seinem neuen Taunus. Mal nach Coesfeld, zum Wildpferdefang, mal nach Haltern und mal zur Dechenhöhle. Herr Lindemann hatte glatt nach hinten gekämmtes Haar, war lang und dünn und sprach ganz hastig und schnaufend. »Wie Emil Zatopek auf den letzten Metern«, meinte mein Vater immer.

Von allen Autofahrern gab es keinen, der besser fahren konnte als Herr Lindemann:

»Getz kuck ma, Alwis, getz kuck dir dat ma an! Wie der Sauerkocher da doch durch die Gegend kraucht. Wie sone Schnekke. Nee, so wat. Hat seinen Führerschein wohl beim Schützenfest im Strebergarten geschossen.«

»Wo?«

»Im Strebergarten.«

»Ach so, im Schrebergarten«, schmunzelte mein Vater.

»Ach nee, ne Frau. Alles klar. Jau, jau, hätt mich auch gewundert. Soll bei ihrer Erbsensuppe bleiben, am Herd.« Der Lindemann prustete wie ein Walroß die Luft aus. Und die Zigarette in seinem Mund wippte auf und nieder.

»Hast du Overstolz im Haus, geht dir nie die Puste aus«, grinste mein Vater.

So ging es in einer Tour. Jeder Autofahrer bekam sein Fett weg.

Weil manche Autofahrer allerdings auch vernünftig fuhren, hatte der Herr Lindemann noch genügend Zeit, uns von ganzem Herzen zu bedauern:

»Nee, Alwis, du glaubst gar nicht, was euch da entgeht, so ganz ohne Auto. Mal kurz ne Spritztour nach Köln oder nach Mannheim zu meiner Schwester.«

»Stimmt, Alwis«, meinte meine Mutter. »Oder damit in Urlaub fahren. Mit nem Zelt.«

»Und Urlaub! Da hat die Alwine ganz recht. Was meint ihr, was ich schon von der Welt gesehen hab. Im Urlaub einfach das Zelt in den Kofferraum, dann ab trimo. Wo hab ich schon überall Urlaub gemacht. In Innsbruck, am Comer See, da bei dem Adenauer. Oder im letzten Jahr am Garda-See. Bin ich in einem Rutsch durchgefahren. Und auf dem Brenner stehen dann die qualmenden Vespas. Nee, nee, das wär mir dann doch zu unbequem. Kein Dach überm Kopf bei Regen und Schnee. Im nächsten Jahr steht Venedig auf dem Programm. Alles unter Wasser da, aber ganz romantisch. Will meine Frau unbedingt hin. Liegt mir jedesmal mit dem Torriani-Schlager im Ohr: ›Schade, daß Venedig noch so weit ist‹.« Und der Lindemann sang mit seinem Brummbaß vom weiten Venedig.

»Schönes Lied«, meinte meine Mutter. »Da möchte ich auch mal hin.«

»Venedig sehen und sterben.« Der Lindemann wackelte mit dem Zeigefinger. »Aber nicht wörtlich nehmen, Alwis!« Und er lachte sich kaputt.

»Nee, passiert einem ja auch eher in Neapel« schmunzelte mein Vater.

»Muß man einfach alles mal gesehen haben. Nee, Alwis, ich könnte dir Strophen davon erzählen, was ich schon alles gesehen habe.«

Und jedesmal, wenn wir an den Sonntagabenden wieder zu Hause waren, schwärmten meine Eltern davon, wie schön doch der Tag gewesen war, und träumten von einem eigenen Auto. Und von einem Zelt und einer Reise nach Italien.

Im Herbst war es dann soweit. Mein Vater machte seinen Führerschein. Fast jeden Tag fragte ich ihn ab. Das Ulkige an der ganzen Sache war, daß er jetzt genauso büffeln mußte wie ich für meine Lateinarbeit. Und jetzt war er der Schüler und ich der Lehrer. Und ich stellte noch etwas fest: Mein Vater konnte gar nicht so schnell auswendig lernen wie ich, dabei war er doch Ingenieur. »Liegt an den grauen Zellen«, meinte er immer.

Nach den Herbstferien kauften sich meine Eltern unser allererstes Auto, einen roten Opel Rekord. Mit weißem Schiebedach, mit Weißwandreifen und der Autonummer GE UT 74.

»UT wie ›Unser Thomas‹«, hatte meine Mutter gemeint, und: »Das muß aber gut gepflegt werden, das schöne Auto.«

Schon am nächsten Sonntag machten wir unsere erste Fahrt.

»Können wir den Pittermann mitnehmen, Papa?«

»Gut, machen wir.«

So fuhren wir also zunächst nach Heisingen. Ich durfte auf der Hinfahrt am Fenster sitzen, auf dem Rücksitz neben meinen Geschwistern.

In Heisingen luden wir den Pittermann ein. Er zwängte sich neben mich auf die Rückbank. Obwohl wir uns zu viert ganz schön zusammenquetschen mußten, hielt ich die ganze Zeit mein neues Kofferradio auf dem Schoß. Das war doch etwas ganz anderes als unser Loewe Opta. Wenn ich vorsichtig genug an dem Drehknopf drehte, bekam ich sogar Radio Luxemburg rein. Aber nur, wenn das Auto an der richtigen Stelle fuhr, sonst hörte man nur Knistern und Rauschen.

Im Moment aber hörten wir alles ganz klar und deutlich:

»Ich esse gerne Sauerkraut und tanze gerne Polka«. Der Pittermann hakte sich bei mir ein, und wir schunkelten und sangen voller Hingabe mit. »Es gibt kein Bier auf Hawaii.« Jetzt klappte das Schunkeln noch viel besser. »Und dann hau ich mit dem Hämmerchen mein Sparschwein, mein Sparschwein kaputt.« Wir schmetterten das »kaputt« buchstäblich heraus. Viel lauter als unser alter Freund Chris Pumpernickel Howland. Und weil meine Geschwister sich nach kurzer Zeit die Ohren zuhielten, sangen wir noch lauter.

Gegen Mittag landeten wir in schönstem Sonnenschein am Drachenfels. Am Rheinufer setzten wir uns alle in den Schatten eines Baumes. Meine Mutter verteilte die Frikadellen und den Kartoffelsalat aus den Marmeladengläsern. Und weil in Frikadellen und Kartoffelsalat Zwiebeln waren, bekam ich das kalte Kotelett und die Leberwurstbutterbrote, alle etwas wellig und vermatscht.

»Scheint die Sonne auf die Kniffften, geht dir die Sanella stiften«, grinste der Pittermann und biß herzhaft in seine Frikadelle.

Nach dem Essen spielten wir beide eine Weile Federball. Doch schnell hatte er die Nase voll, weil er immer verlor und meine Geschwister »Einpacken, einpacken« riefen. Das kannten sie von mir.

Der Pittermann stieß mich an. »Komm, wir setzen uns da hinten ins Gras.«

Da erzählte er mir dann von seiner Biolehrerin, das heißt, er führte sie mir höchst anschaulich vor Augen. Er bewegte die geöffneten Hände in Brusthöhe leicht rauf und runter, als wiege er damit Bälle. »So Apparate hat die. Lachst dich kaputt. Die braucht schon Zelte.«

Um ihm zu zeigen, daß ich genau wußte, was er mit »Apparaten« meinte, lachte ich schallend auf.

Und da der Pittermann nun einmal beim Thema war, erzählte er mir den Witz von der Frau, die im Konsum zwei Eier kaufen wollte. »Mitglied?« hatte die Verkäuferin gefragt.

Ich lachte wieder laut auf, obwohl ich den Witz nicht verstanden hatte.

Und dann grinste der Pittermann mich an. »Weißt du, was ich in den Herbstferien gemacht habe?«

Er machte eine kunstvolle Pause.

»Geknutscht. Die Monika. Aus Gerolstein. Aber nicht weitersagen!«

Er nickte versonnen. »So richtig, mit allem Drum und Dran.«

Das Drum und Dran verstand ich nicht so genau, grinste aber wissend zurück.

»Die hat sogar richtig die Augen zu gehabt, beim Küssen.«

Der kannte sich aus, der Pittermann. Der war ja auch ein Jahr älter als ich. Schon Vierzehn. Ich bewunderte ihn. Und da wollte ich natürlich nicht nachstehen.

»Ich hab auch ne Freundin.«

»Wen?«

Ich druckste herum. »Ist ja egal.«

»Kenn ich die denn?«

»Ja klar! Die Heidi aus der Schemannstraße! Aber auch nicht weitersagen.«

»Und, hast du sie auch schon mal geküßt?«

»Klar!«

Der Pittermann sah mich anerkennend an. »So richtig, so richtig mit Zungenschlag?«

Ich ließ mir nichts anmerken. Mußte ich dem Pittermann ja nicht gerade auf die Nase binden, daß ich selbst mal gerne gewußt hätte, wie das wohl so geht. So nickte ich eifrig, und mir fiel auch eine passende Antwort ein: »Ich bin doch wohl kein Baby mehr.«

Ich hoffte inständig, mein Grinsen wirkte überlegen.

Dabei kam ich allerdings schon ungeheuer ins Schwitzen, denn wenn der Pittermann mich jetzt fragen würde, wie ich das denn angestellt hätte, das mit dem Küssen, dann würde ich ganz schön belemmert dastehen. Mit der Praxis vom Küssen hatte ich nämlich, ganz ehrlich, überhaupt noch nichts am Hut. Und am allerliebsten hätte ich den Pittermann einfach gefragt, wie das denn so ging, das Küssen. Ob die alle beim Küssen ihre Zungen gegeneinanderschlugen? Ein albernes Spiel, Küssen mit Zungenschlag.

Der Pittermann begann plötzlich laut zu singen: »Heidi-heido-heida, Heidi-heido-heida, ich spiel auf meiner Mundharmonika.« Dabei grinste er mich die ganze Zeit so komisch an.

Das Lied kannte ich noch nicht.

Der Pittermann sang die zweite Strophe, gleiche Melodie, gleicher Text.

Bei der dritten Strophe hatte ich verstanden. Da tauchten ja zwei Namen auf, in dem Lied. War der raffiniert, der Pittermann.

Zur vierten Strophe stimmte ich ein, die fünfte konnten wir nicht zu Ende singen, da kugelten wir uns schon vor Lachen auf der Wiese.

Der Pittermann sprang auf. »Ich schreib mal eine Ansichtskarte vom Drachenfels. Der Monika.«

Wir gingen zum Andenkenladen auf der anderen Straßenseite.

Der Pittermann überlegte lange, ob er die Karte mit dem Spruch »Wenn's Arscherl brummt, ist's Herzl gesund« nehmen sollte, entschied sich dann aber für die Karte mit den beiden Eseln und der Überschrift »Wann sehen wir drei uns wieder?«.

Er schrieb die Karte sofort an der Andenkentheke. Und unterschrieb sie tatsächlich mit »Tausend Küsse«. Das zeigte er mir extra. »Kriegen ihre Eltern 'n Rappel.«

Ich ärgerte mich etwas. Man kann ja auch übertreiben.

»Und ich schreib jetzt der Heidi.«

Ich suchte eine Karte aus, aber nicht die mit dem Arscherl oder den Eseln. Die fand ich ja beim Pittermann richtig lustig. Aber die Heidi, die sollte eine Karte bekommen mit dem Rhein, mit dem Drachenfels im Hintergrund und mit einer strahlenden Sonne an blauem Himmel. Oder die, auf der ein junger Wandergeselle einen dicken Rucksack trug. Wenn man den aufmachte, konnte man daraus einen langen, schmalen Streifen ziehen, mit vielen kleinen Fotos vom Drachenfels.

Doch dann entdeckte ich sie. Die Karte mit dem Pärchen auf der Vespa. Der Mann mit Ledermantel und Lederkappe auf dem Kopf grinste stolz wie Oskar, seine Freundin auf dem Rücksitz strahlte vor lauter Glück. Die hatten ja auch allen Grund, sich zu freuen. Hinten auf der Vespa war nämlich ein Koffer aufgeschnallt. Die wollten bestimmt eine Reise machen. Eine Weltreise vielleicht.

Die Karte mußte es sein!

Genau so was hatte ich der Heidi ja auch schon mal versprochen. Als wir noch klein waren. Damals, als wir in der Schemannstraße auf unserer Treppe gesessen hatten. Ich hatte aus meiner Hosentasche meine Sammlung an Schrauben und den eisernen Schuhabsatz gekramt und ihr verraten, daß ich mir endlich ein Motorrad bauen würde. Und ich erklärte ihr ganz genau, daß so was ja nur ein Klacks war. Alles Eisen und Blech über einem Feuerchen heiß machen, dann formen: Zahnräder, Gehäuse und Räder, fertig war mein Motorrad. »Damit fahre ich bis nach Amerika.«

Und die Heidi hatte mich mit großen Augen angesehen. »Nimmst du mich mit?«

»Klar, Heidi, klar nehme ich dich mit. Nach Amerika!« hatte ich geantwortet.

Komisch, obwohl das alles schon so lange her war, konnte ich mich noch ganz genau daran erinnern. Und die Heidi auch!

Vor ein paar Wochen hatte ich sie nämlich nach der Schule mit meinem Fahrrad mitgenommen. Die Heidi hat auf dem Gepäckträger gesessen, sich an mir festgehalten, und ich bin ganz schnell gefahren. Wir haben gelacht, und zwischendurch habe ich immer mal laut »Brrrrummm, brrrrummm« gemacht, dann habe ich der Heidi zugerufen: »So könnte ich immer weiterfahren.« Und die Heidi hat mitgelacht: »Bis nach Amerika!«

Daß sich die Heidi daran noch erinnern konnte!

Ja, genau diese Karte würde ich der Heidi schicken. Und auf die Rückseite würde ich schreiben: »Bis nach Amerika!!!« Mit drei Ausrufezeichen.

»Was schreibst du ihr denn?«, unterbrach mich der Pittermann.

»Mal sehen.«

»Ja, dann schreib doch auch.«

Damit der Pittermann alles lesen konnte?

»Nö, später, hab jetzt keine Lust.«

Der Pittermann zuckte mit den Schultern, und ich verstaute die schöne Karte in meiner Hosentasche.

Abends, auf der Rückfahrt, hatte ich mein Kofferradio wieder auf Radio Luxemburg gestellt. Meine Mutter meinte: »Hört doch mal auf, so laut zu singen, son schönes Lied von der Caterina Valente.« Wir verstummten mit der Zeit, und meine Mutter lauschte auf den neuesten Schlager.

»Komm ein bißchen mit nach Italien,
komm ein bißchen mit ans blaue Meer,
und wir tun, als ob das Leben
eine schöne Reise wär.«

Während jetzt auch noch Silvio Francesco einstimmte und meine Mutter ganz hingerissen zuhörte, brachte der Pittermann meinen Geschwistern geduldig einen brandneuen Abzählreim bei:

»Caterina Valente,
hat 'n Arsch wie ne Ente,
hat 'n Bauch wie ne Kuh
und raus bist du.«

Maria und Martin lachten sich kaputt, und auch meine Mutter war hellauf begeistert: »Nee, wie schön. Geht richtig ins Herz. Da kann man ja direkt von schwärmen.« Mittlerweile schmalzte nämlich Vico Torriani sein »Schade, daß Venedig noch so weit ist«.

Meine Mutter lehnte sich zufrieden in ihrem Sitz zurück. »Nee, war das 'n schöner Tag. Ist doch ganz was anderes, mit sonem Auto, ne, Alwis? Die armen Leute, die kein Auto haben. Machen wir jetzt jeden Sonntag. Und im nächsten Sommer, Alwis, ja, im nächsten Sommer, da können wir doch wirklich mal nach Italien fahren. Muß ja ganz romantisch sein, Venedig.«

Ich stellte das Radio aus und sah aus dem Autofenster, sah die Häuser und Gärten an mir vorüberziehen und stellte mir vor, wie die Heidi mich küssen würde. Und die Heidi hätte die Augen geschlossen.

Erst als der Pittermann mich anstieß, wurde ich aus meinen Gedanken gerissen. Er sang mit meinen Geschwistern gemeinsam: »Heidi-heido-heida, Heidi-heio-heida, ich spiel auf meiner Mundharmonika.« Ich fand das Lied jetzt etwas affig, sang aber in Gottes Namen mit. Und dabei machte ich mir so meine Gedanken.

Verschicken konnte ich die Ansichtskarte ja gar nicht. Heidis Eltern würden sie bestimmt lesen. Die Karte konnte ich ihr höchstens so in die Hand drücken.

Da kam mir eine Idee. Warum konnte ich die Heidi nicht einfach einladen, am nächsten Sonntag mitzufahren? Bis dahin hatte ich die ganze Woche Zeit, mir noch weitere lustige Sätze für die Karte zu überlegen. Und ich konnte erst einmal alles vorschreiben. Dann konnte ich die Karte ganz beiläufig aus der Tasche ziehen. »Ach so, ich hab ja noch ne Ansichtskarte für dich. Hätt ich fast vergessen.«

33. Kapitel

Von einem tollen Hecht mit Tolle, von Witzen, die nicht ankommen und den traurigen Gründen dafür

Ich saß in der »Capri«, der Eisdiele auf der Bahnhofstraße, und wartete auf die Heidi. Die Schule war aus, und ich war rundherum zufrieden mit der Welt.

Heute war der 21. Dezember, ich hatte Namenstag. Eigentlich wurden bei uns zu Hause nur Geburtstage gefeiert, zum Glück wußte die Heidi das aber nicht. Denn mit dem Namenstag hatte ich ja endlich einen Grund gehabt, sie einzuladen. Das hatte ich mir ganz genau überlegt. Einladen wollte ich sie nämlich schon immer mal. Und zwar alleine. Und nicht wie im letzten Sommer zu Ausflügen mit unserem neuen Auto und der ganzen Familie.

Eigentlich war ich ja ein toller Hecht. Wirklich! Mit dreizehn Jahren schon alleine in der Eisdiele. Es war das allererste Mal, und ich bestellte mir ganz gelassen ein Erdbeershake. Das hatte ich vorher genau geübt: »Frollein? Ein Erdbeershake, bitte.«

Um mich herum eine Menge Schüler. Einige von ihnen kannte ich vom Sehen, die meisten waren schon in der Mittelstufe oder in der Oberstufe, manche unterhielten sich mit Schülerinnen vom »Ricarda« und beachteten mich gar nicht.

Die Musikbox spielte, ich hatte mich tief in den Sessel sinken lassen, die Beine übereinandergeschlagen, mein linker Arm baumelte über der Lehne, meine Finger klopften im Takt der Musik auf die Tischplatte. Den Tornister hatte ich neben den Tisch gestellt wie alle anderen. Alle, die mich jetzt sahen, mußten denken, ich wäre der geborene Eisdielenbesucher. Ganz unverkrampft saß ich da und ging in aller Seelenruhe meinen Gedanken nach.

Im Grunde war alles prima gelaufen in letzter Zeit. Sicher, einen Riesenspaß machte die Schule nicht, aber ich hatte mich an sie gewöhnt. Die Lehrer waren nicht mehr die großen, allmächtigen Götter, vor denen man ganz ordentlich kuschen mußte, ich hatte schnell spitz, daß sie auch nur ganz normale Menschen waren. Menschen, die man veräppeln konnte, einige mehr, andere, die strengen, weniger; veräppeln aber konnte man sie alle. Bei manchen trauten wir uns sogar, heimlich Skat zu spielen, in der zweiten Reihe. Unser Lieblingsspiel im Moment.

Das Skatspiel hatten wir beim Günter gelernt. Sein Vater hatte es uns beigebracht. Bei seiner Frau sei ja Hopfen und Malz verloren, die könne noch nicht einmal Skat vom Schwarzen Peter unterscheiden. Da müßten mal so aufgeweckte Burschen kommen wie der Kalle und ich.

Vor dem Tarzan, vor dem ich früher so einen Riesenbammel gehabt hatte, hatte ich überhaupt keine Angst mehr. Einmal hatte ich sogar »Na, du Arsch« zu ihm gesagt. Das konnte man ruhig sagen, da konnte gar nichts passieren. Man mußte nur dabei lachen. Dann dachte der Tarzan, man würde Spaß machen, und lachte mit. Selbst bei »Du Arsch«.

Ein klein wenig Sorgen machten mir die Zensuren in Latein und Erdkunde, da schienen die Vieren noch etwas wacklig. Dafür würde ich in Mathe eine Zwei bekommen.

Und so kindisch wie früher war ich schon lange nicht mehr. Fast erwachsen, mittlerweile. Vor einem Jahr hätte ich mich doch nicht in die »Capri« getraut! Da hätte ich schon vorher Schweißausbrüche bekommen. Jetzt aber saß ich hier vor meinem Milchshake, als wenn ich schon immer dazugehörte. Und auch mein Äußeres hatte sich verändert. Ich hatte mir sogar heute morgen die Haare mit Wasser angefeuchtet beim Kämmen. Eine richtige Tolle – fast wie James Dean – hatte ich hinbekommen. Auch meine Schuhe hatte ich geputzt, sogar freiwillig, wegen der Heidi. Auf so Ideen wäre ich doch früher nicht gekommen.

Ja, und dann war da ja noch die Heidi. Seit ich sie vor einigen Monaten mit ihrem gebrochenen Arm wiedergesehen hatte, hatten wir uns fast jeden Tag nach der Schule getroffen. Meistens wartete sie schon am Bali auf mich. Ich sah sie jedesmal schon von weitem. Wenn die Heidi mich dann entdeckte, winkte sie mir zu. Ich tat aber so, als wenn ich das überhaupt nicht bemerkt hätte. Das war mir doch zu peinlich, vor all den vielen Leuten einem Mädchen zuzuwinken. Aber sobald ich sie sah, wurde ich viel ruhiger, da spürte ich ein richtiges Kribbeln im Bauch.

Und auch heute würden wir wieder gemeinsam durch den Wiehagen gehen, dann durch die Schrebergärten. Am Eingang der Schrebergärten würde ich wieder mit dem grünen Pumpschwengel Wasser aus dem Brunnen pumpen, die Heidi würde wieder ihren Mund in den Wasserstrahl halten und trinken, dabei ihren Hals strecken und den Kopf ganz schief halten. Und weil wir dann wieder lachen müßten, würde ihr Gesicht ganz naß werden, ich würde ihr mein Taschentuch reichen, mein Taschentuch, nicht meine Rotzfahne, sauber und nicht benutzt. Anschließend würden wir uns noch auf die kleine Steinmauer setzen oder ins Gras, und ich brauchte überhaupt keine Angst davor zu haben, daß ich meinen Mund nicht mehr aufbekäme wie bei unserem ersten Wiedersehen. Wir würden reden und reden, über alles, was uns so brennend interessierte: über Schalke, über den Günter, über »unus, solus, totus, ullus«, über Dirigenten-Maiwald mit den fliegenden Armen, über Winnetou und Old Shatterhand, über die Riesen-Grizzlybären aus »Unter Geiern«, über den Geist des Llano Estacado.

Eins war mir mittlerweile sonnenklar geworden. Die Heidi hatte mich viel lieber, als ich bisher gedacht hatte. Das hatte ich vor zwei Wochen selbst herausgefunden. Da hatte ich ihr nämlich gesagt, daß wir uns am Samstag schon nach der dritten Stunde treffen könnten, die letzten beiden Stunden fielen aus. »Ja klar. Wir haben immer nach der dritten Stunde frei«, hatte die Heidi geantwortet. Erst am nächsten Nachmittag kapierte ich, was die Heidi gesagt hatte. Nach der dritten Stunde hatten die am Samstag frei! Und wir hatten uns immer nach der fünften getroffen. Da hatte sie ja jedesmal zwei Stunden auf mich gewartet! Als mir das klar wurde, hätte ich vor lauter Glück am liebsten einen Kusselkopp geschlagen: Nur wegen mir hatte die Heidi jeden Samstag zwei Stunden gewartet. Ich verlor natürlich kein Wort darüber, daß sie sich da verplappert hatte. In Verlegenheit bringen wollte ich die Heidi nämlich nicht.

Sicher, richtig geküßt hatte ich die Heidi eigentlich noch nicht, so wie der Pittermann seine Monika. Im Grunde genommen überhaupt noch nicht, und den Quatsch mit dem Zungenschlag, den glaubte ich sowieso nicht.

Auf jeden Fall, wenn die Heidi gleich kommen würde, wußte ich auch schon ganz genau, was ich ihr erzählen würde. Das gleiche wie gestern. Ich würde das Gespräch unauffällig auf Nscho Tschi bringen. Nscho Tschi war Winnetous Schwester, und sie war so unsterblich in Old Shatterhand verliebt. »Unsterblich« verliebt war sie, nicht nur »sehr« verliebt. Das hatte Old Shatterhand aber erst erfahren, als sie schon im Sterben lag. Und die Heidi würde wieder fragen, warum Nscho Tschi es ihm nicht irgendwann mal gesagt hätte und warum Old Shatterhand das eigentlich nicht gemerkt hätte, und überhaupt, woran man überhaupt merken würde, daß einer »unsterblich« in einen anderen verliebt ist. Und ich würde wieder von kleinen Anzeichen sprechen: von einem kurzen, verliebten Blick, von einem glücklich huschenden Lächeln. Alles würde ich ihr erzählen, was der Günter mir aus den Lore-Romanen seiner Mutter so albern kichernd vorgelesen hatte, was mich aber, ehrlich gesagt, in letzter Zeit richtig beeindruckte. Daß der Günter sich dabei halb schief lachte, fand ich irgendwie unpassend. Und daß ich früher darüber noch alberner gelacht hatte, konnte ich schon lange nicht mehr verstehen.

Und die Heidi würde mich mit großen Augen ansehen.

Mir wurde immer klarer, die Heidi war vielleicht richtig verliebt in mich, nicht gerade unsterblich wie Nscho Tschi, aber immerhin doch schon ganz schön.

Und dann, ja, dann würde ich sie ganz einfach fragen, ob sie nicht mal Lust hätte, mit mir ins Kino zu gehen. Ohne lange zu fackeln, würde ich das fragen, ganz direkt würde ich das fragen, möglichst nebensächlich allerdings auch, damit sie nicht merkte, wie wichtig mir ihre Antwort war. Vielleicht noch einmal in »Zorro«. Der lief in der Jugendvorstellung im »Industrie«, am nächsten Sonntag um zwei. Dazu sollte ich sie unbedingt einladen. Dann würden wir in dem dunklen Kino sitzen und uns gemeinsam ansehen, wie lässig Zorro die Strauchdiebe zum Teufel jagte. Die Szene hatte ich der Heidi mittlerweile schon ein paarmal vorgeführt. Und anschließend würde die Heidi die Augen der schönen Frau sehen, die ihren Zorro so unendlich anhimmelte.

Dann stand die Heidi in der Tür. Sie hielt sich an der Türklinke fest und sah sich unschlüssig suchend um.

Ich winkte ihr zu.

Hier winkte ich, hier, wo alle Schüler aus der Mittelstufe und der Oberstufe winkten.

Die Heidi erblickte mich und kam an meinen Tisch. Ich hielt ihr sogar den Stuhl zum Setzen hin.

»Was willst du trinken? Auch son Milchshake?«

»Ja.«

»Wie war die Schule?«

Die Heidi hob nur die Schultern.

Vielleicht hatte sie ja eine schlechte Arbeit geschrieben. Darum begann ich mit der Geschichte, wie Winnetous Schwester im Sterben lag.

Die Heidi lächelte etwas und sah dann in ihren Erdbeershake. Fragen wie gestern stellte sie heute aber nicht.

Ich stieß die Heidi an: »Ich kann den Becher wieder bis zum Rand mit Milch vollmachen«, und blubberte mit dem Strohhalm in meinem Erdbeershake.

Wieder lächelte sie, aber ganz abwesend. Die Heidi war heute nicht gut drauf.

»Heute hat der Günter zum Buddekötter gesagt: Halt die Klappe!« Ich lachte mich krümelig und wartete, daß die Heidi »Wieso?« fragte.

Die Heidi aber sah weiter in ihren Milchshake.

»Halt die Klappe! hat er gesagt.«

Ich machte eine Pause und prustete.

Die Heidi sah immer noch in ihren Milchshake.

»Da hat der Buddekötter nämlich gesagt: ›Günter, halt endlich die Klappe!‹ Und dann hat er ihn gefragt: ›Was habe ich denn zuletzt gesagt?‹ Verstehst du? ›Halt die Klappe!‹ hatte er ja zuletzt gesagt.«

Ich konnte mich nicht mehr halten vor Lachen und sah die Heidi von der Seite an. Sie lächelte wieder, aber irgendwie traurig.

»Und dann hat uns der Bauer noch beim Skat erwischt. Da hat er alle Karten mittendurch gerissen! Und weißt du, was wir in der nächsten Stunde gemacht haben?«

Die Heidi hob nur die Schultern.

»Weitergespielt! Mit halben Karten! Geht genauso gut. Ist ja alles zu erkennen. Dann hat der Buddekötter uns erwischt. Und weißt du, was der gesagt hat?«

Die Heidi schüttelte nur den Kopf.

Doch jetzt kam ja mein Knaller. »›Alßo, Jungs, so kann man auch ’n Lehrer reinlegen‹, hat er gesagt.« Den letzten Satz konnte ich gerade noch so rausbringen, bevor ich wieder losprusten mußte.

Da sah die Heidi von ihrem Milchshake auf. »Wir ziehen um.«

Ich hörte auf zu blubbern und zog den Strohhalm aus dem Glas. »Ihr zieht weg? Weg aus der Schemannstraße?«

Die Heidi nickte.

»Wo... wohin denn?«

»Nach Koblenz.«

»Nach ... nach Koblenz?«

»Ja.«

Irgendwie war mein Kopf plötzlich leer. Ich verstand nichts mehr. Komischerweise tauchte plötzlich die Deutschlandkarte mit den vielen roten Punkten vor meinen Augen auf.

»Ist ja ... ist ja weit weg!«

»Ja.«

Meine Hand wurde naß. Die Erdbeermilch war aus dem Strohhalm gelaufen, als ich ihn zerknüddelt hatte.

Ganz langsam dämmerte es mir. Dann würde ich sie ja gar nicht mehr sehen können, die Heidi. Ich hatte auf einmal das Gefühl, auf Fisch gebissen zu haben, richtig kodderig wurde mir.

»Warum?«

»Wegen meinem Vater. Der kriegt da ne andere Arbeit.«

»Warum denn?«

Da sah mich die Heidi zum ersten Mal an und hob die Schultern. Dann sah sie wieder in ihren Milchshake.

Als ich bezahlte, waren unsere Gläser noch fast voll.

Wir gingen schweigend durch den Wiehagen. Den Pumpenschwengel in den Schrebergärten beachtete ich gar nicht. Wir setzten uns auf unsere kleine Mauer, ich zupfte Unkraut aus der

Mauer und ribbelte es mit dem Fingernagel auf. Und wir bekamen gar nicht mit, wie kalt es heute war.

»Willst du am Sonntag mit unserem Auto mitfahren?«

»Geht nicht, in zwei Wochen ziehen wir ja um. Und am Sonntag bringen wir schon Sachen nach Koblenz.«

»Schade!«

Da fing die Heidi plötzlich an zu weinen.

Und da nahm ich sie zum ersten Mal in den Arm. Und einmal streichelte ich sogar heimlich ihre Haare.

Und die Heidi hielt ganz still.

34. Kapitel

Von einem Giftzettel mit unangenehmen Folgen, von drei Kusselköppern, die nicht geschossen werden und endlich von der ganz großen Freiheit

Als ich nach Hause kam, empfing mich meine Mutter schon an der Haustür.

»Na, Thomas?«

Ich versuchte, mich an ihr vorbeizuschlängeln, die Treppe hoch zu meinem Zimmer. Bloß jetzt nicht reden müssen.

Doch meine Mutter ließ nicht locker. »Na? Du weißt wohl schon, was los ist?«

»Ja«, druckste ich rum.

»Hab ich dir sofort angemerkt. So bedröppelt, wie du guckst.«

»Dann weißt du auch schon ...?«

»Ja. Und ausgerechnet an deinem Namenstag«, nickte meine Mutter und band sich die Schürze ab. Bestimmt hatte sie Heidis Mutter in der Stadt getroffen.

»Darf ich die Heidi denn mal besuchen?«

»Wieso?«

»Ja, die zieht doch nach Koblenz. Weißt du doch auch schon.«

»Woher denn?«

»Hast du doch gerade gesagt.«

Meine Mutter sah mich irritiert an. »Ich mein nicht die Heidi. Auf der Flurgarderobe liegt ein Brief für dich. Von deinem Klassenlehrer.«

Ich hatte noch meinen Tornister auf, als ich den Giftzettel aus dem grünen aufgerissenen Umschlag nahm.

»In den Fächern Latein und Erdkunde sind die Leistungen Ihres Sohnes mangelhaft. Die Versetzung erscheint gefährdet.« Unter »Bemerkungen« dann noch der Zusatz: »Auch sein Verhalten im Unterricht läßt zu wünschen übrig!«

»So ein alter Quatsch!« bekam ich noch gerade so raus und ließ den Brief auf die Garderobe flattern. Dann merkte ich, wie mir die Tränen in die Augen schossen. Tränen, die ich schon auf dem ganzen Heimweg mühsam unterdrückt hatte.

Der Bauer hatte ja wohl nicht mehr alle Tassen im Schrank. Der hatte nicht nur einen Dachschaden, der war auch ein Folterknecht, wie er im Buche stand! Nur weil »Humor« für ihn das reinste Fremdwort war.

Strafarbeiten, ja, die konnte er mit lockerer Hand verteilen. Pausenlos.

»Ich darf die Baskenmütze des Lehrers nicht tragen.«

»Ich darf im Unterricht nicht Skat spielen.«

»Ich darf meinem Nebenmann im Unterricht nicht den Schuh ausziehen und weiterreichen.«

Und das ganze immer gleich hundertmal. Wenn ich mir da mal keine Sehnenentzündung einfangen würde!

»Ab jetzt wirst du dich aber ganz schön auf die Hinterbeine setzen müssen«, meinte meine Mutter. Und: »Der Papa und ich, wir gehen mal zu eurem Bauer in die Sprechstunde.«

»Da müßt ihr aber aufpassen, daß er nicht um sich schlägt wie ein wild gewordener Affe! Kann der ganz besonders gut, ist seine Spezialität! Der Affe! Der ... der Ober-Dachschaden-Affe!«

Meine Eltern brauchten mich gar nicht zu ermahnen, keinen Quatsch mehr beim Bauer zu machen. Der konnte bei mir sowieso keinen Blumentopf mehr erben. Mit meinen lustigen Scherzen im Unterricht war es ein für alle Male vorbei. Da sollte er doch mal sehen, wie dröge seine Stunden sein konnten! Und den Gefallen, mich einfach so mir nichts, dir nichts hängen zu lassen, den Gefallen würde ich ihm ums Verrecken nicht tun.

Ab jetzt hieß es also wieder Pauken. Das altbekannte Spiel: Übersetzungen machen, Vokabeln lernen und obendrauf noch den trockenen Erdkunde-Stoff propfen. Direkt auf die Lateinvokabeln.

Obwohl, meine Schinderei im letzten Jahr war ja nun wirklich übertrieben gewesen. So ganz verrückt brauchte ich in diesem Jahr nicht zu sein.

Und ich hatte immer noch Zeit, meine Freunde zu treffen.

Und Pläne zu schmieden.

Drei Wochen vor den Osterferien hatte der Günter nämlich einen Gedankenblitz: »Eigentlich können wir in den Osterferien mal sone richtige Radtour machen.« Er fand seinen Einfall gut: »Applaus, Applaus.« Und sein Vorschlag nistete sich in unseren Köpfen ein.

Doch was für mich schon sonnenklar war, sah meine Mutter noch lange nicht ein. »Ist doch viel zu gefährlich. Dazu seid ihr doch noch viel zu jung. So ganz alleine, mit euren dreizehn Jahren. Was da alles passieren kann. Und außerdem: Sieh erst mal zu, daß du überhaupt versetzt wirst. Dann können wir im nächsten Jahr mal darüber reden. Eventuell darüber reden.«

»Und wenn ich versetzt werde?«

»Der Hans-Peter hat auch noch keine Radtour gemacht. Und der ist schon ein Jahr älter.«

»Dann ... dann kann der Pittermann doch mitfahren. Was meinst du, wie der auf uns aufpaßt!«

Nach langem Bohren und Bitten und Betteln gab meine Mutter endlich einen kleinen Zentimeter nach: »Also gut, sagen wir, wenn du versetzt wirst, dann meinetwegen. Zur Belohnung. Aber nur, wenn der Hans-Peter mitfährt.«

Damit begann eine Zeit aufgeregten, geschäftigen Planens. Latein und Erdkunde mußten sich da noch etwas gedulden. Das würde sich auch noch später hinbiegen lassen. Wie ich Lateinarbeiten schmeißen konnte, hatte man ja im letzten Jahr gesehen.

Von jetzt an hockten wir fast jeden Tag abwechselnd beim Pittermann in Heisingen oder bei mir zu Hause und arbeiteten unsere große Fahrt aus, bis in die kleinste Kleinigkeit. Badehosen mußten wir zum Beispiel einpacken. Unsere vergammelten Schalke 04-Wimpel an den Gepäckträgern mußten gewaschen werden.

Im Verlauf unserer Planung stießen wir überraschend auf die Tatsache, daß zum Übernachten in den Jugendherbergen auch ein Jugendherbergsausweis gehörte. Mit Lichtbild. Also marschierten der Günter, der Pittermann und ich gemeinsam zum Hauptbahnhof. Da stand, direkt neben dem Bali, »Foto-Fix«. Und in der »Foto-Fix«-Kabine konnten wir uns vier Paßbilder für eine Mark machen lassen. Da mußte man aber nun wirklich fix sein. Die Mark einwerfen, sich auf den Hocker setzen, nach dem Blitzen blitzschnell aus der Kabine stürzen, damit der nächste von uns dreien auch rechtzeitig auf dem Hocker Platz nehmen konnte. Beim vierten Blitzen saßen wir alle drei vor der Kamera, zum Gruppenfoto.

Das war geregelt, doch dann erinnerte uns der Pittermann daran, daß man ja, sagen wir nach einem Regen, auch mal die Wäsche wechseln mußte. Also: Ein weiteres Hemd, eine weitere Hose, ein Paar Strümpfe und Unterwäsche mußten in unseren Fahrradtaschen verstaut werden, auch Handtuch und Seife durften nicht fehlen, für die Reinlichkeit.

Ja, eigentlich mußten wir uns zuerst einmal Fahrradtaschen besorgen für unsere große Fahrt. Die Fahrradtaschen, grün und aus Plastik, brachte uns mein Vater mit. Die hatte er sich von Arbeitskollegen geliehen.

Dann beratschlagten wir lang und breit, wohin unsere Reise denn überhaupt gehen sollte: zur Nordsee, zur Ostsee oder vielleicht in die Alpen? Es gab ja so viele Möglichkeiten, so viele Gegenden in Deutschland, die wir überhaupt noch nicht kannten. Eigentlich kannten wir kaum etwas von Deutschland.

Ich allerdings wußte genau, wohin ich wollte.

Und ich konnte die beiden davon überzeugen, daß eine Fahrt in die Alpen mit ihren vielen hohen Bergen eine Schnapsidee war. Und daß wir, wenn wir gerade an der Nordsee angekommen wären, sofort wieder umkehren müßten, um noch bis zum Ende der Ferien wieder zu Hause zu sein.

»Man kann doch mal eine richtig zünftige Rheintour machen. Bis nach ..., sagen wir mal, bis nach äh ... Koblenz.«

Der Pittermann sah mich von der Seite an. »Was sollen wir denn in Koblenz?«

»Ist ne schöne Stadt. Ganz toll, die Stadt. Und ... ja, und außerdem kommen wir dann am Drachenfels vorbei, da kannst du deiner Monika ›Wenn's Arscherl brummt‹ schicken.«

»Oder wir fahren direkt zur Monika. Nach Gerolstein«, fiel dem Pittermann ein.

Da hatte ich den Salat. Nach Gerolstein fahren, und in Koblenz sitzt die Heidi und wartet und wartet. Wo ich ihr doch extra geschrieben hatte, daß ich in den Ferien bei ihr auftauchen würde.

»Gerolstein, son Kaff! Wer weiß, wo wir da landen. So weit, wie das ist. Landen wir auf einmal ganz woanders. In der Walachei.«

»Schöne Gegend, da in Gerolstein. Da sind mindestens fünf Eisdielen auf einem Fleck. Und die Schicksen da drin: Klasse!«

»Klar, dann fahren wir nach Gerolstein. Eis essen. Mampf, mampf.« Der Günter strich mit seiner Zunge über die Oberlippe.

Waren die beiden denn bescheuert? Ich hatte mich doch so auf die Heidi gefreut!

»Also, eins ist doch schon mal klar. Was Schöneres als ne Rheintour gibt es nicht! Alles alte Burgen da. Mit echten Ritterrüstungen und Kanonen und Schwertern und Schießscharten. Können wir richtig Zorro spielen. Und ...«, ich holte tief Atem, »... und verfahren können wir uns bei einer Rheintour schon mal gar nicht. Da brauchten wir dich nur in Heisingen abzuholen, dann nach Neviges und weiter nach Düsseldorf zu fahren. Und schon sind wir am Rhein. Dann fahren wir immer am Rhein entlang und – schwupp – sind wir in Koblenz.«

»Klar. Machen wir ne Rheintour. Fahren wir nach Koblenz.« Der Günter grinste und zwinkerte mir zu. Ihm war endlich ein Licht aufgegangen.

Noch nie im Leben war ich dem Günter so dankbar gewesen.

Heute würde es Zeugnisse geben, und dann kamen die Osterferien, dann endlich die Fahrt zur Heidi. Heute ging ich richtig zuversichtlich in die Schule. Alles war in bester Butter.

Mit meinen Zeugniszensuren war wohl auch alles klar, da hatte ich schon vorgesorgt. Sicher, die Lateinarbeit war nicht so glänzend ausgefallen wie vor einem Jahr. So verbiestert hatte ich diesmal ja auch nicht gepaukt. Immerhin, eine glatte Vier war dabei rausgesprungen. Also, mit meiner Fünf, Fünf, Vier, Vier und der steigenden Tendenz ging das mit der Vier auf dem Zeugnis ja wohl klar.

Aber dann wäre es dem Bauer um ein Haar doch noch gelungen, mir einen ganz fiesen Strich durch die Rechnung zu machen.

Für die letzte Erdkundestunde vor den Zeugnissen hatte ich mal wieder redlich und gründlich gepaukt. Ich wußte ganz genau, wie so ein Tief und ein Hoch funktionierten und wie beide unser Wetter beeinflußten. Und daß es bei Tiefs regnet und daß bei Hochs die Sonne scheint.

Und mit diesem fundierten Wissen kam ich in der letzten Erdkundestunde vor den Ferien wieder extra zu spät in die Klasse. Und wie im letzten Jahr hatte der Bauer seine Prozedur zum Glück immer noch nicht vergessen und nahm mich auch tatsächlich dran. Zuspätkommen mußte schließlich bestraft werden.

Auch da war ich wieder etwas aufgeregt, aber frohen Mutes. Ich wußte, wenn er mich fragen würde, wie der Wind denn vom Hoch zum Tief strömte, dann würde ich ihm aber ganz eindeutig erklären können, daß er nicht den kürzesten Weg nähme, sondern so spiralförmig. Die Zwei schien auch diesmal klar zu sein.

Doch was dann folgte, haute mich um. Von Hochs und Tiefs und spiralförmigen Winden war plötzlich überhaupt nicht mehr die Rede. Der Bauer fragte den Stoff des gesamten Schuljahres ab. Er fragte nach dem Aussehen von Galeriefelsen, fragte, wann denn so die Alpen entstanden seien und warum überhaupt, fragte weiter, wann die erste Eiszeit begonnen hätte und welchen Einfluß die Kreidezeit gehabt hätte.

Irgendwann nahm ich all meinen Mut zusammen und wagte, Herrn Bauer zaghaft zu fragen, ob er möglicherweise von mir mal etwas hören wolle über, na, vielleicht über, ja, sagen wir mal, vielleicht über Hochs und Tiefs?

Da grinste Herr Bauer sein vermaledeites Grinsen und schüttelte nur den Kopf.

Und unbarmherzig fragte er weiter. Was denn das Besondere am Schweizer Jura wäre, was ein Geologe da wohl finden würde, wo denn überhaupt in Deutschland die ältesten Tierfunde, ja, wo die denn gefunden worden wären. Oder der erste Mensch? Also, an welchem Ort?

Da hatte sich der Bauer allerdings gründlich verrechnet, da kannte ich mich bestens aus, da war ich nämlich mit unserem neuen Wagen auch schon mal gewesen.

»Im Neandertal.«

Doch mit der Fragerei ging es weiter, in einem fort. Kreuz und quer durch das ganze Schuljahr, so daß mir schon der Kopf schwirrte. Da konnte ich natürlich oft genug nur raten.

Zusätzlich irritierte mich der Bauer auch noch damit, daß er sich bei meinen Antworten ununterbrochen irgend etwas in sein Notizbuch krickelte. Als ob er das absichtlich machte, nur um mich durcheinander zu bringen.

Trotzdem, eine Menge der teuflischen Fragen hatte ich tatsächlich richtig beantwortet, und bei anderen hatte ich drauflos erzählt. Ich war nämlich sicher, daß der Bauer gar nicht zuhören konnte, weil der nur noch mit seiner Kritzelei beschäftigt war.

Am Ende hatte ich das Gefühl, eine Drei, schlimmstenfalls eine Vier mußte bei dieser Abfrage-Folter herausgekommen sein.

Doch dann, als der Bauer die Zeugnisse verteilte, sackte ich immer tiefer in meinem Stuhl zusammen.

Die besten Zeugnisse waren nach Bauer-Reihenfolge längst verteilt. Bisher war auch noch kein einziges dabei mit der Bemerkung »Nicht versetzt«, aber es waren auch nur noch vier Zeugnisse übrig. Die schlechtesten. Und meins war dabei! Und weniger als vier Schüler waren bisher noch nie sitzengeblieben.

Als nächstes kam das Zeugnis vom Bastian. »Na, Bastian, mal so gerade noch geschafft.«

Jetzt wurde es lebensgefährlich. Ab jetzt konnte es nur noch ganz knüppeldick kommen. Der Bauer sah sich das drittschlechteste Zeugnis an: »Also, nee, Thomas! Nee!«

Der Bauer preßte die Zähne zusammen, als säße er auf seinem Foltersattel.

In der Klasse wurde es still.

Unwillkürlich wischte ich mir die kleinen Schweißperlen von der Stirn. Jetzt gab es für mich keinen Zweifel mehr. Hätte ich Riesenhornochse doch nur ein paar Tage länger gepaukt. Ein paar Tage länger Vokabel-Folter, ein paar Tage länger Übersetzungs-Folter, dann hätte ich jetzt die Versetzung in der Tasche gehabt. Doch so:

Papptus!!

Koblenz ade! Günter und Kalle ade! Heidi ade!

»Also, nee, Thomas! Dein Zeugnis ist alles andere als ein Meisterstück!«

Der Bauer kam auf mich zu und übergab mir das Zeugnis.

Schemenhaft erkannte ich den dicken runden Schulstempel, alles andere drehte sich unleserlich vor meinen Augen. In meinen Ohren sauste es. Wie durch Watte hörte ich die Stimme vom Bauer. »Noch mal so ganz, ganz eben dem Teufel von der Schüppe gesprungen. So eben am Papptus vorbeigeschrappt! Mit Wohlwollen. Mir größtem Wohlwollen!«

Der Schulstempel stand mittlerweile still. Ganz, ganz langsam dämmerte es mir:

Versetzt! Doch noch versetzt!

Das Zeugnis begann sich wieder zu bewegen. Diesmal im Dreivierteltakt. Vor lauter Glück hätte ich die ganze Welt umarmen können. Da hätte ich sogar vor dem netten Dachschaden-Bauer nicht Halt gemacht. Am liebsten hätte ich drei Kusselköpper hintereinander geschossen. Oder die schöne Baskenmütze vom Bauer durch die Luft gewirbelt.

Statt dessen stand ich auf und schlug erst dem Günter und dann dem Kalle auf die Schultern, daß es nur so krachte. Ihr »Aua« ging unter in meinem Jubelschrei:

»Versetzt!«

Ich hatte es geschafft!

Und damit konnte unsere große Fahrt losgehen. Direkt am ersten Ferientag.

Ich war voller Erwartung und voller Tatendrang. Wie schön das Leben doch sein konnte. Und wie frei wir waren. Wir konnten jederzeit, ohne großen Aufwand, für nur eine Mark zwanzig und mit einem Stempel in unseren Ausweisen in jeder Jugendherberge in ganz Deutschland übernachten, an der wir vorbeikamen. Und am anderen Tag ganz einfach weiterfahren zur nächsten Jugendherberge. Eigentlich konnten wir machen, wozu wir gerade Lust und Laune hatten.

Das war ja ein ganz neues Leben. Und wenn wir nur genug Zeit gehabt hätten, hätten wir um die ganze weite Welt radeln können.

Um die ganze Welt? Um die ganze Welt wollte ich aber nicht radeln. Ich wollte nur noch so schnell wie möglich zur Heidi nach Koblenz.

In Gedanken sah ich uns im Frühlingssonnenschein auf den Rheinwiesen sitzen, die Heidi und mich. Wir würden uns die Schuhe ausziehen, die Beine im Rhein baumeln lassen, vielleicht sogar im Rhein schwimmen, und ich spürte den modrigen Geruch des Wassers in meiner Nase. Wir würden die Rheinschlepper beobachten und Steine flach ins Wasser werfen, daß sie immer wieder aufklatschten.

Vielleicht würde ich der Heidi auch eine Hängematte aus Gras bauen und sie darin schaukeln. Das hatte Tarzan im Film auch so mit seiner Jane gemacht.

Eigentlich konnte ich die Heidi ja auch mal mit Rheinwasser naßspritzen. Dann könnte ich sagen »Rheintaufe«, und die Heidi würde genauso lachen wie damals an der Wasserpumpe im Schrebergarten.

Wir würden barfuß über die dicken, glitschigen Felsbrocken im Rhein balancieren. Selbst wenn ich da ausrutschen sollte und pitschnaß würde, würde mir das nicht die Bohne ausmachen. Dann würde sich die Heidi vielleicht kaputtlachen. Oder einen ganz ängstlichen Schreckensschrei ausstoßen und mich dann so ansehen wie damals, als ich das Pflaster über der Augenbraue hatte. Vielleicht könnte man ja extra ausrutschen auf den glitschigen Steinen ...

Auf jeden Fall, eins war klar: Alles würde prima laufen. Jetzt, wo die Welt auf uns wartete.

Thomas Althoff

Komm, wir schießen Kusselkopp

HENSELOWSKY
BOSCHMANN

LitRevier 12
herausgegeben von
Werner Boschmann

Gerichtsstraße 1, 46236 Bottrop
3. Auflage 2002
ISBN 3-922750-35-4
Herstellung: Westermann Druck Zwickau GmbH
Titelfoto: Fotoarchiv Ruhrlandmuseum, Essen
Willy van Heekern: »Urlaubsreise nach Italien
auf Vespa«, Archiv-Nr. VH 2864/15